教科書ガイド

啓林館 版

エレメント English Communication Ⅲ

TEXT BOOK GUIDE

文研出版

はしがき

本書は，啓林館発行の高等学校・英語コミュニケーションⅢの教科書「ELEMENT English Communication Ⅲ」に準拠した教科書解説書として編集されたものです。教科書の内容がスムーズに理解できるよう工夫されています。予習や復習，試験前の学習にお役立てください。

本書の構成

各 Lesson	
ポイント	本文の内容把握に役立つ質問を提示。
教科書本文	教科書の本文とフレーズ訳を掲載。 使用する記号： ・ 1 2 3 … Lesson の各パラグラフの通し番号 ・ ①②③… 本文の通し番号 ・ スラッシュ (/)… 意味上の区切れや語句のまとまりを示す
・単語・熟語チェック	教科書の新出単語・熟語を，教科書の出現順に掲載。 使用する記号： 名 名詞　接 接続詞　形 形容詞　副 副詞　動 動詞　略 略語　熟 熟語　表 表現
本文内容チェック	パラグラフごとに本文の概要を確認。
読解のカギ	本文を理解する上で説明を要する部分をわかりやすく解説。 また，関連問題に挑戦できる**問**を設置。
TRY ヒント TRY ヒント TRY ヒント Comprehension ヒント	教科書内の対応している問いについて， 正解に至るまでのヒントと例を掲載。
Speaking ヒント Writing ヒント Enrich Your Vocabulary ヒント	教科書内の対応している質問について， 回答するためのヒントや表現例を掲載。
定期テスト予想問題	定期テストの予想問題を掲載。 各 Lesson 範囲の文法事項や本文の内容に関する問題を出題。

※本書では，教科書本文の全訳や問題の解答をそのまま掲載してはいません。

Contents

Lesson 1 Numbers Don't Lie: Which Is Eco-Friendly?

1

ポイント 筆者は各移動手段について何を疑問に思ったか。

1 ① I have no ill will / toward cars and planes.// ② For decades / I have depended /
私はまったく反感を抱いていない / 車や飛行機に対して // 何10年もの間 / 私は頼ってきた /

for local travel / on reliable Japanese cars, / and for years / I have flown / all over
地元での移動に関して / 信頼できる日本車に / そして何年もの間 / 私は飛行機で移動してきた /

the world, / at least 100,000 kilometers / every year.// ③ At these two ends / —a drive /
世界中を / 少なくとも10万キロを / 毎年 // これらの2つの目的において / 車での移動 /

to an Italian food store; / a flight / from Winnipeg to Tokyo — / cars and planes rule.//
イタリア料理食材店への / 飛行機での移動 / ウィニペグから東京への / 車と飛行機が支配している //

④ However, / trains are more convenient / for many people / living / in large cities /
しかし / 電車のほうが便利だ / 多くの人にとって / 住んでいる / 大きな都市に /

like Tokyo.// ⑤ Which, then, is the most energy efficient, / planes, trains, or cars?//
東京のような // では，どれが最もエネルギー効率がよいのか / 飛行機，電車，車の //

・単語・熟語チェック

□ **eco-friendly**	形 環境に優しい	□ **at least**	熟 少なくとも
□ **decade**	名 10年間	□ **convenient**	形 便利な
□ **reliable**	形 信頼できる		

本文内容チェック **「飛行機，電車，車のエネルギー効率に関心を持った筆者」**

1 イタリア料理食材店へ出かけるなら車，ウィニペグから東京へ行くなら飛行機で移動するのがいちばんであるが，東京のような大きな都市なら電車のほうが便利である。飛行機，電車，車のどれが最もエネルギー効率がよいのだろう。

読解のカギ

① **I have no ill will toward cars and planes.**

➡ no は全否定の形容詞で，「まったく〜ない」という意味を表す。

➡ ill will は「反感，悪意」という意味を表す。この will は「気持ち」という意味の名詞である。

問1. 並べかえなさい。

彼らは負けたが，勝った人たちに悪い感情は抱いていない。

They lost, but (no / winners / they / the / have / ill / toward / will).

They lost, but ______________________________.

② **(For decades) I** <u>have depended</u> **(for local travel) (on reliable Japanese**
　　　　　　　　現在完了形の継続用法

cars), and (for years) I <u>have flown</u> **(all over the world), (at least 100,000**
　　　　　　　　　　　　　　現在完了形の継続用法

kilometers (every year)).
➡ for decades は「何 10 年もの間」という意味。
➡ depend on *A* は「*A* に頼る」という意味。
➡ at least *A* は「少なくとも *A*，最低でも *A*」という意味。

問2. ＿＿＿を埋めなさい。
この問題を解決するために，私たちは科学技術に頼っている。
We are ＿＿＿＿＿＿ on technology to help us fix this problem.

③ **(At these two ends—a drive to an Italian food store; a flight from Winnipeg**

to Tokyo—) cars and planes rule.
　　　　　　　　　　　S　　　　V
➡ end は「目的」という意味。
➡ these two ends の具体的内容を「—（ダッシュ）」に挟まれた部分で後から説明している。
➡ rule は「（ある分野・範囲で）支配している，支配的である」という意味。

問3. 並べかえなさい。
ファーストフード業界では，このハンバーガーチェーンが何年も支配的だ。
In the fast food industry, (has / years / hamburger chain / ruled / this / for).
In the fast food industry, ＿＿＿＿＿＿＿＿＿＿＿＿＿＿＿＿＿.

④ **(However), trains are more convenient (for** many people **(living in large**

cities like Tokyo)).
➡ living in ... like Tokyo は many people を修飾する現在分詞句である。
➡ like は「～のような」という意味の前置詞である。

問4. 並べかえなさい。
私はベンチに座っているあの男性を知っている。
(on / I / man / bench / that / the / know / sitting).
＿＿＿＿＿＿＿＿＿＿＿＿＿＿＿＿＿＿.

⑤ **Which, (then), is the most energy efficient, planes, trains, or cars?**
➡ Which is ～ , *A*, *B*, or *C*? の形の疑問文の中に，副詞の then が挿入されている。

問の解答 問 **1.** (They lost, but) they have no ill will toward the winners(.) 問 **2.** depending
問 **3.** (In the fast food industry,) this hamburger chain has ruled for years(.)
問 **4.** I know that man sitting on the bench(.)

2

ポイント 乗客の輸送に必要なエネルギー量は，輸送手段によってどのように違うか。

2 ① Energy intensity / (the quantity of energy / required / per activity) / is the key.//
エネルギー強度は / (エネルギーの量 / 求められる / 活動ごとに) / 鍵である //

② When I'm the only passenger / in my car, / it requires / about 2 megajoules /
私がたった1人の乗客のとき / 自分の車の中で / それは必要とする / 約2メガジュールを /

per passenger-kilometer / (the transport of one passenger / over one kilometer) /
1旅客キロあたり / (1人の乗客の輸送 / 1キロメートルにわたる) /

for city driving.// ③ Add another passenger and that figure drops / to 1 MJ/p-km, /
都市での走行で // もう1人乗客を加えるとその数字は下がる / 1MJ/p-kmに /

matching that of a half-empty bus.// ④ Jet airliners are surprisingly efficient, /
半分空席のバスのそれと同等の // ジェット旅客機は意外にも効率的である /

commonly requiring / around 2 MJ/p-km.// ⑤ With full flights and the latest
一般に必要とするので / 約2MJ/p-kmを // 満員の乗客がいる便で最新の航空機の

airplane designs, / they can do it / at less than 1.5 MJ/p-km.// ⑥ Of course, /
設計であれば / それらはそれをすることができる / 1.5MJ/p-km未満で // もちろん /

public trains are far superior: / with full passengers, / the best subways / in cities /
公共の電車のほうがはるかに優れている / 満員の乗客を乗せていれば / 最も優れた地下鉄は / 都市を走る /

need less than 0.1 MJ/p-km.// ⑦ Despite this fact, / people use cars / in cities.//
0.1MJ/p-km未満しか必要としない // この事実にもかかわらず / 人々は車を使う / 都市で //

⑧ Even in Tokyo, / which has an extensive network / of train lines, / the nearest
東京においてさえ / 広範なネットワークのある / 鉄道路線の / 最も近い駅が

station may be more than a kilometer away, too far for many less-mobile people.//
1キロメートルより遠く離れていることがあり，多くのあまり移動できない人々にとっては遠すぎる//

・単語・熟語チェック

□ **quantity**	名 量
□ **megajoule**	名 メガジュール
□ **transport**	名 輸送
□ **airliner**	名 旅客機
□ **superior**	形 より優れている
□ **extensive**	形 広範な
□ **mobile**	形 移動可能な

本文内容チェック **「車，飛行機，鉄道のエネルギー強度の違い」**

2 輸送に必要なエネルギー量は，自分しか乗っていない車で約2MJ/p-km，ジェット旅客機では一般に約2MJ/p-km，満席で最新設計の航空機なら1.5MJ/p-km未満である。最も優れた地下鉄の場合は0.1MJ/p-km未満しか必要としない。

読解のカギ

① **Energy intensity (the quantity of energy required per activity) is the key.**

➡「( )」で囲まれた部分はEnergy intensityの具体的な説明である。

➡ required が導く過去分詞句は，energy を修飾している。

③ **Add another passenger and that figure drops to 1 MJ/p-km, (matching that of a half-empty bus).**

➡ matching が導く現在分詞句は，1MJ/p-km を修飾している。通例このような後置修飾で名詞と分詞の間に「,(コンマ)」は不要だが，補足的説明である場合や，読みやすさのために入れることがある。

➡ of の前の that は the energy intensity の代わりに用いられている。

問．並べかえなさい。

日本の食文化はインドのそれとは異なる。

(Japan / is / that / India / food culture / different / the / from / of / of).

____.

④ **Jet airliners are surprisingly efficient, (commonly requiring around 2 MJ/p-km).**

➡ surprisingly は「意外にも」という意味を表す。「ジェット旅客機はエネルギー効率が悪そうなイメージがある」という前提があると考えられる。

➡ commonly requiring が導く句は分詞構文である。≪付帯状況≫の意味で「一般に約2MJ/p-km を必要とし，意外にも効率的である」と訳すこともできるし，主節の理由として「一般に約 2MJ/p-km を必要とするので，～」と訳すこともできる。

⑤ **(With full flights and the latest airplane designs), they can do it at less than 1.5 MJ/p-km.**

➡ with は「～があれば，伴えば」という≪条件≫を表す意味で用いられている。

➡ less than *A* は「*A* 未満」という意味を表す。

⑦ **Despite this fact, people use cars in cities.**

➡ this fact は前文⑥で述べられている電車についての情報を指している。

⑧ **Even in Tokyo, {which has an extensive network of train lines}, the nearest station (S) may be (V) more than a kilometer away (C), too far (for many less-mobile people) (C).**

➡ which は主格の関係代名詞で，前に「,(コンマ)」があるので非限定用法である。which ... lines が先行詞の Tokyo について補足的に説明を加えている。

➡ mobile「移動可能な」を less (little の比較級) が修飾しているので，less-mobile は「あまり移動できない」という意味になる。ハイフンでつなぐことで 1 つの形容詞になる。移動手段に乏しいなど，移動に制限がある状態のことを表している。

問の解答　**問．** The food culture of Japan is different from that of India(.)

3～4

ポイント 高速鉄道とはどのような輸送手段であるか。

3 ① When moving between cities, / none of these modes of transportation can
都市間を移動しているとき / これらの輸送手段のいずれもエネルギー強度に

equal the energy intensity / of high-speed trains.// ② These are typically on lines /
匹敵することはない / 高速鉄道の // これらは通常，路線を走る /

of 150–600 kilometers.// ③ Older models / of Japan's pioneering bullet train, /
150～600 キロメートルの // 古めの型は / 日本の先駆的弾丸列車の /

Shinkansen / (meaning "new main line"), / had an energy intensity / of around 0.35
「新幹線」 / (「新しい主要な線」を意味する) / エネルギー強度を持っていた / 約 0.35

MJ/p-km; / more recent fast-train designs— / the French TGV and German ICE— /
MJ/p-km の / より最近の高速鉄道の設計は / フランスの TGV やドイツの ICE /

typically need just 0.2 MJ/p-km.// ④ That's far less / than airplanes.//
通常，0.2MJ/p-km しか必要としない // それははるかに少ない/ 飛行機より //

4 ⑤ No less important, / high-speed trains are indeed fast.// ⑥ The Lyon–
同じくらい重要なこととして/ 高速鉄道は本当に速い // リヨン―

Marseille TGV covers 280 kilometers / in 100 minutes, / downtown to downtown.//
マルセイユ間の TGV は 280 キロメートルを走行する / 100 分で / 中心部から中心部まで //

⑦ In contrast, / the regular commercial flight time / for about the same distance— /
一方で / 民間定期便の飛行時間は / だいたい同じ距離の /

300 kilometers / from New York's LaGuardia Airport to Boston's Logan Airport— /
300 キロメートル / ニューヨークのラガーディア空港からボストンのローガン空港までの /

is 70 minutes.// ⑧ Then / you must add / at least another 45 minutes / for
70 分である // それから/ 足さなければならない / 少なくともあと 45 分を /

checking in, / 45 minutes / for the ride / from Manhattan to LaGuardia, / and 15
チェックインのための / 45 分を / 移動のための / マンハッタンからラガーディアまでの /そして 15

minutes / for the ride / from Logan to downtown Boston.// ⑨ That raises the total /
分を / 移動のための / ローガンからボストン中心部までの // それが合計を引き上げる /

to 175 minutes.//
175 分に //

・単語・熟語チェック

□ **mode**	名 手段	□ **bullet**	名 弾丸
□ **transportation**	名 輸送	□ **recent**	形 最近の，新しい
□ **typically**	副 通常，たいてい	□ **in [by] contrast**	熟 一方で
□ **pioneering**	形 先駆的な	□ **contrast**	名 対比
□ **bullet train**	名 弾丸列車，新幹線	□ **commercial**	形 商業の，民間の

本文内容チェック **「高速鉄道が持つ，エネルギー強度と移動時間の優位性」**

3 高速鉄道が都市間を移動する際に必要なエネルギー量は，車や飛行機よりもはるかに少ない。最近の高速鉄道(TGV や ICE)は通常 0.2MJ/p-km しか必要としない。これは飛行機よりもはるかに少ないエネルギー量である。

4　高速鉄道はリヨン—マルセイユ間の 280 キロメートルを 100 分で移動し，本当に速い。一方，ラガーディア空港からローガン空港まで 300 キロメートルの飛行時間は 70 分で，チェックインや都市中心部への移動時間を考慮すると合計 175 分かかる。

読解のカギ

③ Older models of Japan's pioneering bullet train, *Shinkansen* (meaning
"new main line"), had an energy intensity of around 0.35 MJ/p-km; more
recent fast-train designs—the French TGV and German ICE—typically
need just 0.2 MJ/p-km.

➡「;(セミコロン)」を挟んだ Older ... と more recent ... の2文は古いものと最近のものを比較している。2つの文に関連性があるので「;」でつながれている。

➡「,(コンマ)」を挟んで Japan's pioneering bullet train を *Shinkansen* と具体的に言いかえている。

➡「()」で囲まれた部分は *Shinkansen*「新幹線」の漢字の意味を説明している。

⑤ (No less important), high-speed trains are indeed fast.

➡ no less important は直訳すれば「まったく重要さで劣らない」となり，「(前述の内容と)同じくらい重要なこととして」という意味を表す。

⑥ The Lyon–Marseille TGV covers 280 kilometers in 100 minutes, (downtown to downtown).

➡ cover は「〜(の距離)を行く，走破する」という意味を表す。

➡ downtown to downtown の前には from が省略されている。

問. 並べかえなさい。

私たちのチームは1時間に 10 キロメートル進みたいと思っている。
(to / team / 10 kilometers / cover / an hour / wants / our).

⑧ Then you must add (at least) another 45 minutes (for checking in), 45
　　　S　　V　　　　　　　　O
minutes (for the ride from Manhattan to LaGuardia), and 15 minutes (for
　O　　　　　　　　　　　　　　　　　　　　　　　　　　　O
the ride from Logan to downtown Boston).

➡ 第3文型(SVO)の文で，目的語(O)が3つ並列されている。

➡ Manhattan「マンハッタン」はニューヨーク市の中心部の地区である。

⑨ That raises the total to 175 minutes.

➡ That は前文⑧の，時間を加算する行為を指している。

問の解答　問 . Our team wants to cover 10 kilometers an hour(.)

5～6

ポイント アメリカでの高速鉄道の普及はどれくらい進んでいるか。

5 ①In an ideal world— / one that values / convenience, time, low energy intensity,
理想的な世界では / 重視する / 利便性，時間，低エネルギー強度，

and low carbon use— / the high-speed electric train would always be the first choice /
そして低炭素使用を / 高速電気鉄道が常に最初の選択肢になるだろう /

for such distances.// ② Europe is natural train country, / and it has already made
そのような距離に対しては // ヨーロッパは元来鉄道が普及した地域である / そしてそれはすでにその決断

that decision.// ③ Even though much of the US and Canada lacks the number of
を下している // アメリカとカナダの大部分は人の数を欠いているにもかかわらず

people / per area / required / for the efficiency / of most connections, / they do have
/ 地域あたりの / 求められる / 効率性に / 大半の接続の / それらは確かに

many city pairs / that are suited / for fast trains.// ④ Not a single one of those pairs
多くの都市のペアを持っている / 適している / 高速鉄道に // それらのペアの中に高速鉄道を持つ

has a fast train, / however.// ⑤ The Acela line / between Boston and Washington,
ものは1つもない / しかしながら // アセラ線は / ボストンとワシントンD.C.間の

D.C., / does not even remotely meet the standard, / as it averages just 110 km/h.//
/ まったく基準に満たない / それは平均してたったの時速110キロメートルなので //

6 ⑥ This leaves the US (and also Canada and Australia) far behind / in rapid train
これがアメリカ(そしてカナダとオーストラリアも)に大きく後れをとらせている / 高速鉄道

transportation.// ⑦ There was a time / when the US had the best trains / in the world— /
輸送に関して // 時期があった / アメリカが最も優れた鉄道を有していた / 世界で /

Pioneer Zephyr, / a 600-horsepower diesel-electric unit, / and this power made it
パイオニア・ゼファー / 600馬力のディーゼル発電機関 / そしてこの動力が

possible / for the Zephyr to beat the speeds of today's Acela, / with an average / of
可能にした / ゼファーが現在のアセラ線の速度を凌駕(りょうが)することを / 平均速度で /

124 km/h / on the more than 1,600-kilometer-long run / from Denver to Chicago.//
時速124キロメートルの / 1,600キロメートル以上の長距離走行における / デンバーからシカゴまでの //

⑧ However, / there is now no hope / that the US could ever catch up with China: /
しかし / 現在，望みはまったくない / アメリカが中国に追いつけるなどという /

at 29,000 kilometers / of high-speed rail, / that country now has the world's longest
29,000キロメートルで / 高速鉄道の / その国は現在，世界で最も長い連絡網を有する

network / of rapid trains, / connecting all highly populated cities / of the east.//
/ 高速鉄道の / すべての非常に人口の多い都市をつなげて / 東部の //

⑨ Therefore, / for those living / in the US, / planes or cars are a more realistic choice.//
それゆえに / 住んでいる人たちにとって / アメリカに / 飛行機や車がより現実的な選択肢である //

・単語・熟語チェック

□ ideal	形 理想的な	□ make a decision	熟 決断を下す
□ carbon	名 炭素	□ lack	動 ～を欠いている

□ **efficiency**	名 効率	□ **diesel**	名 ディーゼル，軽油
□ **connection**	名 接続	□ **unit**	名 機関
□ **be suited for *A***	熟 *A* に適している	□ **with an average of *A***	熟 平均して *A* で
□ **remotely**	副 少しも(〜ない)	□ **catch up with *A***	熟 *A* に追いつく
□ **standard**	名 基準	□ **rail**	名 鉄道
□ **rapid**	形 高速の	□ **populate**	動 〜に人を住ませる
□ **horsepower**	名 馬力		

本文内容チェック　**「アメリカでまったく普及していない高速鉄道」**

5 理想的な世界では，高速電気鉄道が利便性と低炭素使用を重視した最適な選択肢である。ヨーロッパはすでにその方向に進んでいるが，アメリカやカナダでは高速鉄道に適した都市区間があるにもかかわらず，そこを走る高速鉄道が1つもない。

6 かつて世界一の鉄道を有していたアメリカは今や高速鉄道の面で大きく遅れており，現在，世界一長い高速鉄道網を持つ中国に追いつける見込みはない。ゆえにアメリカでは飛行機や自動車のほうが現実的な選択肢なのである。

読解のカギ

③ **(Even though much of the US and Canada lacks the number of people per area required for the efficiency of most connections), they do have many city pairs {that are suited for fast trains}.**

➡ required が導く過去分詞句は the number of people per area を修飾し，「大半の接続の効率のために必要な，一地域あたりの人数」という意味になる。

➡ do は助動詞で，have を強調している。

➡ that は主格の関係代名詞で，that ... trains が先行詞の city pairs を修飾している。

⑤ **The Acela line (between Boston and Washington, D.C.), does not (even remotely) meet the standard, (as it averages just 110 km/h).**

➡ remotely は否定文で用いられ，「少しも(〜ない)」という意味を表す。ここでは even がさらに否定の意味を強調している。

➡ the standard「基準」とは「高速鉄道と呼べる速度の基準」のことである。

⑥ **This leaves the US (and also Canada and Australia) far behind in rapid train transportation.**

➡ This は前文③④⑤の内容を指している。

➡ leave *A* behind は「*A* を置き去りにする→ *A* に後れをとらせる」という意味を表す。

問．日本語にしなさい。

I'm studying hard not to be left behind by my classmates.

(　　　　　　　　　　　　　　　　　　　　　　　　　　　　)

問の解答　**問．** クラスメートに後れをとらない[取り残されない]ように，私は一生懸命勉強をしている。

TRY1 Overview ヒント

You are writing a passage review. Complete the chart.
(あなたは文章の一節のレビューを書いています。表を完成させなさい。)

Introduction → 第1パラグラフ
Body → 第2~5パラグラフ
Conclusion → 第6パラグラフ

ⓐ 乗り物の中で，都市間を走る高速鉄道は最も少ないエネルギー強度を必要とする。
ⓑ 利便性，時間，エネルギー強度を考慮すると，高速電気鉄道は長距離輸送手段として理想的な選択肢だ。
ⓒ 筆者はそれぞれの乗り物がどれくらいのエネルギーを節約しているかについて考えた。
ⓓ 飛行機より高速鉄道を使ったほうが移動するのに時間がかからない。
ⓔ アメリカは，かつて世界最高の列車を保持していたが，今は高速鉄道輸送において大きく後れをとっている。
ⓕ 1人ごとに使われるエネルギーを比較することが重要である。

TRY2 Main Idea ヒント

Mark the main idea M, the sentence that is too broad B, and the sentence that is too narrow N.(話の本旨になるものにはMを，広範すぎる文にはBを，限定的すぎる文にはNの印を書きなさい。)

1 私たちは日常生活において環境に優しい乗り物を選ぶべきである。
2 私たちは最も環境に優しい乗り物を選ぶときに，エネルギー強度など多くの事柄を考慮しなければならない。
3 筆者は日本車を何年も使ってきた。

TRY3 Details ヒント

Answer T (true) or F (false).（正誤を答えなさい。)

1 第1パラグラフに筆者が使う移動手段についての記述がある。 → 教p.34, ℓℓ.1~3
2 第2パラグラフにエネルギー強度についての記述がある。 → 教p.34, ℓℓ.12~15
3 第2パラグラフに東京での移動手段についての記述がある。 → 教p.34, ℓℓ.19~22
4 第3パラグラフに旧式の新幹線の性能についての記述がある。 → 教p.34, ℓℓ.25~28
5 第4パラグラフにTGVの路線についての記述がある。 → 教p.34, ℓℓ.29~30
6 第5パラグラフに高速鉄道に適した都市についての記述がある。 → 教p.35, ℓℓ.4~6
7 第5パラグラフにアセラ線の運行速度についての記述がある。 → 教p.35, ℓℓ.7~9
8 第6パラグラフにアメリカの高速鉄道についての記述がある。 → 教p.35, ℓℓ.11~15

TRY4 Facts and Opinions ヒント

Write FACT for a factual statement and OPINION for an opinion.
(事実に基づく記述にはFACT，個人的見解にはOPINIONと書きなさい。)

1 ジェット旅客機は一般的に約2MJ/p-kmを必要とする。
2 私は車や飛行機に対してまったく反感を抱いていない。
3 ゼファーの力はアセラ線の速度を打ち破ることを可能にした。

4 アメリカが高速鉄道輸送において中国に追いつける望みはまったくない。

TRY5 Deeper Understanding ヒント

Discuss the following with your partner.（次のことについてパートナーと話し合いなさい。）

議題の訳

エネルギー効率は移動の距離の長さと輸送する人の数によって決まる。あなたにとって，飛行機，電車，車のどれがよりエネルギー効率がよいですか。それはなぜですか。

→「どれが～か」というテーマなので，まずは選択肢(飛行機，電車，車)から選んだ自分の答えを言う。その後に because で文をつなげて，選んだ理由を続けるようにする。「あなたにとって」なので，自身の普段の生活での交通機関の使い方に基づく個人的な意見でもよい。

TRY6 Retelling ヒント

Retelling with Graphics

本文要約例

飛行機，鉄道，車などの交通手段のうち，最も**エネルギー効率が高い**のはどれだろうか。これらを比較するには**エネルギー強度**が重要だ。**エネルギー強度**とは活動に必要なエネルギー量のことで，**旅客キロあたりのメガジュール(MJ/p-km)**で表せる。1人を乗せた車では2MJ/p-km，ジェット旅客機であれば1.5～2MJ/p-kmとなるが，**公共の鉄道**はそれらよりはるかに**優れていて**，最も優れた地下鉄では乗客が満員の場合，0.1MJ/p-km未満である。しかし，**鉄道路線**が広く敷かれた都市部でも人々は車を使う。**最も近い駅**が1キロ以上離れていることがあり，**あまり移動できない人々**にとっては遠すぎるからだ。

都市間の移動には**高速鉄道**が最もエネルギー効率がよい。フランスのTGVやドイツのICEは0.2MJ/p-kmしか必要としない。TGVは**280キロメートル**を**100分**で移動するが，ニューヨーク―ボストン間の**300キロメートル**を飛ぶ**民間航空便**の飛行時間は70分で，空港までや空港から中心街までの移動時間を合わせると**175分**になる。

こういった長距離の移動には，利便性，時間，低エネルギー強度，低炭素使用という点を重視したら高速鉄道を選ぶのが最適だろう。ヨーロッパではすでにその選択をしているが，アメリカやカナダでは高速鉄道を走らせるのに適している都市間を走る高速鉄道は1つもない。アメリカはかつて世界一の鉄道を有していたが今や中国に追いつける見込みは到底なく，アメリカでは飛行機や自動車のほうが現実的な選択肢となっている。

Interactive Retelling

Ex. Subway	Other way of transportation(　車　)
・Merit: Subways are energy efficient with full passengers.	・Merit: 駅や空港まで移動する必要がない。
・Demerit: Stations are too far apart.	・Demerit: 電車やバスよりエネルギー効率が悪い。

Retelling with Your Opinions

エネルギー効率と利便性に基づいて，あなたはどの乗り物を選びますか。都会においてか田舎においてかで違いはありますか。あなたの意見もまじえて，本文をRetellingしなさい。

意見を伝える表現：

・Cars are superior in terms of energy efficiency [convenience].
 (エネルギー効率[利便性]の面で車が優れている。)
・If I lived in the countryside [the city], I would choose cars [trains].
 (もし田舎[都会]に住んでいるなら，私は車[電車]を選ぶ。)
・In the countryside, there are fewer trains and buses.
 (田舎は電車やバスの本数が少ない。)
・In cities, traffic congestion and limited parking often make cars less convenient.
 (都会では渋滞や限られた駐車場所のせいで車のほうが不便であることが多い。)

Speaking ヒント

・単語・熟語チェック

□ **thermal**	形 熱の，熱による	□ **renewable**	形 再生可能な
□ **hydropower**	名 水力発電	□ **stable**	形 安定した
□ **geothermal**	形 地熱の	□ **unstable**	形 不安定な
□ **emission**	名 排出（量）	□ **current**	形 現在の

Attend a meeting

❶下のさまざまな種類の発電を見なさい。それぞれの利点(M)，欠点(D)にあたる番号を下のリストから選んで書きなさい。
➡各発電方法の利点と欠点について考え，当てはまるものをリストから番号で選ぶ。1つの項目に複数の番号を選んでもよい。

❷下のグラフを見なさい。あなたは地球温暖化の阻止に関して話をするため，締約国会議に出席することになっている。あなたが代表として出る国を1つ選びなさい。下の「手順」にしたがい，議題について議論しなさい。

手順

1. あなたの国の現在の状況について説明しなさい。
2. どのように二酸化炭素排出量を減らすかについて議論しなさい。

使える表現：

1. Fossil fuels account for ○○ % of the primary energy supply in our country.
 (私たちの国では，1次エネルギー供給のうち化石燃料が○○%を占めている。)
 Our country relies on ○○ for most of its primary energy supply.
 (私たちの国は，1次エネルギー供給のほとんどを○○に頼っている。)
2. Generation of electricity by ○○ emits less [a lot of] CO_2.
 (○○による発電は二酸化炭素の排出が少ない[多い]。)
 If we increase our use of ○○ , we will reduce CO_2 emissions.
 (私たちが○○の使用を増やせば，二酸化炭素の排出を減らせるだろう。)

Writing ヒント

・単語・熟語チェック

□ **greenhouse**	名 温室	□ **emit**	動 ～を外に出す
□ **announce**	動 ～と発表する	□ **appliance**	名 電化製品
□ **chart**	名 表，グラフ	□ **supply**	名 供給

温室効果ガスを減らすために私たちは何ができるか

❶ブレイン・ストーミング

この表は，日本の家庭から出る二酸化炭素排出量の内訳を示している。執筆するための準備として，二酸化炭素排出量を削減するための方法をできるだけ多く考え出してみなさい。

❷主題についてあなたの意見を書きなさい

概略を考え，その概略にしたがって３つか４つの段落を書きなさい。

主題：「二酸化炭素排出量を減らすために私たちは何ができるか」

概略

・**導入**：あなたの意見を提示しなさい。
・**本論(支持文)**：あなたの意見を支持する理由と[または]例を挙げなさい。
・**結論**：あなたの意見を再び述べ，提案を行う，または予想を立てなさい。

使える表現：

・To reduce CO_2 emissions, we must *do* ～.
（二酸化炭素の排出量を減らすためには，私たちは～しなければならない。）

・～ would help reduce CO_2 emissions.
（～は二酸化炭素の排出量を減らす助けになるだろう。）

Enrich Your Vocabulary ヒント

・単語・熟語チェック

□ **expression**	名 表現	□ **eyeglass**	名 眼鏡
□ **comparison**	名 比較	□ **vision**	名 視力
□ **identical**	形 同一の	□ **directly**	副 直接
□ **equivalent**	形 同等の，相当する	□ **chameleon**	名 カメレオン
□ **adjective**	名 形容詞		

Give your opinions

次の２つの事柄を上の表現を使って比較しなさい。

例：

They are quite different in terms of speed and comfort.
（それらは速さと快適性においてまったく違う。）

Chameleons and octopuses are similar in their ability to change the color of their bodies.（カメレオンとタコは体の色を変えられる能力を持つという点で似ている。）

定期テスト予想問題

解答 ➡ p.236

1 (　)内の語のうち，適切なものを選びなさい。

(1) I (do / doing / done) want to go to that place.

(2) This is a book (write / writing / written) by a famous artist.

(3) He made a great discovery, (that / which / who) he had never expected.

2 日本語の意味に合うように，____に適切な語を入れなさい。

(1) この素材は夏服に適している。
This material is __________ for summer clothes.

(2) サラは勉強でクラスメートに追いつくため頑張った。
Sarah worked hard to __________ up __________ her classmates in her studies.

(3) その決断を下して前へ進むときだ。
It's time to __________ that __________ and move forward.

(4) あの市は台風で大きな被害を受けた。一方で，私たちの市の被害は少なった。
That city was severely damaged by the typhoon. __________
__________, our city suffered little damage.

3 次の英語を日本語に訳しなさい。

(1) This book was not even remotely interesting to me.
(　　　　　　　　　　　　　　　　　　　　　　　　)

(2) There was a time when people relied on letters to communicate.
(　　　　　　　　　　　　　　　　　　　　　　　　)

(3) This team has many young members, with an average of 25 years of age.
(　　　　　　　　　　　　　　　　　　　　　　　　)

4 日本語に合うように，(　)内の語を並べかえなさい。

(1) 箱の中にクッキーは1枚も残されていなかった。
(single / was / cookie / a / not / left) in the box.
________________________________ in the box.

(2) 今日，雨が降りやむ望みはまったくない。
(that / raining / is / stop / it / hope / there / no / will) today.
________________________________ today.

(3) その地図のおかげで彼女は家に帰れた。
(made / the / back / possible / it / map / her / home / for / to / go) .
____________________________________.

5 次の英文を読んで，後の問いに答えなさい。

I have no ill will toward cars and planes. For decades I have depended for local travel on reliable Japanese cars, and ①<u>for years I have flown all over the world, at least 100,000 kilometers every year</u>. At ②<u>these two ends</u>—a drive to an Italian food store; a flight from Winnipeg to Tokyo—cars and planes rule. However, trains are more convenient for many people ③<u>(live)</u> in large cities like Tokyo. Which, then, is the most energy efficient, planes, trains, or cars?

(1) 下線部①の英語を日本語に訳しなさい。
(　　　　　　　　　　　　　　　　　　　　)
(2) 下線部②は具体的に何を指しているか，日本語で答えなさい。
(　　　　　　　　　　　　　　　　　　　　)
(3) 下線部③の(　)内の語を適切な形に書きかえなさい。

____

6 次の英文を読んで，後の問いに答えなさい。

Energy intensity (the quantity of energy required per activity) is the key. When I'm the only passenger in my car, it requires about 2 megajoules per passenger-kilometer (the transport of one passenger over one kilometer) for city driving. Add another passenger and that figure drops to 1 MJ/p-km, matching ①<u>that</u> of a half-empty bus. Jet airliners are surprisingly efficient, commonly requiring around 2 MJ/p-km. ②<u>With full flights and the latest airplane designs, they can do it at less than 1.5 MJ/p-km.</u> Of course, public trains are far superior: with full passengers, the best subways in cities need less than 0.1 MJ/p-km. ③(　　) this fact, people use cars in cities. Even in Tokyo, which has an extensive network of train lines, the nearest station may be more than a kilometer away, too far for many less-mobile people.

(1) 下線部①が指す具体的な語句を本文中から２語で抜き出しなさい。

__________ __________

(2) 下線部②の英語を日本語に訳しなさい。
(　　　　　　　　　　　　　　　　　　　　)
(3) 下線部③に入る語句を選び，記号で答えなさい。　(　　)
a. But　b. Despite　c. Although　d. According to
(4) 次の質問に英語で答えなさい。
How much energy is required for city driving if there are two passengers in a car?

____

Lesson 2 Environment or Orangutans?

1

ポイント 筆者はボルネオ島の熱帯雨林で何と出会ったか。

1 ① Few things prepare you / for meeting a great ape in the wild.// ② After a couple of hours' hard walk / through the Borneo rainforest, / the first time seeing an ape / high above us / left us silent with wonder.// ③ Here was the amazing "man of the forest," / the orangutan.// ④ Totally wild, / totally not used to humans, / aware of our presence / but not interested, / the huge ape swung slowly through the trees / like an acrobat.// ⑤ It seems / that nature cannot be controlled or destroyed, / but it is, / in fact, / as weak as a butterfly's wing.//

あなたに準備をさせるものはほとんどない / 野生の大型類人猿に会うために // 2, 3 時間必死で歩いた後 / ボルネオ島の熱帯雨林の中を / 1 匹の類人猿がいるのを初めて見たとき / 自分たちのずっと上に / 私たちは感嘆してことばを失った// ここにはすばらしい「森の人」がいた / オランウータンが // 完全に野生で / まったく人間に慣れておらず / 私たちの存在に気づいていて / しかし興味がなく / その巨大な類人猿はゆっくりと揺れながら木から木へと飛び移って行った / 曲芸師のように // ～のように見える / 自然は支配されることも破壊されることも不可能である / しかしそれは～である / 実際には / 蝶の羽と同じくらいもろいもの //

・単語・熟語チェック

□ **orangutan**	名 オランウータン
□ **ape**	名 類人猿
□ **a couple of *A*s**	熟 2，3 の *A*
□ **rainforest**	名 熱帯雨林
□ **be [become] used to *A***	熟 *A* に慣れている
□ **be [become] aware of *A***	熟 *A* に気づいている
□ **aware**	形 気づいている
□ **acrobat**	名 曲芸師
□ **control**	動 ～を支配する

本文内容チェック 「ボルネオ島の熱帯雨林でのオランウータンとの出会い」

1 筆者はボルネオ島の熱帯雨林で，オランウータンを見て感嘆した。自然は支配することも，壊すこともできないように感じられるが，実際には，蝶の羽のようにもろい。

読解のカギ

① Few things (S) prepare (V) you (O) (for meeting a great ape in the wild (動名詞句)).

➡ prepare *A* for *B* は「*A* に *B* のための準備をさせる」という意味を表す。ここでの *B* は meeting が導く動名詞句である。

➡ 無生物主語の文で，直訳すると「あなたに野生の大型類人猿に会う準備をさせるものはほとんどない」という意味になる。言いかえると，「野生の大型類人猿に会うために準備できることはほとんどない→こうすれば野生の大型類人猿に会える，というようなことはまずない」ということ。

② **(After a couple of hours' hard walk (through the Borneo rainforest)), the first time (seeing an ape (high above us)) left us silent with wonder.**

前置詞 a couple of *A*「2，3の*A*」

S ←現在分詞 V O C

➡ seeing ... us は現在分詞句で，直前の名詞 the first time を修飾している。

問1. ＿＿を埋めなさい。

私は鉛筆を 2，3 本買う必要がある。

I need to buy a ＿＿＿＿＿＿ of ＿＿＿＿＿＿.

③ **Here was the amazing "man of the forest," the orangutan.**

副詞 V S ＝ コンマの前後は同格の関係

➡ 副詞の here が文頭に出て倒置が起こり，<V+S> の語順になっている。

④ **(Totally wild), (totally not used to humans), (aware of our presence but not interested), the huge ape swung slowly (through the trees) (like an acrobat).**

➡ be used to *A* は「*A* に慣れている」という意味。

➡「,(コンマ)」で区切られた 3 つの句はすべて分詞構文で, being が省略された形。(be) aware of *A* で「*A* に気づいている」。

問2. 並べかえなさい。

彼女は外から聞こえる騒音に気づいていなかった。

(aware / from / she / of / outside / coming / wasn't / the noise).

＿＿＿＿＿＿＿＿＿＿＿＿＿＿＿＿＿＿＿＿＿＿＿＿.

⑤ **It seems (that nature cannot be controlled or destroyed), but it is, (in fact), as weak as a butterfly's wing.**

➡ <it seems+that 節> は「〜のように見える，思われる」という意味を表す。

➡ but の直後の it は nature を指している。

➡ as 〜 as *A* は「*A* と同じくらい〜」という意味。

問3. 並べかえなさい。

今日，天気は晴れるように見える。

(sunny / going / that / to / it / be / the weather / is / seems) today.

＿＿＿＿＿＿＿＿＿＿＿＿＿＿＿＿＿＿＿＿＿＿＿＿ today.

問の解答 **問 1.** couple, pencils **問 2.** She wasn't aware of the noise coming from outside(.)
問 3. It seems that the weather is going to be sunny (today.)

2

ポイント ボルネオ島とスマトラ島の熱帯雨林について，どのような報告がされているか。

2 ① A United Nations Environment Program report, / "The Last Stand of the Orangutan," / claimed that by the beginning of the 2020s, / the great rainforests of Borneo and Sumatra / would have vanished.// ② This means the certain extinction / of wild orangutans, / the numbers of which had already declined / in the past couple of decades.// ③ What is the cause / of this large-scale destruction?// ④ Largely, / it is the huge increase / of palm oil fields / because of its growing use / as another valuable, / environmentally-friendly fuel source / (See the graph below).// ⑤ Indeed, / according to some green-minded folks, / palm oil could help save the world / by bringing global warming to a stop.// ⑥ Yet, / in so doing, / it risks bringing about the extinction / of one of the most well-loved species / on the planet.//

国連環境計画(UNEP)の報告書 / 「オランウータンの最後の抵抗」は / 2020年代の初頭までに～だと主張した / ボルネオ島とスマトラ島の広大な熱帯雨林は / 消滅しているだろうと // これは確実に絶滅することを意味する / 野生のオランウータンが / そしてその数はすでに減少してしまっていた / 過去20～30年ほどで // 原因は何だろうか / この大規模な破壊の // 主に / それは飛躍的に増加したことによる / パーム油畑が / 利用が増えたために / 別の有益なものとしての / 環境に優しい燃料源 / (以下のグラフを参照) // 確かに / 一部の環境意識の高い人々によると / パーム油は世界を救うのに役立つかもしれない / 地球温暖化を止めることによって // しかし / そのようにする際に / それは絶滅を引き起こす危険性がある / 最も愛されている種の1つの / 地球上で //

・単語・熟語チェック

□	**claim**	動 ～であると主張する
□	**vanish**	動 消滅する
□	**extinction**	名 絶滅
□	**decline**	動 減少する
□	**destruction**	名 破壊
□	**largely**	副 主に，たいてい
□	**palm**	名 ヤシ
□	**valuable**	形 有益な，貴重な
□	**fuel**	名 燃料
□	**green-minded**	形 環境意識の高い
□	**folk**	名 (folks で)人々
□	**bring *A* to a stop**	熟 *A* を止める
□	**bring about *A* / bring *A* about**	熟 *A* を引き起こす
□	**species**	名 (生物学上の)種
□	**planet**	名 惑星，地球

本文内容チェック **「熱帯雨林の消滅とオランウータンの絶滅の危険性」**

2 国連の報告では，2020年代の初頭までにボルネオ島とスマトラ島の熱帯雨林が消滅すると主張している。環境に優しいパーム油は地球温暖化を止めるかもしれないが，パーム油のための畑の増加は1つの種の絶滅を引き起こす危険性がある。

読解のカギ

① **A United Nations Environment Program report, "The Last Stand of the Orangutan," claimed (that (by the beginning of the 2020s), the great rainforests of Borneo and Sumatra would have vanished).**

= コンマの前後は同格の関係

➡「"　"(引用符)」で囲まれた部分は報告書のタイトル。the last stand は「最後の抵抗」という意味。

➡ would have vanished は未来完了形。will have vanished が主節との時制の一致で過去形になったもの。the beginning of the 2020s という過去から見た未来の時点より前に出来事が完了するだろうということを表す。

② **This means the certain extinction of wild orangutans, {the numbers of which had already declined in the past couple of decades}.**

➡「,(コンマ)」以下は <～ of which>(= whose ～)の非限定用法。the numbers of which で，先行詞 wild orangutans について「その数は～」と説明を加えている。

④ **Largely, it is the huge increase of palm oil fields (because of its growing use as another valuable, environmentally-friendly fuel source) ...**

➡ largely は文全体を修飾しており，「主に」という意味を表す。

➡ growing は現在分詞で，直後の名詞 use を修飾している。

⑤ **Indeed, (according to some green-minded folks), palm oil could help save the world (by bringing global warming to a stop).**

➡ indeed は文全体を修飾する副詞で，次の文の yet と呼応して「確かに(～だが，しかし…)」という意味を表す。

➡ according to *A* は「*A* によると」という意味。

➡ help (to) *do* は「～するのに役立つ」という意味。

➡ bring *A* to *B* は「*A* を *B* の状態にする」，global warming は「地球温暖化」という意味。

⑥ **Yet, in so doing, it risks bringing about the extinction of one of the most well-loved species on the planet.**

➡ in *do*ing で「～する際に」。in so doing(= in doing so)は「そのようにする際に」。

➡ risk *do*ing で「～する危険を冒す」。bring about *A* で「*A* を引き起こす」。

➡ <one of the＋最上級＋複数名詞> で「最も～な…の 1 つ」。species は「(生物学上の)種」という意味で，単数形と複数形で形が変わらない名詞。

問. ＿＿を埋めなさい。

健康的な食事をとることで，体に変化をもたらすことができる。

Eating a healthy diet can ＿＿＿＿＿ ＿＿＿＿＿ changes in your body.

問の解答　**問.** bring about

3～4

ポイント パーム油はこれまでどのように採取され利用されてきたか。

3 ① Palm oil is obtained / from the fruit of the African oil palm.// ② It has been
パーム油は採取される / ギニアアブラヤシの実から // それは使われてきた

used / in West African cooking / for centuries, / and more recently / has been largely
/ 西アフリカの料理に / 何世紀もの間 / そしてさらに最近では / 広く利用されて

used / for industrial purposes.// ③During the 20th century, / the use of palm oil
きた / 工業目的のために // 20世紀の間に / パーム油の使用は

gradually decreased, / but in recent times / it has become popular again.// ④In the
徐々に減少した / しかし近年 / また人気が出てきた // イギリス

UK, / it is used as an ingredient / in everything / from soap to ready-made meals /
では / それは材料として使われている / あらゆるものにおいて / 石けんからでき合いの料理に至るまで /

of all kinds.// ⑤ Most of the world's palm oil today / comes from Malaysia and
あらゆる種類の // 今日(こんにち)の世界のパーム油のほとんどは / マレーシアとインドネシアに

Indonesia, / especially from their huge tropical islands, / Borneo and Sumatra, / as is
由来している / 特にその巨大な熱帯の島に / ボルネオ島とスマトラ島 /

shown in the chart.//
グラフで示されている通り //

4 ⑥ To many, / this is a good thing.// ⑦ Palm oil provides valuable income / for
多くの人々にとって / これはよいことだ // パーム油は貴重な収入を提供する /

what are poor parts of the world.// ⑧ It's healthy, / too, / but it is palm oil's
世界の貧しい地域に // それは健康的である / ～もまた / しかし，パーム油の可能性である

potential / for fighting global warming / that has made it / the focus of worldwide
/ 地球温暖化と戦うことに対する / それを～にしたのは / 世界の注目の的

attention.// ⑨ Palm oil also holds the raw material / necessary to produce a
// また，パーム油は原料を含んでいる / 植物由来燃料を製造

plant-derived fuel, / which is already being used / by some eco-aware drivers, / who
するために必要な / すでに使われている / 環境意識のある一部のドライバーに /

believe / it doesn't contribute to global warming.// ⑩ Thus, / it's a healthy ingredient
彼らは信じている / それが地球温暖化の一因にならないと // したがって / それは食べ物において健康的な材料である

in food / and an eco-friendly fuel source.//
/ そして環境に優しい燃料源(である) //

・単語・熟語チェック

□ **obtain**	動 ～を得る，手に入れる	□ **potential**	名 可能性
□ **ingredient**	名 材料	□ **worldwide**	形 世界の
□ **soap**	名 石けん	□ **plant-derived**	形 植物由来の
□ **tropical**	形 熱帯の	□ **derive**	動 ～を得る
□ **chart**	名 グラフ	□ **eco-aware**	形 環境意識のある
□ **income**	名 収入	□ **contribute**	動 一因となる

□ contribute to *A*　熟 *A* の一因となる　　□ thus　副 したがって

本文内容チェック　「パーム油の歴史と利益」

3 パーム油は，長年料理に使われてきたが，近年産業での使用が広がっている。現在そのほとんどはマレーシアとインドネシア，特にボルネオ島とスマトラ島に由来している。

4 パーム油は，貧しい地域に貴重な収入を提供したり，健康的な食べ物の材料になったり，環境に優しい焼料源になったりするので，多くの人々に利益をもたらす。

読解のカギ

② **It has been used (in West African cooking) (for centuries), and (more recently) has been largely used for industrial purposes.**

（主語）の省略

➡ It は前文①の Palm oil を指す。

➡ has been used は現在完了形の受動態。現在までの状態の継続の意味を表す。for centuries は「何世紀もの間」という意味。

問. ___ を埋めなさい。

この祭りは 100 年間開催されてきた。

This festival ______ ______ ______ for 100 years.

⑤ **Most of the world's palm oil today comes from Malaysia and Indonesia, (especially from their huge tropical islands, Borneo and Sumatra, as is shown in the chart).**

S　V　=

➡ come from *A* は「*A* に由来する」という意味。

➡ especially 以下で，直前の from Malaysia and Indonesia について，さらに詳しい説明を加えている。

➡ their huge tropical islands と Borneo and Sumatra は≪同格≫の関係。

⑨ **Palm oil also holds the raw material (necessary to produce a plant-derived fuel), {which is already being used by some eco-aware drivers, {who believe it doesn't contribute to global warming}}.**

to 不定詞の副詞的用法

関係代名詞 which の非限定用法

関係代名詞 who の非限定用法

➡ necessary ... fuel は形容詞句で，直前の名詞 the raw material を修飾している。

➡ to produce は to 不定詞の副詞的用法。「〜するために」という≪目的≫の意味を表す。

➡ which 以下は先行詞 a plant-derived fuel について説明を加える主格の関係代名詞節。前に「,（コンマ）」があるので非限定用法。

➡ who 以下は先行詞 some eco-aware drivers について説明を加える主格の関係代名詞節。前に「,（コンマ）」があるので非限定用法。

問の解答　**問.** has been held

5

ポイント 森林伐採は熱帯雨林に生息する野生生物にどのような影響を与えているか。

5 ① We were lucky enough to see orangutans, / but a couple of days' boat-ride
私たちはオランウータンを見ることができて幸運だった / しかし，数日間ボートをこいだ辺りで
away / we also saw the other Borneo.// ②The rainforest has been destroyed / to be
/ 私たちはボルネオの別の一面も見た // 熱帯雨林が破壊されていた /
replaced by a wasteland.// ③Despite strict rules, / as much as 80% / of Indonesia's
(その結果)不毛の地に置きかわっていた // 厳しい規則があるにもかかわらず / 80% もが / インドネシアの
jungle destruction / is carried out illegally.// ④Once the forests have been replaced
ジャングルの破壊の / 違法に行われている // 一度森林がヤシの木に置きかえられてしまうと
by palms, / the result has been terrible / for the orangutans / and a host of other
/ その結果はひどいものであってきた / オランウータンにとって / そしてほかの多くの
wonderful, endangered species.// ⑤ Palm oil may well be a fuel of the future / for
すばらしい絶滅危惧種(にとって) // パーム油はおそらく将来の燃料になるだろう /
mankind in their city jungles.// ⑥ Sadly, / however, / it may also cause / the amazing
都市ジャングルに住む人類にとって // 悲しいことに /しかしながら/それはまた，～の原因になるかもしれない/ すばらしい
"man of the forest" / to no longer exist.//
「森の人」が / もはや存在しなくなること //

・単語・熟語チェック

□ **wasteland**	名 不毛の地	□ **may [might] well *do***	熟 おそらく～するだろう
□ **strict**	形 厳しい	□ **sadly**	副 悲しいことに
□ **jungle**	名 ジャングル，密林	□ **no longer**	熟 もはや～ない
□ **illegally**	副 不法に	□ **exist**	動 存在する
□ **endangered**	形 絶滅に瀕(ひん)した		

本文内容チェック **「パーム油による熱帯雨林やそこに住む生き物への影響」**

5 筆者はボルネオ島で，熱帯雨林が破壊され，不毛の地に変わっている様も見た。パーム油は都市に住む人々にとっては，将来の燃料になるが，ジャングルに住むオランウータンやほかの絶滅危惧種にとってはひどい状況を引き起こすかもしれないのである。

読解のカギ

① **We were lucky enough (to see orangutans), but (a couple of days' boat-ride away) we also saw the other Borneo.**

➡ <形容詞＋enough to *do*> は「～するのに十分…，十分…なので～する」という意味を表す。

➡ a couple of days' boat-ride は「数日間ボートに乗るぐらいの距離」を表す。

➡ away は「離れて」という意味の副詞。

➡ the other Borneo は「ボルネオの別の一面」という意味。この文より後で述べられる，環境破壊を受けるボルネオ島のことを指している。

② **The rainforest has been destroyed (to be replaced by a wasteland).**

to 不定詞の副詞的用法

➡ has been destroyed は現在完了形の受動態。現在までの出来事の完了を表す。

➡ to be replaced は≪結果≫を表す to 不定詞の副詞的用法。

③ **(Despite strict rules), as much as 80% of Indonesia's jungle destruction is carried out illegally.**

➡ despite *A* は「*A* にもかかわらず」。in spite of *A* とほぼ同じ意味を表す。

➡ as much as *A* は「*A* もの(量の)」。no less than *A* とほぼ同じ意味を表す。

➡ carry out *A* は「*A* を実行する」という意味。

④ **(Once the forests have been replaced by palms), the result has been terrible (for the orangutans and a host of other wonderful, endangered species).**

Once：接続詞「一度～すると」

the orangutans / a host of other wonderful, endangered species：並列

➡ once は「一度～すると」という意味を表す接続詞。

➡ have been replaced は現在完了形の受動態。現在までの出来事の完了を表す。

➡ has been は現在完了形。現在までの状態の継続を表す。

➡ the orangutans と a host of other wonderful, endangered species は直前の前置詞 for の目的語になっている。

➡ a host of *A* は「多数の *A*」という意味を表す。*A* には名詞の複数形が入る。

⑤ **Palm oil may well be a fuel of the future for mankind in their city jungles.**

➡ may well *do* は「おそらく～するだろう」という≪推量≫の意味を表す。

問. 並べかえなさい。

彼はその試合に勝つだろう。

(win / may / he / game / the / well).

____.

⑥ **Sadly, however, it may also cause the amazing "man of the forest" to no longer exist.**

Sadly：文全体を修飾する副詞

➡ sadly は文全体を修飾しており，「悲しいことに」という意味を表す。

➡ however は挿入された副詞で，「しかしながら」という意味。直前の文のパーム油がもたらす利点と，この文で述べるパーム油がもたらす問題点を比較・対照している。

➡ cause *A* to *do* で「*A* に～させる，*A* が～する原因になる」。

➡ the amazing "man of the forest" は the orangutan に対する比喩。

➡ no longer は「もはや～ではない」。not ～ any longer とほぼ同じ意味を表す。

問の解答　**問.** He may well win the game(.)

TRY1 Overview ヒント

You are writing a passage review. Complete the chart.
(あなたは文章の一節のレビューを書いています。表を完成させなさい。)

Introduction → 第1パラグラフ
Body → 第2~4パラグラフ
Conclusion → 第5パラグラフ

ⓐ パーム油は何世紀もの間さまざまな目的で使われてきており，そして世界のパーム油のほとんどはボルネオ島とスマトラ島から来ている。
ⓑ パーム油は未来のための燃料であるかもしれないが，熱帯雨林の伐採が原因で，多くの比類のないすばらしい種の住む場所が破壊されてしまった。
ⓒ 野生のオランウータンは，人々が森をヤシの木を育てるための畑に置きかえていっているため，住む場所をなくし，絶滅することになるだろう。
ⓓ パーム油は貧しい国にとっては経済的な利点があり，健康的であり，そして環境によい燃料源である。
ⓔ 筆者は，人々が自然を支配したり壊したりできないように見えても，自然は弱いものであると考えている。

TRY2 Main Idea ヒント

Mark the main idea M, the sentence that is too broad B, and the sentence that is too narrow N.(話の本旨になるものにはMを，広範すぎる文にはBを，限定的すぎる文にはNの印を書きなさい。)

1 私たちは野生動物を保護するべきである。
2 私たちはオランウータンの絶滅のことだけでなく，地球温暖化問題についても熟慮するべきである。
3 パーム油は健康的な製品である。

TRY3 Details ヒント

Choose the best answer.(適切な答えを選びなさい。)

1 環境を気にする人たちの中にはどういう考えの人がいるのかを考える。
→ 教p.45, ℓℓ.4~6
2 ボルネオ島とスマトラ島はどのような島だと説明されているか読み取る。
→ 教p.44, ℓℓ.30~35
3 インドネシアでの土地の整備がどのような影響を及ぼしているかを考える。
→ 教p.45, ℓℓ.10~13

TRY4 Facts and Opinions ヒント

Write FACT for a factual statement and OPINION for an opinion.
(事実に基づく記述にはFACT，個人的見解にはOPINIONと書きなさい。)

1 自然は支配されることも，破壊されることも不可能のように見える。
2 一部の環境意識の高い人たちによると，パーム油が地球温暖化を止めることによって世界を救うのに役立つかもしれない。

3 現在，世界のパーム油のほとんどはマレーシアとインドネシアから来ている。

4 インドネシアのジャングルの破壊の 80% もが不法に行われている。

TRY5 Deeper Understanding ヒント

Discuss the following with your partner.（次のことについてパートナーと話し合いなさい。）

議題の訳

一部の人は環境や経済のためにヤシの木を植えるべきだと言う。あなたはどう思いますか。

→ 教科書本文にはパーム油の環境的，経済的な利点と，環境へ及ぼす悪影響が書かれているので，それらの利点と欠点を比較して自分の意見を言う。

TRY6 Retelling ヒント

Content Retelling

本文要約例

ボルネオ島の熱帯雨林で**オランウータン**に出会った私たちは感嘆してことばを失った。その姿は野生そのもので，人間にはまったく興味がないようだった。**自然**とは**制御不可能**で，破壊されないもののように思えるが，実際にはとても**もろい**ものである。

国連環境計画の報告書では，2020 年代初頭までにボルネオ島とスマトラ島の**熱帯雨林**の大部分は**消滅する**だろうと述べられており，これは野生のオランウータンの**絶滅**を意味する。熱帯雨林の破壊の主な原因は**パーム油用の畑**の飛躍的な増加である。**パーム油**は**地球温暖化**を止める助けになると思われている。

パーム油は**工業目的**や石けん，料理などで広く利用されている。世界のパーム油のほとんどは，グラフで示されている通り，マレーシアとインドネシア(特にその中の**ボルネオ島**と**スマトラ島**)から来ている。

パーム油が世界的に注目された理由は，地球温暖化防止におけるその可能性にある。植物由来燃料は地球温暖化の原因にならないと考えられ，パーム油はその原料を含むのだ。

ボルネオ島では熱帯雨林が不毛の地へと**置きかえ**られてきている。インドネシアでのジャングルの破壊は**オランウータン**や**ほかの絶滅危惧種**にとってひどい結果をもたらしている。パーム油は都市に住む人間にとっては未来の燃料となるかもしれないが，それはオランウータンがもはや**存在し**ない未来をもたらす可能性もあるのだ。

Interactive Retelling

Reteller A: Planting palm trees	Reteller B: Saving orangutans
・Palm oil could help save the world by bringing global warming to a stop. ・パーム油は貧しい地域に貴重な収入を提供する。 ・パーム油は健康的である。 ・パーム油は植物由来燃料の原料を含み，その燃料は地球温暖化の原因にならない。	・The great rainforests of Borneo and Sumatra will have vanished. ・一度森林がヤシの木に置きかえられると，その結果はオラウータンやほかの絶滅危惧種にとってひどいものであった。

Retelling with Your Opinions

地球温暖化を止めることとオランウータンを救うことでは，どちらがより優先度が高い提案ですか。あなたの意見もまじえて，本文を Retelling しなさい。

意見を伝える表現：

- Stopping global warming [Saving orangutans] is more important because ...
  （地球温暖化を止めること[オランウータンを救うこと]のほうが重要だ。なぜなら…だからだ。）
- From a large point of view, stopping global warming should be a higher priority.
  （大局的に見れば，地球温暖化を止めることのほうが優先されるべきだ。）
- Once a species becomes extinct, it will never return.
  （一度種が絶滅すると，２度と元には戻らない。）

Speaking ヒント

・単語・熟語チェック

- □ **presentation** 名 プレゼンテーション
- □ **production** 名 生産

Short presentation

あなたと友達はオランウータンを助けるためのショートプレゼンテーションをします。

❶それぞれのプレゼンテーションのスライドに最適なタイトルを下の欄から選びなさい。

➡まずスライド 2〜4 に示される数値について，何についてのものなのか，そしてそれが増えているのか減っているのかを把握して，確信の持てるタイトル案から当てはめていく。スライド 1 については残ったものを当てはめればよい。

❷それぞれのショートプレゼンテーションのスライドで言うことの準備をしなさい。

使える表現：

- What do you think this picture [chart] shows?
  （この写真[グラフ]は何を示していると思いますか。）
- This chart shows that ○○ has been expanding [decreasing] in □□ .
  （このグラフからは□□において○○が広がり[減り]続けていることがわかる。）
- We can see that ○○ % of □□ was lost.
  （□□の○○%が失われたことがわかる。）

❸同じクラスのほかのペアに向けて 1 分間のプレゼンテーションをしなさい。

「今日私たちは…について話をしようと思います。」

「1 枚目のスライドを見てください。それによると…。」

Writing ヒント

・単語・熟語チェック

- □ **promote** 動 〜を促進する
- □ **biodiversity** 名 生物多様性
- □ **related** 形 関係のある

SDGs を促進するために私たちは何ができるか

❶メモをとる

この表は，環境や生物多様性に関係する3つのSDGsに興味を持つ人の割合を示している。執筆するための準備として，要点を選んでレポートにし，情報をまとめなさい。

❷ブレイン・ストーミング

要点をふまえて，日常生活の中でSDGsを促進するために私たちは何ができるかについて書きなさい。

❸主題についてあなたの意見を書きなさい

概略を考え，その概略にしたがって3つか4つの段落を書きなさい。

主題：「日常生活の中でSDGsを促進するために私たちは何ができるか」

概略

・**導入**：あなたの意見を提示しなさい。
・**本論(支持文)**：あなたの意見を支持する理由と[または]例を挙げなさい。
・**結論**：あなたの意見を再び述べるか，提案を行うか，または予想を立てなさい。

使える表現：

・To promote SDGs in our daily lives, we should *do* ～. That's because ...
(日常生活の中でSDGsを促進するために私たちは～するべきだ。それは…だからだ。)

・If we all *do* ～ in our daily lives, SDGs would be promoted.
(私たちみんなが日常生活で～すれば，SDGsは促進されるだろう。)

Enrich Your Vocabulary ヒント

・単語・熟語チェック

□ **ratio**	名 比率	□ **compose**	動 ～を構成する
□ **account**	動 占める	□ **participant**	名 参加者

Describe

❶上記の表現を使って次の表やグラフを説明しなさい。

Aの例：Black accounted for 19% of the colors of all the cars that Shop A sold in 2021.
(ショップAが2021年に販売した車の中で，黒色は全体の19%を占めていた。)

Bの例：Those who chose action movies made up 25% of my classmates.
(アクション映画を選んだ人がクラスメートの25%を占めていた。)

❷次のグラフは「芸術家」と「アーティスト」という同じ意味を持つ異なる2つのことばが日本でどのように使われているかを示している。このグラフの特徴を述べ，それが何を示しているか説明しなさい。

例：About half of the people in their 30s mainly use "アーティスト".
(30代の人の約半数が主に「アーティスト」を使っている。)

定期テスト予想問題

解答 ➡ p.237

1 日本語の意味に合うように，___に適切な語を入れなさい。

(1) その報告書によると，自然は破壊されつつある。
________ ________ the report, nature is being destroyed.

(2) その芸術家はもうパリには住んでいない。
The artist ________ ________ lives in Paris.

(3) ほとんどの人々が洪水の危険に気づいていなかった。
Few people were ________ ________ the danger of a flood.

(4) あらゆる努力にもかかわらず，彼は仕事を終えることができなかった。
________ all his efforts, he could not finish his work.

2 次の英文を( )内の指示にしたがって書きかえなさい。

(1) She gave me <u>a nice T-shirt</u> yesterday. (下線部を強調する文に)
→ It ________________________.

(2) He was so kind that he carried my bags. (enough を使って)
→ He was ________________________.

(3) It is likely that Mary will attend the meeting. (may well を使って)
→ ________________________.

3 次の英語を日本語に訳しなさい。

(1) It will take a couple of days to fix your bike.
( )

(2) These activities help clean up the streets.
( )

(3) She is not used to her new mobile phone.
( )

4 日本語に合うように，( )内の語句を並べかえなさい。

(1) 30 センチもの積雪があった。
(a / snowfall / as / centimeters / we / thirty / had / of / much / as).
________________________.

(2) 来年で私は彼と知り合って 10 年になる。
(for / I / have / him / ten / will / years / known) next year.
________________________ next year.

(3) そのスーパーは多くの新鮮な野菜を売っている。
(of / a / vegetables / offers / the supermarket / host / fresh).
________________________.

5 次の英文を読んで，後の問いに答えなさい。

A United Nations Environment Program report, "The Last Stand of the Orangutan," claimed that by the beginning of the 2020s, the great rainforests of Borneo and Sumatra ①(vanish). This means the certain extinction of wild orangutans, ②(which / already / the numbers / of / declined / had) in the past couple of decades. What is the cause of this large-scale destruction? Largely, it is the huge increase of palm oil fields because of its growing use as another valuable, environmentally-friendly fuel source (See the graph below). Indeed, according to some green-minded folks, palm oil could help save the world by bringing global warming to a stop. Yet, in so doing, ③it risks bringing about the extinction of one of the most well-loved species on the planet.

(1) ①の( )内の動詞を「消滅してしまっているだろう」という意味になるように，3語で書きかえなさい。

______ ______ ______

(2) 下線部②が「その数は過去20～30年ほどで，すでに減少してしまっていた」という意味になるように，( )内の語句を並べかえなさい。

____

(3) 下線部③の英語を日本語に訳しなさい。

( )

(4) 熱帯雨林の深刻な破壊の原因は主に何か。日本語で簡潔に答えなさい。

( )

6 次の英文を読んで，後の問いに答えなさい。

To many, this is a good thing. Palm oil provides valuable income for what are poor parts of the world. It's healthy, too, but ①it is palm oil's potential for fighting global warming that has made it the focus of worldwide attention. Palm oil also holds the raw material necessary to produce a plant-derived fuel, ②(____) is already being used by some eco-aware drivers, ③(____) believe it doesn't contribute to global warming. ④(____), it's a healthy ingredient in food and an eco-friendly fuel source.

(1) 下線部①の英語を日本語に訳しなさい。

( )

(2) 下線部②と下線部③の( )に適切な関係詞を入れなさい。

② ______ ③ ______

(3) 下線部④に入る語を選び，記号で答えなさい。 ( )

a. However b. Moreover c. Otherwise d. Thus

Lesson 3 Sleeping

Situation: // You are going to make a presentation / with your classmate / on the
状況 // あなたは発表を行う予定である / クラスメートと / 重要性
importance / of sleep.// The two of you find the following websites informative.//
についての / 睡眠の // あなたたち2人は以下のウェブサイトが参考となるとわかった //

1. 1

ポイント 科学者たちは睡眠にどのような役割があると考えているか。

1 ① Health professionals increasingly recognize the importance / of eight hours'
健康の専門家たちは重要性をますます認識してきている / 8時間の睡眠の
sleep / a night.// ② Scientists now believe / that sleep is the single most important
/一晩につき// 科学者たちは現在〜と考えている/ 睡眠が唯一の最も重要な要因である
factor / for general health, / more important / than diet or exercise.// ③ Sleep is
/ 健康全般に関して / もっと重要である / 食事や運動より // 睡眠は唯一
the only treatment / that can claim to restore, rejuvenate, and energize / both the
の治療である / 〜を修復し，若返らせ，活性化させると主張できる / 体と
body and the brain.// ④ The third / of our lives / that we spend asleep / has a
脳の両方 // 3分の1は / 私たちの人生の / 私たちが寝て過ごす /
profound effect / on the two-thirds / that we spend awake, / affecting our mood,
大きな影響を与える / 3分の2に / 私たちが起きて過ごす / そして私たちの気分，
memory, alertness, and performance.//
記憶，注意力，そして能力に影響を与えている //

・単語・熟語チェック

□ **presentation**	名 発表，プレゼン	□ **energize**	動 〜を活性化させる
□ **informative**	形 参考となる	□ **profound**	形 大きな，重大な
□ **increasingly**	副 ますます	□ **awake**	形 起きている
□ **restore**	動 〜を修復する	□ **affect**	動 〜に影響を与える
□ **rejuvenate**	動 〜を若返らせる	□ **alertness**	名 注意力

本文内容チェック **「睡眠が起きているときの時間にまで及ぼす大きな影響」**

1 睡眠は，体と脳を修復し，若返らせ，活性化させる唯一の方法であると考えられている。睡眠は私たちの気分，記憶，注意力，仕事ぶりなどに大きな影響を与える。

読解のカギ

① **Health professionals (increasingly) recognize the importance (of eight hours' sleep (a night)).**
S V O

➡ the importance of *A* は「*A* の重要性」という意味。

➡ a night は「一晩につき」という意味で，eight hours' sleep を修飾している。この a は per と同じ意味を持つ。

② **Scientists (now) believe (that sleep is the single most important factor (for general health), more important (than diet or exercise)).**
S V O (S') (V') (C') (C')

➡ that 節が believe「～と考える」の目的語になっている。

➡ that 節内は SVC の第 2 文型で，補語(C)が 2 つ並列されている。

③ **Sleep is the only treatment {that can claim to restore, rejuvenate, and energize both the body and the brain}.**

➡ that は主格の関係代名詞で，that can claim to restore, rejuvenate, and energize both the body and the brain が先行詞の the only treatment を修飾している。

➡ claim to *do* は「(自らが)～すると主張する」という意味。

問. 並べかえなさい。

その会社は最速のインターネットサービスを提供するとうたっている。

(claims / fastest / offer / company / to / internet service / the / the).

____.

④ **The third of our lives {that we spend asleep} has a profound effect (on the two-thirds {that we spend awake}), (affecting our mood, memory, alertness, and performance).**

➡ third は名詞で「3 分の 1」という意味。

➡ 1 つ目の that は目的格の関係代名詞で，that we spend asleep が先行詞の The third of our lives を修飾している。<spend + O+C> は「O(時間など)を C の状態で過ごす」という意味になる。

➡ 2 つ目の that も目的格の関係代名詞で，that we spend awake が先行詞の the two-thirds を修飾している。the two-thirds の後ろには of our lives が省略されている。

➡ two-thirds は two「2 つの」third「3 分の 1」なので「3 分の 2」という意味になる。このような場合「-(ハイフン)」が入り，序数詞は複数形になることに注意。

問の解答 **問.** The company claims to offer the fastest internet service(.)

1. 2 ～ 5

ポイント 睡眠時間は人の能力にどのような影響を及ぼすか。

2 ① Studies show / that people / in the developed world / increasingly spend less
研究は～と示す / 人々は / 先進国世界の / ますます眠って過ごす時間

time asleep / and more time / at work or commuting.// ② Dr. Karine Spiegel, / at
が少ない / そしてより多くの時間(を過ごす) / 仕事や通勤で // カリーン・シュピーゲル博士は /

the University of Chicago, / has found / that the average length / of sleep / in
シカゴ大学の / ～ということを発見した / 平均の長さは / 睡眠の /

developed nations / has declined / from nine hours / in 1910 / to seven-and-a-half
先進国での / 減少した / 9時間から / 1910年の / 7時間半に

hours / today.// ③ However, / losing just one or two hours' sleep / a night / over
/ 現在の // しかし / たった1，2時間睡眠が減ることが /一晩につき/

a long period of time / can have a serious effect / on a person's health.//
長期間にわたって / 深刻な影響を及ぼし得る / 人の健康に //

3 ④ According to Canadian scientist Dr. Stanley Coren, / every hour of sleep /
カナダ人科学者のスタンリー・コーレン博士によると / 睡眠の1時間ごとに /

lost in a night / also causes us to drop one IQ point / the next day.// ⑤ In a week
一晩で減らされる / 私たちのIQが1ポイント下がる結果にもつながる / 翌日に // 5，6時間の

of five- or six-hour nights, / the average person's IQ could drop 15 points; / thus, /
夜が続く1週間の後には / 人の平均IQは15ポイント下がることがある / したがって /

an intelligent person starts to have a hard time / functioning / at all.//
頭のよい人は苦労し始める / 頭を働かせるのに /とにかく//

4 ⑥ Most sleep experts agree / that humans are designed / to sleep / for at least
大半の睡眠の専門家は～ということに賛同する / 人間は設計されている / 眠るよう / 少なくとも

eight hours / but that this should be in two stages: / a long sleep / at night / and a
8時間 / しかしこれは2つの段階であるべきだ / 長い睡眠 / 夜の / そして

shorter nap / in the afternoon.// ⑦ American companies are paying attention /
短めの昼寝 / 午後の // アメリカの企業は注目している /

to this / and are reporting increased levels / of alertness / in employees / who
このことに / そしてレベルの上昇を報告している / 注意力の / 従業員の /

"power-nap" / at some point / during the afternoon, / if only for 20 minutes.//
「パワー・ナップをする」 / どこかの時点で / 午後の / たとえ20分間だけでも //

⑧ The argument is / that those who are not sleep-deprived are much more efficient /
論点は～ということだ/ 睡眠不足でない人たちのほうがより効率的である /

at work.//
仕事において //

5 ⑨ Today / people live very busy, fast-paced lives.// ⑩ The importance / of
現在 /人々はとても忙しく，ペースの速い生活を送っている// 重要性は /

enough sleep / cannot be emphasized too much / for health and productivity.//
十分な睡眠の / 強調してもしきれない / 健康と生産性のために //

・単語・熟語チェック

□ commute	動 通勤する	□ sleep-deprived	形 睡眠不足の
□ length	名 長さ	□ fast-paced	形 速いペースの
□ intelligent	形 頭のよい	□ cannot be (*done*) too ~	熟 ～してもしきれない
□ employee	名 従業員	□ emphasize	動 ～を強調する
□ if only ~	熟 たとえ～だけでも	□ productivity	名 生産性
□ argument	名 論点，主張		

本文内容チェック　**「睡眠不足によって引き起こされるIQと注意力の低下」**

2 先進国では人々の睡眠時間が減少し，仕事や通勤に費やす時間が増えている。たった1，2時間であっても睡眠時間の減少は健康に重大な影響を及ぼす可能性がある。

3 カナダの科学者コーレン博士によると，一晩の睡眠が1時間減るとIQも1ポイント低下し，5，6時間の睡眠が1週間続く場合には15ポイント低下することがある。

4 睡眠専門家の多くは，人間は8時間の睡眠が必要であり，長い夜の睡眠と短い昼寝の2段階で構成されるべきだと考える。20分の「パワーナップ」でも従業員の注意力が高まると報告されており，睡眠不足でない人のほうが仕事の効率がはるかに高い。

5 忙しい現代人には，健康と生産性のために十分な睡眠が重要である。

読解のカギ

① **Studies**(S) **show**(V) **(that**(O) **people**(S') **(in the developed world) (increasingly) spend**(V') **less time**(O') **asleep**(C') **and more time**(O') **(at work or commuting).**

➡ less time と more time はともに spend の目的語。spend less [more] time は「より少ない[多い]時間を過ごす」が直訳。「過ごす時間が少なく[多く]なっている」という意味を表す。

⑥ **Most sleep experts agree (that humans are designed to sleep for at least eight hours) but (that this should be in two stages: a long sleep at night and a shorter nap in the afternoon).**

➡ but を挟んだ2つの that 節(that humans ... hours と that this ... afternoon) が agree の目的語になっている。humans are designed to sleep for at least eight hours, but this should be in two stages: a long sleep at night and a shorter nap in the afternoon という文が2つの that 節に分けられた形。

➡「:(コロン)」以降は two stages の具体的説明。

問. 並べかえなさい。

彼女は，疲れているが運転できると言った。

(that / she / she / said / but / she / drive / tired / was / that / could).

____.

問の解答　**問.** She said that she was tired but that she could drive(.)

2. 1 ~ 3

ポイント ある雑誌で発表された睡眠不足に関する実験はどのようなものだったか。

1 ① Not getting enough sleep is harmful / to both your health and productivity.//
十分な睡眠をとらないことは有害である / 健康と生産性の両方に //

② The results / of a recent study / published in a journal / show just how bad the effects of a cumulative lack of sleep can be / on performance.//
結果は / 最近の研究の / ある雑誌で発表された / 累積した睡眠不足がどれほど悪い影響となり得るかをまさに示す / 能力への //

2 ③ This sleep deprivation study took 48 adults / as subjects, / and restricted their sleep / to a maximum of four, six, or eight hours / a night / for two weeks; / one unlucky subset was deprived / of sleep / for three days straight.//
この睡眠不足の研究は48人の成人を使った / 被験者として / そして彼らの睡眠を制限した / 最大4，6，8時間までに / 一晩につき / 2週間の間 / 1つの不運なグループは奪われた / 睡眠を / 3日連続で //

④ During their time / in the lab, / the subjects were tested / once every two hours / (unless they were asleep, / of course) / on their cognitive performance / as well as their reaction time.//
彼らの時間の間 / 研究室での / 被験者たちは測定された / 2時間に1度 / (彼らが眠っている場合を除いて / もちろん) / 彼らの認知能力を / 彼らの反応時間だけでなく //

⑤ They also answered questions / about their mood / and any symptoms / they were experiencing.//
また彼らは質問にも答えた / 彼らの気分についての / そして症状(についての) / 彼らが感じていた //

3 ⑥ As you can imagine, / the subjects / who were allowed to sleep eight hours / a night / had the highest performance / on average.//
想像できる通り / 被験者たちは / 8時間眠ることを許された / 一晩につき / 最も高い成果を出した / 平均して //

⑦ Those / who got only four hours / a night / did worse / each day.//
～人たちは / 4時間しか(睡眠を)とらなかった / 一晩につき / 出来がより悪かった / 毎日 //

⑧ The group / who got six hours of sleep / seemed to be managing / all right, / until around day 10 / of the study.//
グループは / 6時間の睡眠をとった / 何とかやっているようだった / 問題なく / 10日目あたりまでは / その研究の //

・単語・熟語チェック

□ **harmful**	形 有害である	□ ***A* is deprived of *B***	熟 *A* は *B* を奪われる
□ **a lack of *A***	熟 *A* の不足	□ **deprive**	動 ～から奪う
□ **cumulative**	形 累積した	□ **lab**	名 研究室
□ **deprivation**	名 不足	□ **unless**	接 ～の場合を除き
□ **restrict**	動 ～を制限する	□ **cognitive**	形 認知の
□ **maximum**	名 最大値	□ ***A* as well as *B***	熟 *B* だけでなく *A* も
□ **unlucky**	形 不運な	□ **reaction**	名 反応
□ **subset**	名 (小さな)グループ	□ **symptom**	名 症状

□ on average　熟 平均して

本文内容チェック　「睡眠不足が人間の能力に与える影響についての実験」

1 ある雑誌で，睡眠不足が人の能力に与える悪影響についての研究結果が発表された。

2 実験では2週間にわたって被験者の睡眠時間を一晩につき最大4時間，6時間，8時間に制限した。一部のグループは3日間連続で睡眠を奪われた。実験中，被験者は2時間おきに認知能力と反応時間を測定され，気分や症状についての質問にも答えた。

3 8時間睡眠の人たちが最も成績がよく，4時間睡眠の人たちはいつもそれより悪かった。6時間睡眠の人たちは10日目あたりまでは問題なく過ごせているようだった。

読解のカギ

④ **During their time in the lab, the subjects were tested once every two hours (unless they were asleep, of course) on their cognitive performance as well as their reaction time.**

➡ their は the subjects を受けた代名詞の所有格。their time in the lab は「研究室で彼らが過ごした時間」，つまり「実験期間」のこと。

➡ once every ～は「～に1度」という意味。

➡ unless は「～の場合を除き，～でない限り」という意味。ほかの接続詞と同じように使えるが，ここではカッコに入れて従属節を主節の途中に挿入している。

問. 日本語にしなさい。

I'll go to school by bicycle tomorrow unless it snows.

(　　　　　　　　　　　　　　　　　　　　　　　　　　)

⑤ **They also answered questions (about their mood and any symptoms {they were experiencing}).**

(that)

➡ symptoms の後ろには目的格の関係代名詞 that が省略されている。they were experiencing が先行詞の any symptoms を修飾している。

⑥ **(As you can imagine), the subjects {who were allowed to sleep eight hours a night} had the highest performance (on average).**

➡ as は「～のように」という意味の接続詞。

➡ you は読者を含む一般の人を指している。

➡ who は主格の関係代名詞で，who were allowed to sleep eight hours a night が先行詞の the subjects を修飾している。

⑦ **Those who got only four hours a night did worse (each day).**

➡ those who ～は「～する人々」という意味。この those に指示語の意味はない。

➡ bad の比較級 worth は前文⑥の the subjects who were allowed to sleep eight hours a night「一晩に8時間眠ることを許された被験者たち」との比較を表す。

問の解答　**問.** 雪が降る場合を除き[雪が降らない限り]，私は明日，自転車で学校へ行くつもりだ。

2. 4 ～ 6

ポイント 実験の終盤で，6時間睡眠と4時間睡眠グループはどのような違いを見せたか。

4 ①In the last few days / of the experiment, / the subjects / who were restricted /
最後の数日では / 実験の / 被験者たちは / 制限された /

to a maximum of six hours of sleep / per night / showed the same low level / of
最大6時間の睡眠までに / 一晩につき / 同じ低いレベルを示した /

cognitive performance / as the people / who weren't allowed to sleep / for two days
認知能力の / 人々と / 眠ることを許されていなかった / 2日間連続

straight.// ② In other words, / getting only six hours of sleep / for two weeks
// つまり / 6時間の睡眠しかとれないことは / 2週間連続で

straight / was as bad as not sleeping / for two days straight.// ③The group / who
/ 眠らないことと同じくらい悪いことだった / 2日間連続 // グループは /

got only four hours of sleep / each night / performed just as poorly, / but they hit
4時間の睡眠しかとらなかった / 毎夜 / 同じくらい低い能力を見せた / しかし彼らは最低

their low / sooner.//
記録を出した / もっと早くに //

5 ④ One of the most alarming results of this study is / that the six-hour sleep
この研究の最も憂慮すべき結果の1つは / 6時間睡眠のグループは

group didn't rate their sleepiness / as being that bad, / even as their cognitive
彼らの眠気を評価していなかったことだ / それほどにひどくなっていると / 彼らの認知能力が

performance was going downhill.// ⑤ For the no-sleep group / their level of
まさに低下しているときに // 無睡眠のグループに関しては / 彼らの眠気

sleepiness had increased / by two levels.// ⑥ But in the six-hour group, / it had
のレベルは上昇していた / 2レベル // しかし6時間のグループでは / それは

only jumped / by one level.//
跳ね上がっていただけだった / 1レベル //

6 ⑦ These findings raise questions / about how people cope / when they don't
これらの発見は疑問を投げかける / 人々はどのように対応するのかについての / 彼らが十分な睡眠を

get enough sleep.// ⑧ How many hours have you been sleeping / lately?//
とらないときに // あなたは何時間寝ていますか / 最近 //

・単語・熟語チェック

□ **poorly**	副 ひどく，悪く	□ **sleepiness**	名 眠気
□ **hit *A*'s low**	熟 *A*の最低記録を出す	□ **downhill**	副 下向きに，下方へ
□ **alarming**	形 憂慮すべき，驚くべき	□ **cope**	動 対処する
□ **rate**	動 ～を評価する	□ **lately**	副 最近

本文内容チェック 「6時間睡眠と4時間睡眠のグループが見せた認知能力の低下」

4 実験の最後の数日で，6時間睡眠の人たちは2日連続で睡眠をとらなかった人たちと同レベルの認知能力の低さを見せた。4時間睡眠の人たちも同様の低さだったが，最低記録を出すまでがより短かかった。

5 一切寝なかった人たちが眠気を2レベル上昇したと評価したのに対し，6時間睡眠の人たちは1レベル上昇したと低めに評価した。

6 これらの発見は，睡眠不足のとき人はどのように対応するのかについて疑問を投げかけるものだ。

読解のカギ

① **(In the last few days of the experiment), the subjects {who were restricted to a maximum of six hours of sleep per night} showed the same low level (of cognitive performance) (as the people {who weren't allowed to sleep for two days straight}).**

➡ 1つ目のwhoは主格の関係代名詞で，who were restricted to a maximum of six hours of sleep per nightが先行詞のthe subjectsを修飾している。

➡ the same *A* as *B*は「*B*と同じ*A*」という意味。

➡ 2つ目のwhoも主格の関係代名詞で，who weren't allowed to sleep for two days straightが先行詞のthe peopleを修飾している。

➡ straightは「連続して」という意味の副詞。期間を表す語句を後ろから修飾する。

③ **The group {who got only four hours of sleep each night} performed just as poorly, but they hit their low sooner.**

➡ whoは主格の関係代名詞で，who got only four hours of sleep each nightが先行詞のThe groupを修飾している。

➡ just as poorlyは「(6時間睡眠のグループと)同じくらい低く」を意味する。同様に，soonerの比較対象も「6時間睡眠のグループ」である。

④ **One (of the most alarming results (of this study)) is (that the six-hour sleep group didn't rate their sleepiness as being that bad, (even as their cognitive performance was going downhill)).**
S: One (of the most alarming results (of this study)) / V: is / C: (that ...)

➡ 第2文型(SVC)の文で，that節がCになっている。

➡ rate *A* as *B*は「*A*を*B*と評価する，みなす」という意味。

➡ that badのthatは「それほど」という意味の副詞。

➡ even as ～は「まさに～するときに」という意味の，同時性を強調する表現。

➡ go downhillは「(どんどん)低下する，悪化する」という意味。

問. ＿＿を埋めなさい。

彼女はトッププレーヤーと評価されている。

She is ________ ________ the top player.

問の解答 **問.** rated as

TRY1 Overview ヒント

You are writing a passage review. Complete the chart.
(あなたは文章の一節のレビューを書いています。表を完成させなさい。)

Passage 1	Introduction	→ 第1パラグラフ	Body	→ 第2~4パラグラフ
	Conclusion	→ 第5パラグラフ		
Passage 2	Introduction	→ 第1パラグラフ	Method	→ 第2パラグラフ
	Results	→ 第3~5パラグラフ	Conclusion	→ 第6パラグラフ

ⓐ 先進国では，人々はあまり睡眠をとらず，多く働く。
ⓑ 睡眠は長い夜の睡眠と，短めの午後の昼寝であるべきだ。
ⓒ 忙しい人々の健康と生産性のためには，十分な睡眠をとることが重要だ。
ⓓ 多くの人たちが睡眠の重要性をますます認識してきている。
ⓔ ある研究は1時間の睡眠の減少が1ポイントのIQの下落を引き起こすことを示している。
ⓕ 参加者たちは8・6・4・0時間睡眠のグループに分けられた。
ⓖ その研究は，一晩につき6時間しか寝なかったグループの能力が，最終的に気づかないうちに2日連続で寝なかったグループと同じレベルまで低下したことを示した。
ⓗ この研究は，短い睡眠時間でうまく生活することの難しさを示している。
ⓘ 累積した睡眠不足は能力の低下を引き起こす。

TRY2 Main Idea ヒント

Mark the main idea of Passage 1 P1, the main idea of Passage 2 P2, and the idea of both passages C.（パッセージ1の本旨になるものにはP1を，パッセージ2の本旨になるものにはP2を，両方のパッセージの論旨にはCの印を書きなさい。）

1 累積した睡眠不足は私たちの能力に悪影響を与える。
2 私たちは睡眠の重要性に気づくべきだ。
3 現代の人々の睡眠不足は彼らの健康と生産性に深刻に影響している。

TRY3 Details ヒント

Answer T (true) or F (false).（正誤を答えなさい。）

Passage 1

1 第1パラグラフに睡眠の重要性についての記述がある。 → 教p.54, ℓℓ.4~5
2 第2パラグラフに睡眠時間の減少についての記述がある。 → 教p.54, ℓℓ.11~13
3 第3パラグラフに睡眠時間とIQの関係についての記述がある。→ 教p.54, ℓℓ.16~18
4 第4パラグラフに人間に必要な睡眠時間についての記述がある。→ 教p.54, ℓℓ.20~22

Passage 2

5 第2パラグラフに実験内容の詳細が書かれている。→ 教p.54, ℓℓ.31~32, p.55, ℓℓ.1~5
6 第2パラグラフに参加者の能力測定方法についての記述がある。 → 教p.55, ℓℓ.1~4
7 第4パラグラフに4時間睡眠のグループの成績についての記述がある。 → 教p.55, ℓℓ.13~15
8 第5パラグラフに睡眠不足と眠気についての記述がある。 → 教p.55, ℓℓ.16~18

TRY4 Making Judgments ヒント

Choose the most suitable answer.（最も適切な答えを選びなさい。）

1 2つのパッセージ両方で述べられている内容を選ぶ。

2 パッセージ2での実験の結果からわかったことは何か考える。

TRY5 Deeper Understanding ヒント

Discuss the following with your partner.（次のことについてパートナーと話し合いなさい。）

議題の訳

私たちはどうしたらよい睡眠をとれるでしょうか。何か意見はありますか。

→ 本文では「8時間の睡眠」や「夜の長い睡眠と短めの昼寝の2段階」をよい睡眠としている。そのような睡眠をとるにはどうしたらよいのか考える。

TRY6 Retelling ヒント

Content Retelling

本文要約例

Passage 1

健康の専門家たちは**8時間睡眠**が重要であると考えている。科学者たちは睡眠が健康全般にとって最も重要な要因であると考える。睡眠時間が起きているときの気分,注意力,**能力**に**大きな影響**を及ぼすのだ。

先進国の**平均睡眠時間**が**減少し**ていることが研究でわかっている。スタンリー・コーレン博士によると，睡眠時間が1時間減ると，**IQのポイント**も1ポイント下がるという。大半の睡眠の専門家の見解では，人間は8時間の睡眠を必要とし，それは夜の**長い睡眠**と**短めの昼寝**の2段階でとるべきだとされる。

ペースの速い生活を送る現代人たちの**健康と生産性**にとって，十分な睡眠が重要だ。

Passage 2

睡眠不足は健康と生産性にとって**有害である**。最近の研究結果で，**積み重なる睡眠不足**が人の能力に及ぼす悪影響が明らかになった。

その研究では**被験者たち**の睡眠時間を0・4・6・8時間に**制限し**，**2時間に1度**，**反応時間**や**認知能力**を測定した。

最もよい成績を出したのが8時間睡眠のグループだった。4時間睡眠のグループは**いつもそれよりも出来が悪かった**。実験の最後の数日の6時間睡眠のグループの認知能力は，2日連続で寝なかった人たちと**同レベル**だった。4時間睡眠のグループも同様だったが，最低記録を出すまでの期間がより短かった。最も憂慮すべき実験結果の1つは，6時間睡眠のグループは**眠気**をそれほど感じておらず，**一切眠らなかったグループ**よりも眠気のレベル評価が低かったことだ。

これらの発見は，人が**十分な睡眠**がとれないときの**対処**の仕方について，疑問を投げかけるものだ。

Interactive Retelling

Reteller A: Similarities	Reteller B: Differences
・It is important to have enough sleep. ・8時間の睡眠をとれば人は能力の低下を防げる。	・They studied the effect on IQ points in Passage 1. ・パッセージ2では，睡眠時間と眠気の意外な関係性が示されている。

Retelling with Your Opinions

あなたは毎日十分な睡眠をとっていますか。本文にもとづいて，今あなたはそれについてどのように考えますか。あなたの意見もまじえて，本文を Retelling しなさい。

使える表現：

・I sleep an average of ○ hours per day. (私は平均して1日○時間寝ている。)
・○ hours of sleep is not enough. (○時間睡眠では十分とは言えない。)
・I need to get ○ more hour(s) of sleep per day.
(私は1日にあと○時間多く睡眠をとる必要がある。)

Speaking ヒント

・単語・熟語チェック

□ **domestic**	形 家庭内の	□ **childcare**	名 育児
□ **chore**	名 雑用	□ **nursing**	名 保育

Discussion

あなたと友達は次のグラフを使って SDGs についてのプレゼンテーションをする。

❶レポートの準備をするために，次のグラフから日本人の睡眠時間について言えることを書きだしなさい。

➡それぞれのグラフにおいて日本の数値と平均との違いを把握するほかに，数値から日本と比較しやすい国を検討する。

❷あなたは，睡眠時間に関して考えられる理由や問題のリストを以下の欄に作成しました。主な理由に対するあなたの考えについてパートナーと話し合いなさい。

使える表現：

グラフ1　The average sleeping time for the Japanese is ～ among the seven countries. (日本人の平均睡眠時間は，7か国の中で～だ。)
There is a ○○ -minute difference in average sleeping time between □□ and Japanese.
(平均睡眠時間において，□□と日本人の間には○○分の差がある。)

グラフ2　Compared to ○○ , Japan is ～ . (○○に比べて日本は～だ。)
women sleep less than men (女性の睡眠時間が男性より短い)

❸Part 1 の扉ページ(p.22)を見なさい。どの持続可能な開発目標(SDGs)があなたたちが話し合った理由や問題と関連していますか。

「グラフ1を見てください。日本人の睡眠時間は…。それはおそらく…だからです。これは SDGs の○○番に関連していると私は思います。」「なるほど。」

Writing ヒント

・単語・熟語チェック

□ **lifestyle**	名 ライフスタイル

より健康的な生活のための時間管理

❶ブレイン・ストーミング

あなたは睡眠時間や運動する時間を十分にとっていますか。毎日バランスのよい食事をとろうと心がけていますか。そうでない場合，あなたは健康のために何をする，あるいは何をやめる必要があるでしょうか。あなたの時間予定表をどう改善するかについてペアで話し合ってから，よいアイデアを書き留めなさい。

❷主題についてあなたの意見を書きなさい

概略を考え，その概略にしたがって３つか４つの段落を書きなさい。

主題：「あなたはどうやってより健康的な生活を送ることができるか」

概略

・**導入**：あなたの意見を提示しなさい。
・**本論(支持文)**：あなたの意見を支持する理由と[または]例を挙げなさい。
・**結論**：あなたの意見を再び述べ，提案を行う，または予想を立てなさい。

使える表現：

・I hear that the habit of *do*ing ～ is harmful for our health.
　(～する習慣は健康によくないらしい。)

・I have decided to *do* ～ every day. (私は毎日～することにした。)

Enrich Your Vocabulary ヒント

・単語・熟語チェック

□ **grave**	形 重大な	□ **unimportant**	形 重要でない
□ **critical**	形 重大な	□ **trivial**	形 ささいな
□ **crucial**	形 重大な	□ **insignificant**	形 取るに足らない
□ **decisive**	形 決定的な	□ **tunnel**	名 トンネル
□ **vital**	形 極めて重要な	□ **traffic**	名 交通(量)

Give your opinions

❶次の事柄を上の表現を使って説明しなさい。理由も述べなさい。

例：

It is important not to *do* ～, because there are always people who are unable to keep up with the latest systems.

(～しないことが重要だ。なぜなら最新のシステムについていけない人が常にいるからだ。)

❷あなたの生活において，次のどちらがより重要かを示し，理由を述べなさい。

(1) 予定を組むのにスマートフォンを使うか，メモ帳を使うか

(2) 英語の本をもっと読むか，もっとリスニングのスキルを磨くか

定期テスト予想問題

解答 ➡ p.238

1 日本語の意味に合うように，___に適切な語を入れなさい。

(1) 平均で1日約15万人がこの駅を使う。
About 150,000 people use this station each day on ________.

(2) ガソリン価格が1年の最低記録を出した。
Gas prices have hit ________ ________ for the year.

(3) 彼らの間にはコミュニケーションが欠落している。
There is a ________ of communication between them.

(4) その戦争の間，多くの人たちが普通の生活を奪われた。
Many people were ________ of their normal lives during the war.

2 日本語に合うように，(　)内の語句を並べかえなさい。

(1) 彼らは14時間連続で働いている。
(working / been / 14 hours / have / they / for / straight).
____.

(2) 各お客さまが最大で2公演までチケットの購入が許されている。
(maximum / each customer / of / two shows / to / to / allowed / purchase / is / tickets / a).
____.

(3) この要点は強調してもしきれない。
(emphasized / too / cannot / this / be / point / much).
____.

3 次の英語を日本語に訳しなさい。

(1) Even as the sun set, the children were still playing in the park.
(　　　　　　　　　　　　　　　　　　　　)

(2) As soon as the rainy season began, the road conditions started to go downhill.
(　　　　　　　　　　　　　　　　　　　　)

4 次の英文を(　)内の指示にしたがって書きかえなさい。

(1) Let's go out tomorrow, if you're not too tired.　(unless を使って)
____.

(2) It seems that Mike knows the truth.　(Mike を主語にして)
____.

(3) She speaks not only Japanese, but also Chinese.　(as well as を使って)
____.

5 次の英文を読んで，後の問いに答えなさい。

①(health / night / increasingly / a / eight / recognize / the / professionals / sleep / importance / of / hours'). Scientists now believe that sleep is the single most important factor for general health, more important than diet or exercise. ②Sleep is the only treatment that can claim to restore, rejuvenate, and energize both the body and the brain. The third of our lives that we spend asleep has a profound effect on the two-thirds that we spend awake, ③(affect) our mood, memory, alertness, and performance.

(1) 下線部①が「健康の専門家たちは一晩につき8時間の睡眠の重要性をますます認識している」という意味になるように，( )内の語を並べかえなさい。

______________________________.

(2) 下線部②の英語を日本語に訳しなさい。

( )

(3) 下線部③の( )内の語を適切な形に書きかえなさい。

____

6 次の英文を読んで，後の問いに答えなさい。

According to Canadian scientist Dr. Stanley Coren, every hour of sleep lost in a night also causes us to drop one IQ point the next day. In a week of five- or six-hour nights, the average person's IQ could drop 15 points; ①thus, an intelligent person starts to have a hard time functioning at all.

Most sleep experts agree that humans are designed to sleep for at least eight hours but that ②this should be in ③two stages: a long sleep at night and a shorter nap in the afternoon. American companies are paying attention to this and are reporting increased levels of alertness in employees who "power-nap" at some point during the afternoon, ④( ) ( ) for 20 minutes. The argument is that those who are not sleep-deprived are much more efficient at work.

(1) 下線部①の英語を日本語に訳しなさい。

( )

(2) 下線部②が指す語句を本文中から2語で抜き出しなさい。

______________ ______________

(3) 下線部③の具体的内容を日本語で書きなさい。

( )

(4) 下線部④が「たとえ20分間だけでも」という意味になるように，( )に適切な語を入れなさい。

______________ ______________ for 20 minutes

From *Power napping is good for the I.Q.* Copyright © 2000 by The Scotsman.
From "Why Six Hours Of Sleep Is As Bad As None At All" by Jill Duffy in *FAST COMPANY 3 July 2016*. Copyright © 2016 by Fast Company.

Lesson 4 The Digital-Era Brain: Damaged or Improved?

Situation: // You are going to write an essay / about the effects / of the internet / on
状況 // あなたはエッセイを書く予定である / 影響について / インターネットの /
the human memory.// You have found the following different ideas/about the topic.//
人間の記憶への // あなたは次の異なる意見を見つけた /そのテーマに関する//

1. 1 ～ 2

ポイント 現在，記憶に関してどのような懸念が生まれているか。

1 ① Any new technology / providing wider access / to information / has often raised
新しい技術はどんなものでも / より幅広いアクセスを提供する / 情報への / しばしば懸念をもた
concern / in our history.// ② In the 1400s, / the invention / of the printing press /
らしてきた / 私たちの歴史の中で // 1400年代に / 発明が / 印刷機の /
caused concern / that monks would become lazy / without doing their jobs / of copying
懸念を引き起こした / 修道士が怠けるようになるのではないかという / 彼らの仕事をせずに / 写本の
books.// ③ In the 18th century, / a French statesman argued / that newspapers
// 18世紀に / あるフランス人政治家が論じた / 新聞が読者
separated readers / from the inspiring group practice / of getting news / in their
を切り離すと / 刺激的な集団活動から / 情報を得るという / 彼らの
church.// ④ Now, / several centuries later, / people are worried / that the internet
教会で // 現在 / 数世紀が経ち / 人々は心配している / インターネットが
could be memory's latest enemy.//
記憶の最も新しい敵になるかもしれないと //

2 ⑤ When it comes to memories, / neurons talk / to one another / through
記憶に関して言えば / 神経細胞は伝達する / お互いに / シナプス
synapses, / which function / like bridges.// ⑥ Information crosses those bridges /
を通して / 機能する / 橋のように // 情報はそれらの橋を渡る /
with the help / of substances / called "neurotransmitters."// ⑦ The more
助けを借りて / 物質の / 「神経伝達物質」と呼ばれる // 私たちが
neurotransmitters we have / and the more frequent their signals, / the stronger the
神経伝達物質を多く持つほど / そしてそれらの信号が頻繁なほど / 神経細胞間の
connections between neurons become.// ⑧ In short, / the brain is like a muscle— /
つながりはますます強くなる // つまり / 脳は筋肉のようである /
the more you use it, / the better it functions.//
あなたがそれを使えば使うほど / それはますますうまく機能する //

・単語・熟語チェック

□ era	名 時代	□ neuron	名 神経細胞
□ essay	名 エッセイ	□ synapse	名 シナプス
□ access	名 アクセス，利用	□ with the help of *A*	熟 *A* の助けを借りて
□ statesman	名 政治家	□ neurotransmitter	名 神経伝達物質
□ argue	動 ～を論じる	□ frequent	形 頻繁な
□ when it comes to *A*	熟 *A* に関して言えば	□ signal	名 信号
		□ in short	熟 つまり

本文内容チェック 「インターネットが人の記憶力に害をなすのではないかという懸念」

1 かつて印刷機の発明が修道士に写本作業を怠けさせるのではないかという懸念を呼び，新聞が教会での情報収集から読者を遠ざけるのではないかと言われたように，現在インターネットが人の記憶力の敵になるのではないかと危惧されている。

2 記憶とは，情報が神経伝達物質を介してシナプスを通り，神経細胞間で伝達されることである。神経細胞の結びつきは信号が頻繁なほど強くなり，脳の働きもよくなる。

読解のカギ

② **(In the 1400s), the invention (of the printing press) caused concern (that monks would become lazy without doing their jobs of copying books).**

S: the invention (of the printing press) / V: caused / O: concern ＝ (that … books)

➡ concern と直後の that 節は同格の関係。that 節が concern の内容を表している。
➡ copy a book は「本を複製する，写本を作る」という意味。中世ヨーロッパではキリスト教の修道院を中心に，組織的に手書きで写本の作成が行われていた。

④ **(Now), (several centuries later), people are worried (that the internet could be memory's latest enemy).**

➡ <be worried＋that 節> は「～ということを心配している」という意味。
➡ could は「～かもしれない」という≪可能性・推量≫の意味を表す。
➡ enemy「敵」とはつまり，「害をなすもの，邪魔をするもの」という意味である。

⑦ **(The more neurotransmitters we have and the more frequent their signals), the stronger the connections between neurons become.**

(O') The more neurotransmitters / (S') we / (V') have / (C') the more frequent / (S') their signals
C: the stronger / S: the connections between neurons / V: become

➡ <the＋比較級 , the＋比較級> は「～すればするほど，ますます…」という意味。
➡ signals の後ろには are が省略されている。

問．並べかえなさい。
友達が多ければ多いほど，私たちの人生はますます豊かになる。
(friends / become / the / lives / we / more / richer / have / the / our / ,).

____.

問の解答 **問．** The more friends we have, the richer our lives become(.)

l. 3 ～ 6

ポイント 実際に，インターネットが記憶力にどのような影響を及ぼしているか。

3 ① However, / our brains don't work well / when we're not focusing.// ② A 2016
しかし / 私たちの脳はうまく働かない / 私たちが集中していないときは // 2016年のある

study / in the US / found / that the average employee checks their email / 11 times /
研究は / アメリカでの / 発見した / 平均的な従業員は自分のEメールを確認するということを / 11回 /

an hour.// ③ Another survey / of 26 US states / revealed / that college students
1時間につき // 別の調査は / アメリカの26の州での / 明らかにした / 大学生たちは20%を費す

spend 20% / of their class time / texting, / playing games, / and checking social media /
ということを / 彼らの授業時間の / メッセージのやり取りに / ゲームをすることに / そしてソーシャルメディアを確認することに /

on digital devices.// ④ By constantly interrupting what we are doing, / we are
デジタル端末で // 私たちがしていることを絶えず中断することで / 私たちは

interfering / with our ability / to form both short- and long-term memories.//
阻害している / 私たちの能力を / 短期，長期両方の記憶を形成するための //

4 ⑤ A lot of information affects our ability / to remember, / too.// ⑥ Though our
大量の情報は私たちの能力に影響を与える / 記憶するための / ～もまた // 私たちの脳は

brains are designed / to seek new data, / too much of it may be causing this function
設計されているが / 新しいデータを探し求めるように / あまりに多くのそれはこの機能を制御不能にして

to be out of control.// ⑦ This strong desire / to constantly gain information / leads to
いるかもしれない // この強い欲求は / 絶えず情報を得たいという / 私たちの

our frequent use / of social media / although we should be giving our brains some
頻繁な使用につながる / ソーシャルメディアの / 私たちは脳に休息を与えているべきであるにもかかわらず

rest.//
//

5 ⑧ Another issue is the passive nature / of obtaining information online.//
もう1つの問題は受け身な性質である / オンラインで情報を得ることの //

⑨ Trying to actively recall data is good exercise / for the brain, / but / today / we
積極的にデータを呼び起こそうとすることはよい運動である 脳にとって / しかし / 現在 /

use a search engine / instead.// ⑩ As a result, / our attention spans have
私たちは検索エンジンを使う / 代わりに // 結果として / 私たちの集中する時間の長さは

decreased / from 12 seconds / in 2000 / to eight seconds / in 2018.// ⑪ We tend
減少した / 12秒から / 2000年の / 8秒まで / 2018年の // 私たちは

to forget information / if we think / it can be retrieved / from a digital device.//
情報を忘れがちである / 私たちが考えると / それが検索されることが可能であると / デジタル端末から //

6 ⑫ The examples above show / that the internet is damaging our memory.//
上記の例は示す / インターネットが私たちの記憶力を損なわせているということを //

⑬ We should always remember / to spend more time thinking / and less time
私たちは常に覚えておくべきである / 思考することにより多くの時間を使うことを / そして情報に

accessing information.//
アクセスする時間を少なくすることを //

・単語・熟語チェック

□ reveal	動 ～を明らかにする	□ data	名 データ
□ device	名 端末	□ out of control	熟 制御できない
□ constantly	副 絶えず	□ desire	名 欲求，願望
□ interrupt	動 ～を邪魔する	□ passive	形 受け身の
□ interfere	動 阻害する	□ span	名 時間，期間
□ interfere with *A*	熟 *A* を阻害する	□ tend	動 傾向にある
□ seek	動 ～を探し求める	□ tend to *do*	熟 ～する傾向にある

本文内容チェック　**「ソーシャルメディア，ネット検索などの影響で損なわれる記憶力」**

3 ある研究で，平均的な従業員は 1 時間に 11 回メールを確認するとわかった。別の調査では，大学生は授業時間の 20％をメッセージのやり取りやゲーム，SNS のチェックに費やしていた。そのような中断行為は，記憶を形成する能力を阻害する。

4 私たちの脳は新しい情報を求めるようにできている。この絶えず情報を求める欲求のせいで，私たちは脳を休ませることなく SNS を利用してしまう。

5 情報を思い出すのではなく，ネットで検索するという受け身な姿勢は，私たちの集中力が続く時間を短くした。また，検索できると思うと，情報を忘れがちになる。

6 考えることにもっと時間を使い，ネットで情報にアクセスする時間を減らすべきだ。

読解のカギ

③ **Another survey of 26 US states revealed (that college students spend 20% of their class time texting, playing games, and checking social media on digital devices).**

➡ spend O *do*ing は「～するのに O を費やす，～して O を過ごす」という意味。ここでの *do*ing (動名詞) は，texting，playing games，checking ... の 3 つ。

⑦ **This strong desire (to constantly gain information) leads to our frequent use of social media (although we should be giving our brains some rest).**

This strong desire (to constantly gain information) = S，leads = V，we = (S')，should be giving = (V') (助動詞＋進行形)，our brains = (O'₁)，some rest = (O'₂)

➡ a desire to *do* は「～したいという欲求」という意味。This は前文⑥の our brains are designed to seek new data という内容を受けている。

➡ lead to *A* は「*A* (という結果) につながる」という意味。

問．日本語にしなさい。

He had a strong desire to be a better person.

(　　　　　　　　　　　　　　　　　　　　)

⑨ **Trying (to actively recall data) is good exercise (for the brain), but (today) we use a search engine (instead).**

➡ instead は「(積極的にデータを呼び起こそうとする) 代わりに」ということ。

問の解答　**問．** 彼はよりよい人間になりたいという強い欲求［願望］を持っていた。

2. 1

ポイント ベッツィー・スパロー教授はどのような実験を行ったか。

1 ① The internet may be changing / what we remember, / but not our capacity / to
インターネットは変えているかもしれない / 私たちが何を覚えているかを / しかし能力ではない /

remember.// ② In 2011, / Columbia University psychology professor Betsy Sparrow
記憶するための // 2011年に / コロンビア大学の心理学の教授であるベッツィー・スパローはある実験を

led a study / in which participants were asked / to record 40 factoids / in a computer /
指揮した / 被験者が言われた / 40のファクトイドを記録するように / コンピューターに /

such as "An ostrich's eye is bigger than its brain."// ③ Half of the participants were
「ダチョウの目は自身の脳より大きい」といったような // 被験者の半分に伝えられた

told / the information would be deleted, / while the other half were told / it would
/ その情報は消去されると / もう半分のほうには伝えられた / それは保存

be saved.// ④ The latter group made no effort / to recall the information / when
されると // 後者のグループは努力をしなかった / 情報を思い出すための / それに

quizzed on it / later, / because they knew / they could find it / on their computers.//
ついて質問されたとき / 後で / なぜなら彼らは知っていたからだ / 彼らがそれを見つけられると / 彼らのコンピューター上で //

⑤ In the same study, / some participants were asked / to remember both the
同じ実験で / 言われた被験者もいた / 情報とフォルダー

information and the folders / it was stored in.// ⑥ They didn't remember the
の両方を覚えるように / それが格納されている // 彼らは情報を覚えて

information, / but they remembered / how to find the folders.// ⑦ In other words, /
いなかった / しかし彼らは覚えていた / フォルダーを見つける方法を // つまり /

human memory is not getting worse / but "adapting / to new communications
人間の記憶力は悪くなっていっているのではない / しかし「適応しようとしている / 新しい通信技術に」と

technology," / said the professor.//
/ その教授は言った //

・単語・熟語チェック

□ **psychology**	名 心理学	□ **make an [no] effort to *do***	熟 ～する努力をする[しない]
□ **participant**	名 被験者，参加者	□ **adapt**	動 適応する
□ **factoid**	名 ファクトイド	□ **adapt to *A***	熟 *A* に適応する
□ **ostrich**	名 ダチョウ		
□ **delete**	動 ～を削除する		

本文内容チェック **「実験で，条件によって何を記憶しているかに違いを見せた被験者」**

1 ベッツィー・スパロー教授が指揮したある実験で，被験者にコンピューターに情報を記録させ，半数にその情報が削除，もう半数にはそれが保存されると伝えた。保存されると伝えられたグループは，情報について質問されたとき，情報を思い出す努力をしなかった。同実験で，情報と保存されているフォルダーの両方を覚えるよう求められた被験者たちは，情報は覚えていないもののフォルダーの見つけ方を覚えていた。つまり，私たちの記憶能力は減退しているのではなく，新しい通信技術に適応し，覚える内容を変えているということだ。

読解のカギ

① **The internet may be changing (what we remember), but not our capacity to remember.**

S　V(助動詞＋進行形)　O　O

➡ what が導く名詞節が changing の目的語になっている。

➡ but の直後の not は，may not be changing の not 以外を省略した形。

➡ capacity to *do* は「〜する能力」という意味。

② **In 2011, Columbia University psychology professor Betsy Sparrow led a study {in which participants were asked to record 40 factoids in a computer such as "An ostrich's eye is bigger than its brain}."**

➡ in which は <前置詞＋関係代名詞>。in which participants were ... such as "An ostrich's eye is bigger than its brain" が先行詞の a study を修飾している。

➡ factoid「ファクトイド」とは「豆知識的な情報」のことで，事実かどうか怪しい情報を指す場合もある。

➡ such as *A* は「*A* といったような」。40 factoids の具体例を挙げている。

問. ＿＿を埋めなさい。

これは私がずっと待ち続けていた映画だ。

This is a movie ＿＿＿＿ ＿＿＿＿ I've been waiting.

⑤ **(In the same study), some participants were asked to remember both the information and the folders {it was stored in}.**

(which [that])

➡ the same study は前文②〜④で述べられている実験と同じであるということ。

➡ folders の後ろには目的格の関係代名詞 which [that] が省略されている。(which [that]) it was stored in が先行詞の the folders を修飾している。

⑦ **(In other words), human memory is not getting worse but "adapting to new communications technology," said the professor.**

➡ 現在進行形の文。is に続く現在分詞は getting と adapting で，not *A* but *B*「*A* ではなく *B*」の形で示されている。

➡ but より後ろの部分が直接話法になっている。「" "(引用符)」で囲まれた部分だけが the professor の発言内容で，文の前半部分は発言に含まれていない。adapting to new communications technology は is に続く現在分詞句であると同時に，said の目的語にもなっている。

➡ new communications technology は「インターネット」のことを指している。

問の解答 **問.** for which

2. 2～4

ポイント インターネットは人間の記憶力を低下させるだけのものなのか。

2 ① The internet is becoming an external hard drive / for our memories.//
インターネットは外付けハードドライブになりつつある / 私たちの記憶のための //

② Traditionally, / this role was fulfilled / by data banks, libraries, and other humans.//
旧来は / この役目は果たされた / データバンク，図書館，ほかの人間たちによって //

③ Some worry / that this is having a bad effect / on society, / but Sparrow suggests /
心配する人もいる / このことが悪影響を及ぼしていると / 社会に / しかしスパローは示唆する /

that the trend will change our approach / to learning / from a focus / on individual
その動向は私たちの取り組み方を変化させるだろうと / 学習への / 焦点を当てたものから / 個々の

facts and memorization / to an emphasis / on more conceptual thinking / which is
事実や暗記に / 重点を置いたものに / より概念的な思考に /

usually not available / on the internet.//
通常は手に入らない / インターネットで //

3 ④ There is no experimental evidence / showing / that the internet interferes /
実験的証拠は1つもない / 示している / インターネットが阻害するということを /

with our ability / to focus, / wrote two American psychologists / in 2010.// ⑤ For
私たちの能力を / 集中するための / と2人のアメリカ人心理学者が書いた / 2010年に //

example, / in a 2008 study / involving 24 participants, / surfing the web exercised
例えば / 2008年の実験で / 24人の被験者を参加させた / ネットサーフィンをすることは

the brain / more than reading did / among computer-savvy older adults.//
脳を鍛えた / 読書がしたよりも / コンピューターに精通した高齢者の中で //

⑥ Additionally, / two Harvard psychologists argue / that not needing to remember
さらに / 2人のハーバード大の心理学者は主張する / 事実を覚える必要がないことは私たちの

facts might free our minds to focus / on more meaningful efforts.//
頭脳が自由に集中できるようにするかもしれない / より意味のある試みに //

4 ⑦ As can be seen above, / the internet is not harming our memory.// ⑧ In fact, /
上に見られるように / インターネットは私たちの記憶力に害をなしていない // それどころか /

it is helping us to use our minds / for more important things.//
それは私たちが頭脳を使う助けになっている / より大事なことのために //

・単語・熟語チェック

□ external	形 外部の
□ traditionally	副 旧来[従来]は
□ fulfil	動 ～を果たす
□ trend	名 動向
□ approach	名 取り組み方，方法
□ memorization	名 暗記，記憶すること
□ emphasis	名 重点，強調
□ conceptual	形 概念的な
□ available	形 利用可能な
□ experimental	形 実験的な
□ evidence	名 証拠
□ psychologist	名 心理学者
□ involve	動 ～を参加させる
□ savvy	形 精通した
□ additionally	副 さらに
□ meaningful	形 意味のある

本文内容チェック 「インターネットが人間の脳に与えるよい影響」

2 インターネットは私たちの記憶の外付けハードドライブ化しつつある。この変化により私たちの学習方法は，個々の事実や暗記よりも，概念的な思考に焦点を置くものへと変わる可能性があるとスパロー氏は示唆している。

3 2人のアメリカ人心理学者によると，インターネットが集中力を阻害するという実験的証拠はない。ある実験では高齢者にとってネットサーフィンのほうが読書よりも脳を鍛えた。さらに，ハーバード大の2人の心理学者は，事実を記憶する必要がなければ，頭脳はより有意義な試みのほうに集中できるかもしれないと主張している。

4 インターネットは記憶を阻害するどころか，頭脳をより重要なことに使う手助けをしている。

読解のカギ

① **The internet is becoming an external hard drive (for our memories).**

➡ 現在進行形の文。become のような≪変化≫を表す動詞が現在進行形になると，「〜しつつある」という意味になる。

➡ external hard drive「外付けハードドライブ」は，パソコンに外部から接続して使うデータ記録装置のこと。人間の脳の記憶をパソコン内蔵の記録装置，インターネットを外部の記録装置に例えている。

③ **Some worry (that this is having a bad effect on society), but Sparrow suggests (that the trend will change our approach to learning from a focus on individual facts and memorization to an emphasis on more conceptual thinking {which is usually not available on the internet}).**

➡ this は前文①②，つまり「旧来ほかのものが果たしていた記憶の外付けハードディスクの役割をインターネットが果たすようになってきている」ということを指す。

➡ which は主格の関係代名詞で，which is usually not available on the internet が先行詞の more conceptual thinking を修飾している。

⑤ **For example, (in a 2008 study involving 24 participants), surfing the web exercised the brain (more than reading did) (among computer-savvy older adults).**

➡ involving が導く現在分詞句は a 2008 study を修飾している。

➡ surfing the web は surf the web「ネットサーフィンをする」の動名詞形。

➡ did は exercised (the brain) の代わりに用いられている。

➡ savvy は，〜-savvy「〜に精通した」という複合語の形でしばしば使われる。

問. 日本語にしなさい。

We are looking for social media-savvy people.

(　　　　　　　　　　　　　　　　　　　　　　　　　　　　　　　)

問の解答 **問.** 私たちはソーシャルメディアに精通した人たちを探している。

TRY1 Overview ヒント

You are writing a passage review. Complete the chart.
(あなたは文章の一節のレビューを書いています。表を完成させなさい。)

Passage 1　Introduction → 第 1 パラグラフ　Body → 第 2〜5 パラグラフ
　Conclusion → 第 6 パラグラフ

Passage 2　Introduction → 第 1 パラグラフ　Body → 第 2〜3 パラグラフ
　Conclusion → 第 4 パラグラフ

ⓐ 情報が多すぎると，私たちの脳は制御不能になる。
ⓑ 脳を使えば使うほど，それはますますよく機能するようになる。
ⓒ 検索エンジンに頼ることが私たちに情報を忘れさせる。
ⓓ 私たちはインターネットを使うよりも，思考することにより多く時間を費やすべきだ。
ⓔ 集中していないとき，私たちの脳はうまく働かない。
ⓕ インターネットは私たちの記憶力に害をなしていると言われている。
ⓖ インターネットは私たちの記憶のための外付けハードドライブになりつつある。
ⓗ インターネットは私たちがより大事なことに集中する助けになる。
ⓘ 研究者たちは，インターネットが私たちの集中力を阻害することを証明する実験的データを何も示していない。
ⓙ 私たちの記憶は新しい通信技術に適応しようとしている。

TRY2 Main Idea ヒント

Mark the main idea of Passage 1 P1, the main idea of Passage 2 P2, and the idea of both passages C.（パッセージ 1 の本旨になるものには P1 を，パッセージ 2 の本旨になるものには P2 を，両方のパッセージの論旨には C の印を書きなさい。）

1 インターネットは私たちの記憶力に害をなしている。
2 インターネットは私たちがどれほどよく記憶しているかに影響を与えていない。
3 インターネットは私たちの記憶する能力，または記憶の仕方に影響を与えている。

TRY3 Details ヒント

Answer T (true) or F (false).（正誤を答えなさい。）

Passage 1

1 第 1 パラグラフに修道士を怠けさせるものについての記述がある。→ 教p.64, ℓℓ.2〜3
2 第 2 パラグラフに神経細胞の伝達機能についての記述がある。→ 教p.64, ℓℓ.9〜10
3 第 3 パラグラフに授業中の学生への調査についての記述がある。→ 教p.64, ℓℓ.16〜18
4 第 4 パラグラフにとるべき休息についての記述がある。→ 教p.64, ℓℓ.22〜23

Passage 2

5 第 1 パラグラフにインターネットが何を変化させたかについての記述がある。→ 教p.64, ℓℓ.31〜32
6 第 1 パラグラフに記憶力の変化についての記述がある。→ 教p.65, ℓℓ.8〜9
7 第 2 パラグラフにインターネットの変化についての記述がある。→ 教p.65, ℓ.10
8 第 3 パラグラフにネットサーフィンと脳についての記述がある。→ 教p.65, ℓℓ.17〜19

TRY4 Making Judgments ヒント

Choose the most suitable answer.（最も適切な答えを選びなさい。）

1 enemy「敵」が具体的にどのような意味で使われているか考える。

2 パッセージ２の第１パラグラフにある実験の結果から何が言えるのか考える。

TRY5 Deeper Understanding ヒント

Discuss the following with your partner.（次のことについてパートナーと話し合いなさい。）

議題の訳

私たちはどのようにすればインターネットをうまく扱えるでしょうか。それは私たちの脳によいものでしょうか，それとも悪いものでしょうか。

→「インターネットとの付き合い方」について聞かれている。インターネットのよい活用法，反対に問題点や，それへの対処法などを考える。それらを踏まえて，インターネットがよいものか悪いものか意見を決める。

TRY6 Retelling ヒント

Content Retelling

本文要約例

Passage 1

新しい技術は常に**懸念**を引き起こしてきた。**印刷機**が登場したときには**修道士**が写本作業で怠けるのではないか，18世紀には**新聞**が読者を教会活動から遠ざけるのではないかと心配された。今は**インターネット**が**記憶力**の敵になるのではと懸念されている。

記憶は，橋のような**機能**を持つシナプスを通して**神経細胞間**を神経伝達物質が行き来することで形成される。

脳は**集中し**ていないときはうまく働かない。ある調査では，大学生は授業中の20%の時間を**ソーシャルメディア**のチェックなどのデジタル端末を使う行為に費やしている。このような絶え間ない中断行為は記憶の形成の妨げになる。

情報量の多さもまた記憶に影響する。脳は常に新しいデータを求めるようにできているが，情報が多すぎるとこの働きを制御できなくなる。

ネットで情報を得るというのが受け身な性質であることも問題である。積極的に情報**を呼び起こす**作業が脳にとってよい運動になるからだ。結果として，私たちの集中力が続く時間は減少傾向にある。

私たちは，情報にアクセスするより**思考する**ことにより多くの時間**を使う**べきである。

Passage 2

インターネットが変化させているのは**何を覚えるか**であって，記憶力ではないだろう。ある実験で，被験者に40の**ファクトイド**をコンピューターに入力させ，半分ずつにそれらがのちに**削除される**，または**保存される**と伝えた。保存されると伝えられたグループは，後で情報について質問されたとき，情報を思い出す努力をしなかった。情報とその保存先の**フォルダー**を覚えるように言われたグループは，情報自体は覚えていなかったが，フォルダーの見つけ方は覚えていた。これは，人間の記憶力が悪くなっているのではなく，新しい通信技術に**適応し**ようとしていることを示す。

インターネットは記憶の**外付けハードドライブ**になりつつある。この変化は，学習の方法を暗記中心のものから，より**概念的な思考**に重点を置いたものへと変化させるだろう。

インターネットが集中力を**阻害する**という**実験的証拠は1つもない**。ある実験で，コンピューターに詳しい高齢者にとっては，**ネットサーフィン**のほうが読書より脳を鍛えるという結果が出ている。インターネットは，ものごとを記憶する必要をなくし，その分頭脳をもっと重要なことに使う**手助けをする**のだ。

Interactive Retelling

Reteller A: The internet is damaging our memory.	Reteller B: Just changing what we remember
・The more we use the internet, the worse our brain functions. ・ネット上での活動のために作業を中断することは，記憶形成の妨げになる。	・We don't have to remember the information but to know where it is on the internet. ・ネットサーフィンが読書より脳を鍛える場合もある。

Retelling with Your Opinions

ソーシャルメディアのせいで作業に集中できていないと感じたことはありますか。本文にもとづいて，今あなたはそれについてどのように考えますか。あなたの意見もまじえて，本文を Retelling しなさい。

使える表現：

・I can't help checking my smartphone while doing homework.
（私は宿題をしているときに，ついスマホをチェックしてしまう。）

Speaking ヒント

・単語・熟語チェック

□ **prevent**	動 ～を妨げる	□ **remote**	形 遠隔の
□ **interpersonal**	形 人と人の間の	□ **boundary**	名 境界

Discussion

❶あなたは友達と，インターネットと記憶力について話をしている。友達に次の質問をしなさい。

➡(回答者の立場の場合)直感的に自分なりの答えが思い浮かばなければ，本文から共感できる内容を思い起こして答える。

❷4人のグループを作りなさい。クラスでインターネットの影響について議論しなさい。1人が司会役となり，ほかの人たちは3つの視点(コミュニケーション，学習，リモートワーク)からインターネットがよい影響を持つのか，それとも悪い影響を持つのかを議論する。

使える表現：

・What do you think are the good effects of the internet?
（インターネットのよい影響は何だと思いますか。）

・I think the internet has some bad effects. For example, it could prevent interpersonal communication.（インターネットにはいくつか悪い影響があると思う。例えばインターネットは人対人のコミュニケーションを阻害する可能性がある。）

Writing ヒント

・単語・熟語チェック

□ **affect**	動 ～に影響を及ぼす	□ **isolated**	形 孤立した

デジタル時代のコミュニケーション

❶ブレイン・ストーミング

書く準備のために，対面のコミュニケーションとオンラインでのコミュニケーションを比較しなさい。この主題について考える際には，時間，お金，効率，場所などのいくつかの観点が役立つでしょう。

❷主題についてあなたの意見を書きなさい

概略を考え，その概略にしたがって３つか４つの段落を書きなさい。

主題：「コミュニケーション技術が私たちをより孤立させたという考えに同意するか」

概略

・**導入**：あなたの意見を提示しなさい。
・**本論（支持文）**：あなたの意見を支持する理由と［または］例を挙げなさい。
・**結論**：あなたの意見を再び述べ，提案を行う，または予想を立てなさい。

使える表現：

・We could accurately understand the other person's emotions and intentions.
（相手の感情や意図を正確に理解することができる。）

・No matter how far apart we are, we can communicate in real time.
（どんなに遠く離れていても，リアルタイムでコミュニケーションをとれる。）

Enrich Your Vocabulary ヒント

・単語・熟語チェック

□ **firmly**	副 しっかりと	□ **kindergarten**	名 幼稚園
□ **convinced**	形 確信している	□ **nowadays**	副 今日(こんにち)では

Give your opinions

❶次の事柄を上の表現を使って説明しなさい。理由も述べなさい。

例：

I am convinced that the day when humans live on the moon is not too far away.
（人類が月で暮らす日もそう遠くはないと私は確信している。）

❷次のことについて意見を述べなさい。

(1) すべての高校生は少なくとも１年間は留学するべきかどうか

(2) すべての自動車が電気自動車であるべきかどうか

定期テスト予想問題

解答 ➡ p.239

1 日本語の意味に合うように，____に適切な語を入れなさい。

(1) 彼女は試合の前に緊張する傾向がある。
She ____________ ____________ get nervous before games.

(2) 勉強に関して言えば，アレックスは図書館で長い時間を過ごす。
____________ ____________ ____________ ____________ studying,
Alex spends long hours at the library.

(3) ひどい 1 日だった。つまり，何もかもうまくいかなかった。
I had a terrible day. ____________ ____________, everything went wrong.

(4) 彼が新しい学校に適応するのには，いくらか時間がかかった。
It took some time for him to ____________ ____________ his new school.

2 日本語に合うように，(　)内の語句を並べかえなさい。

(1) 彼は，頻繁な会議は生産性を下げるかもしれないと主張した。
(that / he / meetings / productivity / decrease / frequent / could / argued).
____.

(2) 彼はテスト勉強をする努力を一切しなかったので，落第しても驚かなかった。
(no / made / to / test / study / effort / for / he / the), so it's no surprise he failed.
______________________________, so it's no surprise he failed.

(3) 彼女は先生の助けを借りてギターの弾き方を覚えた。
(learned / help / of / play / her teacher / to / the / how / with / guitar / she / the).
____.

(4) 彼らは汚染が一部の動物に危害を与えているという懸念を表明している。
(express / that / some animals / harming / pollution / concern / they / is).
____.

3 ____に適切な語を入れて，次の文を書きかえなさい。

(1) Climate change could cause the extinction of certain species.
→ Climate change could ____________ to the extinction of certain species.

(2) This is the house where my grandparents live.
→ This is the house ____________ ____________ my grandparents live.

4 次の英語を日本語に訳しなさい。

(1) The hotter it gets, the more ice cream sells.
(　　　　　　　　　　　　　　　　　　　　　　　　)

(2) The fire spread quickly and soon became out of control.
(　　　　　　　　　　　　　　　　　　　　　　　　)

5 次の英文を読んで，後の問いに答えなさい。

The internet is becoming an external hard drive for our memories. Traditionally, ①this role was fulfilled by data banks, libraries, and other humans. ②(that / this / bad / society / some / a / effect / having / is / on / worry), but ③Sparrow suggests that the trend will change our approach to learning from a focus on individual facts and memorization to an emphasis on more conceptual thinking which is usually not available on the internet.

(1) 下線部①が具体的に指すものを英語で抜き出しなさい。

______

(2) 下線部②が「このことが社会に悪影響を及ぼしていると心配する人もいる」という意味になるように，(　)内の語を並べかえなさい。

______

(3) 下線部③の英語を日本語に訳しなさい。

(　　　　　　　　　　)

6 次の英文を読んで，後の問いに答えなさい。

①There is no experimental evidence showing that the internet interferes with our ability to focus, wrote two American psychologists in 2010. For example, in a 2008 study ②(involve) 24 participants, surfing the web exercised the brain more than reading ③(do) among computer-savvy older adults. Additionally, two Harvard psychologists argue that not needing to remember facts might free our minds to focus on more meaningful efforts.

As can be seen above, the internet is not harming our memory. In fact, ④(us / our / to / for / use / things / helping / minds / more / is / important / it).

(1) 下線部①の英語を日本語に訳しなさい。

(　　　　　　　　　　)

(2) 下線部②の(　)内の語を適切な形に書きかえなさい。 ______

(3) 下線部③の(　)内の語を適切な形に書きかえなさい。 ______

(4) 下線部④が「それは私たちがより大事なことに頭脳を使う助けになっている」という意味になるように，(　)内の語を並べかえなさい。

______

Lesson 5 Emoji — The Language of the Online World

1

ポイント 絵文字はどのように作られ，発展したか。

1 ① Our means / of communication / are more extensive / than ever.// ② The
私たちの手段は/ コミュニケーションの / もっと広範囲に及ぶ /これまでより// 押す

push / of a button / puts us in touch / with hundreds or even thousands of people /
ことは/ ボタンを / 私たちに連絡させる / 何百あるいは何千もの人々と /

all over the globe.// ③ We communicate / not only in text but increasingly in
地球上の各地の // 私たちはコミュニケーションをとる / 文章でだけでなく画像でもますます

images.// ④ When a Japanese designer, / Kurita Shigetaka, / created the first emoji /
// 日本人デザイナー(～とき) / 栗田穣崇(しげたか)が / 最初の絵文字を作り出した /

in 1999, / they were created / for a very specific purpose: / making it easier to
1999年に / それらは作り出された / 極めて特定の目的のために / コミュニケーションをとるのをより簡単に

communicate / on a mobile internet system.// ⑤ The system offered emails, / but
すること / 携帯電話のインターネットシステム上で // そのシステムはEメールを提供した/しかし

they were restricted / to only 250 characters, / so emoji were a way / to say more / in
それらは制限されていた / たった250文字に / そのため，絵文字は手段だった / より多くを述べるための /

a limited space.// ⑥ Emoji remained largely confined / to Japan / for over a decade.//
限られたスペースで // 絵文字は主に限定されたままだった / 日本に / 10年以上 //

⑦ It was not until 2010 that emoji were incorporated / into Unicode, / a global
2010年になって初めて絵文字は組み込まれた / ユニコードに / 世界

standard / that controls the software coding / of text.// ⑧ After that, / emoji
基準 / ソフトウェアでのコード化を管理する / 文字列の// その後 / 絵文字

gradually spread / all over the world.// ⑨ Using emoji, / we digitally kiss and smile,
は徐々に広まった / 世界中に // 絵文字を使って/ 私たちはデジタルでキスをしたり，

show our feelings, or express our support.// ⑩ We can say / that emoji are the
微笑んだり，感情を示したり，支持を表現したりする // 言える / 絵文字はボディー

body language / of the digital age.//
ランゲージだと / デジタル時代の //

・単語・熟語チェック

□ **put *A* in touch with *B***	熟 *A*に*B*と連絡させる
□ **globe**	名 地球
□ **confine**	動 ～を限定する
□ **incorporate**	動 ～を組み込む
□ **Unicode**	名 ユニコード
□ **software**	名 ソフト(ウェア)
□ **code**	動 ～をコード化する
□ **digitally**	副 電子的に，デジタルで

本文内容チェック　**「携帯電話のメール用に日本で生まれ，世界中に広まった絵文字」**

1 現代のコミュニケーション手段では，ボタンの一押しで何百，何千人もの人と連絡がとれる。それには文字だけでなく画像も使われる。1999年に，携帯電話のメールでのコミュニケーションを簡単にするため，日本人デザイナーの栗田穣崇の手によって絵文字が生まれた。当初は日本に限られていたが，2010年にユニコードに絵文字が加わり，世界中に広まった。絵文字はデジタル時代のボディーランゲージと言える。

読解のカギ

② **The push (of a button) puts us (in touch with hundreds or even thousands of people (all over the globe)).**

S: The push (of a button)　V: puts　O: us　C: (in touch with hundreds or even thousands of people (all over the globe))

➡ push は「押すこと，一押し」という意味の名詞として用いられている。「…の一押しが～させる」→「…を押すと～できる」のように訳すと自然な日本語になる。

④ **(When a Japanese designer, Kurita Shigetaka, created the first emoji (in 1999)), they were created (for a very specific purpose): making it easier to communicate on a mobile internet system.**

（a Japanese designer = Kurita Shigetaka／it：形式目的語，to communicate on a mobile internet system：真の目的語）

➡ they は the first emoji を受けた代名詞で，この emoji は複数形である。また，複数形は emojis とされることもある。

➡「:(コロン)」以降は，a very specific purpose の具体的内容を表している。

➡ it は形式目的語で，to communicate on a mobile internet system が真の目的語。<make it＋C＋to 不定詞> で「～することを C(の状態)にする」という意味になる。

⑦ **It was not until 2010 (that emoji were incorporated into Unicode, a global standard {that controls the software coding of text}).**

➡ it is not until ～ that ... は「～になって初めて…」という意味。

➡ Unicord「ユニコード」はコンピューターで使う文字のための世界的な標準規格。

➡ standard の後の that は主格の関係代名詞で，that controls the software coding of text が先行詞の a global standard を修飾している。

⑨ **(Using emoji), we digitally kiss and smile, show our feelings, or express our support.**

➡ Using emoji は≪付帯状況≫を表す分詞構文。「～して」と訳せる。

問. ___を埋めなさい。

ソファーで眠っていて，私は首を痛めた。

________ on the sofa, I hurt my neck.

問の解答　**問.** Sleeping

2〜3

ポイント デジタル言語で使われる絵文字は，だれがどのように決めているのか。

2 ① Where do various emoji come from?// ② Who decides / what emoji are, or
さまざまな絵文字はどこから来るのか // だれが決めるのか/ どんな絵文字が含まれる，

are not, included?// ③ There's a whole world / behind emoji / that most people
もしくは含まれないのかを // とても大きな世界がある / 絵文字の背後には / ほとんどの人が

don't know.// ④ Communication / in the digital domain / is directed / by a society /
知らない // コミュニケーションは/ デジタル領域での / 管理されている / 協会によって /

called the Unicode Consortium, / which is considered the "Supreme Court" / of online
ユニコードコンソーシアムと呼ばれる / 「最高裁判所」とみなされている / オンライン

communication.// ⑤ The Unicode Consortium meets four times / a year / for four
コミュニケーションの// ユニコードコンソーシアムは4回集まる / 1年に / 4日から

to five days / in Silicon Valley.// ⑥ This is / where representatives / of large tech
5日間の間 / シリコンバレーで // これは / 代表たちが〜場である /大手テクノロジー

companies / decide the global standard / for symbols, characters, and fonts / in the
企業の / 世界基準を決定する / 記号，文字，書体のための /

digital language.// ⑦ It is they / who decide / what emoji can be used.//
デジタル言語における// 彼らである / 決めているのは / どんな絵文字が使われ得るかを //

3 ⑧ Behind that closed door, / major issues are decided.// ⑨ There are many
その閉ざされた扉の向こうでは / 重要な事柄が決定される // 多くのことがある

things / they have to discuss.// ⑩ For example, / they decide / how many skin
/ 彼が話し合わなければならない // 例えば / 彼らは決定する / 何色の肌の色，

colors or which flags should be represented / on the emoji keyboard.// ⑪ Flags
またはどの旗が象徴として表されるべきかを / 絵文字のキーボード上で // 旗は

have been a challenging area / because they are so closely related / to self-identity
難しいがやりがいのある分野である / なぜならそれらはとても密接に関係しているからだ / 個人の帰属意識

or political identity.// ⑫ All kinds of movements / around the world / have their
や政治的な帰属意識と // あらゆる種類の運動には / 世界中の /それら自身の

own flags, / so there are many associations / with flags.// ⑬ Sometimes / groups
旗がある / なので，多くの団体が存在する / 旗を持った // 時々 / 人の集団

of people are very offensive / to a wide part / of the world, / and the committee has
はとても攻撃的である / 大部分に対して / 世界の /そして委員会は判断しなければ

to judge / carefully / in order not to include flags / which symbolize those groups.//
ならない / 慎重に / 旗を含まないように / それらの集団を象徴する //

・単語・熟語チェック

□ **domain**	名 領域	□ **tech**	形 テクノロジーの
□ **consortium**	名 共同企業体	□ **be related to *A***	熟 *A* と関係している
□ **supreme**	形 最高位の	□ **closely**	副 密接に
□ **representative**	名 代表者	□ **related**	形 関係した

□ association	名 団体	□ committee	名 委員会
□ offensive	形 攻撃的な	□ symbolize	動 ～を象徴する

本文内容チェック 「絵文字の世界基準を決定するユニコードコンソーシアム」

2 ユニコードコンソーシアムと呼ばれる，オンラインコミュニケーションの「最高裁判所」とみなされる団体が，デジタル言語における記号，文字，書体などの世界基準を決めている。どのような絵文字が使われるかを決めるのもこの団体である。

3 ユニコードコンソーシアムの集まりでは，絵文字で使われる肌の色の数や，旗の種類が決められる。旗は帰属意識と密接に関係するので，難しいがやりがいのある項目である。攻撃的な団体を象徴する旗もあるため，それらは慎重に選ぶ必要がある。

読解のカギ

④ **Communication (in the digital domain) is directed (by a society (called the Unicode Consortium), {which is considered the "Supreme Court" of online communication}).**

➡ 過去分詞句の called the Unicode Consortium は a society を修飾している。

➡ which は主格の関係代名詞で，前に「,(コンマ)」があるので非限定用法である。which is considered the "Supreme Court" of online communication が先行詞の a society called the Unicode Consortium に説明を加えている。

⑥ **This is {where representatives of large tech companies decide the global standard for symbols, characters, and fonts in the digital language}.**

➡ where は先行詞を中に含む関係副詞。「～する場所」という意味の名詞節を導く。

問. 日本語にしなさい。

The accident happened 100 meters away from where we were.

(　　　　　　　　　　　　　　　　　　　　　　　　　　　　　　)

⑦ **It is they (who decide what emoji can be used).**

➡ it is ～ who ... の形の強調構文になっている。「…するのは～である」という意味を表す。They decide what emoji can be used. という文の They を強調した形。

⑬ **(Sometimes) groups (of people) are very offensive (to a wide part of the world), and the committee has to judge (carefully) (in order not to include flags {which symbolize those groups}).**

➡ in order not to *do* は「～しないように」という意味。

➡ which は主格の関係代名詞で，which symbolize those groups が先行詞の flags を修飾している。

➡ those groups は，この文の前半で述べている「とても攻撃的な集団」を指している。

問の解答 **問.** その事故は私たちのいた場所から 100 メートル離れたところで起きた。

4～5

ポイント 近年の絵文字の選択肢はどのように変化してきたか。

4 ① Emoji have become more and more inclusive and representative / in recent years.// ② In 2016, / the first hijab emoji was submitted / to the Unicode Consortium / by a Saudi teenager, / Rayouf Alhumedhi, / living / in Germany.//
絵文字はますます包括的で，ますます多くのことを象徴的に表すようになった / 近年 // 2016年に / 初めてのヒジャブの絵文字が提出された / ユニコードコンソーシアムに / 10代のサウジアラビア人によって / ラユーフ・アルフメディという / 住む / ドイツに //

③ During a group chat / with her friends / on social media, / she was shocked / to find / there was no emoji / to represent her, / a headscarf-wearing woman.//
グループチャットの最中に / 彼女の友達との / ソーシャルメディア上での / 彼女はショックを受けた / 気づいて / 絵文字が1つもないことに / 彼女を象徴的に表すための / ヘッドスカーフを巻いた女性 //

④ She explained the reason / why she submitted the new emoji / as follows.//
彼女は理由を説明した / 彼女がその新しい絵文字を提出した / 次のように //

⑤ "Representation is important / in this day and age.// ⑥ People want to be acknowledged and recognized, / especially in the tech world.// ⑦ This is serious."//
「象徴的に表現されることは重要である / 今日，この時代において // 人々は認められたいし，認識されたいと思っている / 特にテクノロジーの世界で // これは深刻なことである」//

⑧ She attracted worldwide attention / as she campaigned / for its inclusion / and was selected / as one of the most influential teens / of 2017.//
彼女は世界中の注目を集めた / 彼女が宣伝活動をする中で / それを含めることについての / そして選ばれた / 最も影響力のある10代の若者の1人に / 2017年の //

5 ⑨ A hearing aid, wheelchair, seeing-eye dog, / as well as 171 options / for gender and skin tone / were added / in 2019.// ⑩ The transgender flag, women wearing tuxedos, and a gender-neutral Santa are also part / of the new 2020 emoji.//
補聴器，車いす，盲導犬が / 171の選択肢だけでなく / 性差と肌の色調に関する / 追加された / 2019年に // トランスジェンダーフラッグ，タキシードを着た女性，そして性差のないサンタも一部となっている / 2020年の新しい絵文字の //

⑪ These new symbols expanded / on the existing ones, / which only included / a man in a tuxedo and a woman / wearing a wedding veil.//
これらの新しい記号は発展させた / 既存のものを / ～しか含まなかった / タキシードを着た男性と女性 / ウェディングベールをつけている //

・単語・熟語チェック

□	**inclusive**	形 包括的な
□	**hijab**	名 ヒジャブ
□	**submit**	動 ～を提出する
□	**Saudi**	形 サウジアラビア人の
□	**chat**	名 チャット，会話
□	**headscarf**	名 ヘッドスカーフ
□	**representation**	名 象徴的に表現されること
□	**acknowledge**	動 ～を認める
□	**inclusion**	名 含めること
□	**select**	動 ～を選ぶ
□	**tone**	名 色調，トーン
□	**transgender**	形 トランスジェンダーの

□ **tuxedo**	名 タキシード	□ **expand**	動 広がる，拡大する
□ **gender-neutral**	形 性差のない	□ **veil**	名 ベール

本文内容チェック **「性差や肌の色などの選択肢が増え，包括的になっていく絵文字」**

4 2016年に，サウジアラビアの少女が初めてヒジャブの絵文字をユニコードコンソーシアムに提出した。彼女は自己を象徴的に表現できることが現代において重要だと考えた。彼女の運動は注目を集め，2017年の最も影響力のある10代に選ばれた。

5 2019年に，性差や肌の色などの171の選択肢と補聴器や車いす，盲導犬も追加された。2020年にもトランスジェンダーフラッグや，性差をつけない絵文字が追加された。

読解のカギ

② **In 2016, the first hijab emoji was submitted (to the Unicode Consortium) (by a Saudi teenager, Rayouf Alhumedhi, living in Germany).**

(a Saudi teenager = Rayouf Alhumedhi)

➡ hijab「ヒジャブ」はイスラム教徒の女性が頭部や体に巻く布のこと。

➡ 現在分詞句の living in Germany は，Rayouf Alhumedhi(=a Saudi teenager)を修飾している。

③ **(During a group chat with her friends on social media), she was shocked to find (there was no emoji to represent her, a headscarf-wearing woman).**

(her = a headscarf-wearing woman)

➡ <find+that 節> は「～ということに気づく」。ここでは that が省略されている。

➡ headscarf は前文②の hijab のことである。

問．並べかえなさい。

私は十分なお金を持っていなかったことに気づいた。

(didn't / money / have / I / I / enough / found).

______________________________.

⑤ **"Representation is important in this day and age.**

➡ ここでの representation「象徴的に表現されること」とは，社会の中の多様な存在がメディアや広告，作品などで適切に表現されることを表す。

⑪ **These new symbols expanded on the existing ones, {which only included a man (in a tuxedo) and a woman (wearing a wedding veil)}.**

(which → the existing ones)

➡ expand on *A* は「*A* を発展させる」という意味。

➡ ones は symbols の代わりに用いられている。

➡ which は主格の関係代名詞で，前に「,(コンマ)」があるので非限定用法である。which only included ... veil が先行詞の the existing ones に説明を加えている。

➡ 現在分詞句の wearing a wedding veil は a woman を修飾している。

問の解答 **問．** I found I didn't have enough money(.)

6～7

ポイント 絵文字は，それを使用する人たちの帰属意識とどのように関係しているか。

6 ① According to one study, / the majority of people / around the globe / want
ある研究によれば / 人々の大多数は / 世界中の / 絵文字

emoji to be more inclusive and reflect cultural diversity.// ② A survey / of 7,000
にもっと包括的で文化の多様性を反映したものになってほしいと思っている// ある調査は / 7千人の

frequent emoji users / revealed only 54% of people felt / their identity was fully
絵文字を頻繁に使う人たちへの / たった54％の人しか感じていないことを明らかにした / 彼らの帰属意識が完全に反映

reflected / in emoji options.// ③ Seventy-two percent / of LGBTQ+ global emoji
されていると / 絵文字の選択肢に // 72％が / 世界のLGBTQ+の絵文字使用者

users / said / they wished / they had more options.// ④ Less than half / of emoji
たちの / 言った / 彼らは願うと / 彼らにもっと多くの選択肢があればよいと // 半分未満が / 絵文字

users / with a disability / (37%) / feel represented / by the currently available emoji.//
使用者たちの / 障がいを持つ / (37％) / 表現されていると感じている / 現在使用できる絵文字によって //

7 ⑤ When there is not an option / to accurately describe oneself, / people feel /
選択肢がないとき / 自分自身を正確に表すための / 人々は感じる /

that they are being told / that they are unimportant, a minority, / or that they don't
彼らが言われているように / 彼らは重要ではなく，少数派であると / または彼らは存在すら

even exist.// ⑥ 3.2 billion people regularly use emoji, / which are more powerful /
していないと // 32億人の人々が頻繁に絵文字を使う / もっと影響力が強い /

in terms of their reach / than English, / said to be the global lingua franca / with a
それらの届く範囲という点においては / 英語より / 世界規模のリンガフランカと言われる / おそらく

reach of probably only 1.5 billion.// ⑦ Emoji are not just characters.// ⑧ They
15億人にしか届かない範囲の // 絵文字はただの文字ではない // それらは

are icons / for identity / for people / who are finding their voice.//
アイコンである / 帰属意識を表す / 人々のための / 自分の表現方法を見つけようとしている //

・単語・熟語チェック

□ **majority**	名 大多数，多数派	□ **minority**	名 少数派
□ **reflect**	動 ～を反映する	□ **regularly**	副 頻繁に
□ **LGBTQ+**	形 LGBTQ+ の	□ **powerful**	形 影響力の強い
□ **currently**	副 現在	□ **in terms of *A***	熟 *A* の点において
□ **accurately**	副 正確に	□ **lingua franca**	名 リンガフランカ
□ **unimportant**	形 重要でない	□ **icon**	名 アイコン，象徴

本文内容チェック 「人々の帰属意識の象徴としての絵文字」

6 ある調査で，自分の帰属意識が絵文字の選択肢に完全に反映されていると感じる人は54％だった。LGBTQ+の人の72％は絵文字の選択肢を増やしてほしいと述べた。障がい者のうち37％しか，絵文字で自分たちが表現されていると感じていない。

7 自分を正確に表す選択肢がないとき，人は自分が取るに足らないような少数派であ

る，または存在すらしていないかのように感じる。32 億人もの人が頻繁に使っている絵文字は，ただの文字ではなく人々の帰属意識を表すアイコンなのである。

読解のカギ

③ **Seventy-two percent (of LGBTQ+ global emoji users) said (they wished (they had more options)).**

S　V　O

➡ LGBTQ は性的少数者を表す 5 つの語の頭文字を並べたことば。+「プラス」はその 5 つに含まれないさまざまな人たちを表す。

➡ <wish＋(that) 節> は「～であればよいと願う」という意味。that は省略されている。

④ **Less than half of emoji users with a disability (37%) feel represented (by the currently available emoji).**

S　V　C

➡ 37% は Less than half「半数未満」の具体的な数値である。補足として「( )」に入れられている。

➡ <feel＋C (過去分詞)> は「～されていると感じる」という意味。

⑥ **3.2 billion people regularly use emoji, {which are more powerful (in terms of their reach) than English, (said to be the global lingua franca with a reach of probably only 1.5 billion)}.**

➡ which は主格の関係代名詞で，前に「,(コンマ)」があるので非限定用法である。which are more powerful ... 1.5 billion が先行詞の emoji に説明を加えている。

➡ reach「届く範囲」は「(絵文字・英語の) 使用者数」のことと解釈できる。

➡ said は過去分詞で，said ... 1.5 billion の部分が English に説明を加えている。... than English, which is said to be ... のように <関係代名詞＋be 動詞> を補って書きかえることができる。be said to *do* は「～すると言われている」という意味。

➡ lingua franca「リンガフランカ」とは，母語が異なる者同士が商売などでの意思疎通のために使う「共通言語」のことである。

問. 並べかえなさい。

この古木は樹齢 2 千年と言われている。

(years / to / old / is / old / this / said / be / 2,000 / tree).

____.

⑧ **They are icons for identity for people {who are finding their voice}.**

➡ They は emoji を受けた代名詞である。

➡ who は主格の関係代名詞で，who are finding their voice が people を修飾している。

➡ find *one*'s voice は「自分の表現方法を見つける」という意味。

問の解答　**問.** This old tree is said to be 2,000 years old(.)

TRY1 Overview ヒント

You are writing a passage review. Complete the chart.
(あなたは文章の一節のレビューを書いています。表を完成させなさい。)

Introduction ① → 第 1 パラグラフ
Introduction ② → 第 2 パラグラフ
Body → 第 3~6 パラグラフ
Conclusion → 第 7 パラグラフ

ⓐ 絵文字委員会は，肌の色は何色表現されるべきかなど，多くのことを話し合う。
ⓑ 2020 年の新しい絵文字は，タキシードを着た女性と性差のないサンタを含む。
ⓒ 絵文字はデジタル時代のボディーランゲージであると言える。
ⓓ 絵文字は自分自身を表現したいと思っている人々のためのアイコンである。
ⓔ 約半数が，彼らの帰属意識が現行の絵文字に正確に反映されていないと答えた。
ⓕ 絵文字はかつてないほどに包括的で，何かを象徴的に表すものになった。
ⓖ ユニコードコンソーシアムは，どんな絵文字が使われ得るかを決定する。

TRY2 Main Idea ヒント

Mark the main idea M, the sentence that is too broad B, and the sentence that is too narrow N.（話の本旨になるものには M を，広範すぎる文には B を，限定的すぎる文には N の印を書きなさい。）

1 絵文字はもっと包括的で，文化に関して具体的なものであるべきだ。
2 絵文字は世界中で使われている。
3 最初，E メールは 250 文字送ることができた。

TRY3 Details ヒント

Answer T (true) or F (false).（正誤を答えなさい。）

1 第 1 パラグラフに最初に作られた絵文字についての記述がある。 → 教 p.84, ll.3~6
2 第 1 パラグラフに絵文字が世界に広まったことについての記述がある。 → 教 p.84, ll.8~10
3 第 2 パラグラフにユニコードコンソーシアムの会合場所についての記述がある。 → 教 p.84, ll.17~18
4 第 2 パラグラフに最高裁判所についての記述がある。 → 教 p.84, ll.15~17
5 第 3 パラグラフに旗の絵文字の選定についての記述がある。 → 教 p.84, ll.26~28
6 第 1 パラグラフに絵文字がユニコードに組み込まれた年，第 5 パラグラフにトランスジェンダーフラッグが加わった年についての記述がある。 → 教 p.84, ll.8~10, p.85, ll.4~5
7 第 5 パラグラフに性差のないサンタについての記述がある。 → 教 p.85, ll.4~7
8 第 6 パラグラフに 72% という割合についての記述がある。 → 教 p.85, ll.11~12

TRY4 Facts and Opinions ヒント

Write FACT for a factual statement and OPINION for an opinion.
(事実に基づく記述には FACT，個人的見解には OPINION と書きなさい。)

1 絵文字を使って，私たちはデジタルで感情を示したり，支持を表現したりする。
2 私は，自分自身を正確に表す選択肢がないときに，自分は少数派であるのだと感じる。
3 どんな絵文字が使われ得るかを決めるのはユニコードコンソーシアムである。
4 絵文字は自分の表現方法を見つけようとしている人々のためのアイコンである。

TRY5 Deeper Understanding ヒント

Discuss the following with your partner.（次のことについてパートナーと話し合いなさい。)

議題の訳

どんな種類の絵文字を現在の絵文字の目録に加えるべきですか。なぜそう思うのですか。
→ 性差や人種，宗教などの多様性の面から考えて追加できるものでもよいし，個人的にあったら便利なものを考えてもよい。

TRY6 Retelling ヒント

Content Retelling

本文要約例

最初の絵文字は，日本人デザイナーの**栗田穣崇**(しげたか)により **1999 年**に携帯電話の E メールで使うために作られた。それから 10 年，絵文字は日本に限られたものだったが，**2010 年**に**ユニコード**に組み込まれ，次第に世界に**広がった**。

ユニコードコンソーシアムという団体が，デジタル領域のコミュニケーションを管理している。この団体は，オンラインでのコミュニケーションにおける「**最高裁判所**」とみなされている。その会合では，大手**テクノロジー企業**の代表たちがデジタル言語の世界基準を定め，どんな絵文字が使われるかも**決めている**。

そこでは絵文字で使われる肌の色や，**旗**の種類についても裁定される。**旗**は個人的，政治的な**帰属意識**と密接に関係するので，難しいが話し合う価値のある項目である。

絵文字は近年，どんどん**包括的**になってきている。2016 年に，サウジアラビア人の女の子によって，**ヒジャブ**の絵文字が初めてユニコードコンソーシアムに提出された。彼女は，現代では多様性が適切に表現されることが重要で，人々は**認め**られたいと思っていると考えた。

2019 年に，**性差**や肌の色などの新しい選択肢が 171 追加された。2020 年には，トランスジェンダーフラッグや，タキシードを着た女性，性差のないサンタなどが追加された。

世界の大多数の人が，絵文字がより包括的で文化的多様性を**反映する**ことを望んでいる。**LGBTQ+ の**人の 72%が絵文字の選択肢が増えることを願っている。障がいを持つ人で，絵文字で十分自分たちが表現されていると感じる人の割合は，37%である。

自分自身を正確に**表せる**選択肢がないとき，人は自分が**少数派**であり，軽んじられていると感じる。絵文字は単なる文字ではなく，人の帰属意識を表す**アイコン**なのだ。

Interactive Retelling

Ex. User group 1	User group (2)
・User group 1 indicates the percentage of people who feel their identity is fully reflected in the emoji options, out of 7,000 frequent emoji users.	・使用者グループ2は，世界のLGBTQ+の人たちのうち，もっと多くの絵文字の選択肢があったらいいと願う人たちの割合を示している。

Retelling with Your Opinions

もしあなたが自分を表すための正確な選択肢がないと感じたら，どうしますか。あなたの意見もまじえて，本文をRetellingしなさい。

意見を伝える表現：

・If I felt there was not an accurate option to describe myself, I would *do* ～.
（もし私が自分を表すための選択肢がないと感じたら，～するだろう。）

・I would offer a new option for describing myself.
（私は自分を表すための新しい選択肢を提示するだろう。）

・I would tell ○○ about the importance of diversity.
（私は○○に多様性の重要さについて伝えるだろう。）

・I might not be able to do anything about it.
（それについて何もできないかもしれない。）

Speaking ヒント

Describe a picture

右の絵を見なさい。女の子は何を考えていると思いますか。パートナーと共有しなさい。

➡テレビが伝えている内容，女の子が手にしている広告の内容，女の子の表情を踏まえて女の子が考えていることを推察する。

使える表現：

・The broadcaster says, "Of course, girls and boys are equal."
（ニュースキャスターは「当然，女の子と男の子は平等です」と言っている。）

・The advertisement seems to reflect the thinking that it is women who do the housework.
（広告は家事をするのは女性であるという思考を反映しているようだ。）

・The girl seems to sense the difference between the ideal and reality.
（女の子は理想と現実の差を感じているようだ。）

Role play

ある日，あなたは以下のグラフをインターネットで見つけた。それには妻と夫が1日の中で育児や家事に費やす時間が示されている。このグラフから何がわかるか，そしてなぜそのようになるのかについて議論しなさい。

「グラフによると，アメリカの夫は…」

「日本では，妻は…」

使える表現：

・According to the graph, wives spend △△ times as much time on childcare as husbands in ○○.
（グラフによると，○○では，妻は夫の△△倍の時間を育児に費やす。）

・Husbands in Japan spend far less time on housework than husbands in ○○.
（日本の夫は，○○の夫と比べて家事に費やす時間がはるかに少ない。）

Writing ヒント

・単語・熟語チェック

□ **content**	名 内容	□ **leadership**	名 統率力
□ **lecture**	名 講座	□ **workshop**	名 講習会

多様性を重視する社会を目指して

主題についてあなたの意見を書きなさい

概略を考え，その概略にしたがって3つか4つの段落を書きなさい。

主題：「多様性を重視する社会の構成員を創出するのに，どちらの講座が役立つか」

使える表現：

・Lecture A [B] is more directly related to diversity.
（講座A [B]のほうが多様性と直接関係している。）

・Lecture A [B] will be more helpful in that its results are more visible.
（成果がより目に見えるという点で，講座A [B]のほうがより役立つだろう。）

Enrich Your Vocabulary ヒント

・単語・熟語チェック

□ **agreement**	名 合意	□ **eagerly**	副 熱心に
□ **disagreement**	名 不合意	□ **consent**	動 同意する
□ **enthusiastically**	副 熱狂的に	□ **oppose**	動 ～に反対する

Give your opinions

あなたの友達があなたたちの街について次のことを提案した。上の表現を使って，あなたがそれに同意するのか，それとも反対するのかを示し，理由を述べなさい。

例：

I agree 100% with the suggestion. (私はその提案に100%同意する。)

There are too many bicycles in my city that are parked in a way that interferes with pedestrians.
（私の街では歩行者の邪魔になるような停め方をしている自転車があまりに多い。）

I strongly disagree with your idea. (私はあなたの考えに強く反対する。)

It's already tough enough to study just English.
（英語を勉強するだけでも十分に大変だ。）

定期テスト予想問題 解答 ➡ p.240

1 日本語の意味に合うように, ____に適切な語を入れなさい。

(1) 売り上げという点では，その会社はうまくやっている。
The company is doing well ______ ______ of sales.

(2) アレンさんと連絡を取らせてもらえますか。
Can you put me ______ ______ with Mr. Allen, please?

(3) その映画の終わりになって初めて，私は真実に気づいた。
______ was ______ ______ the end of the movie that I realized the truth.

2 日本語に合うように，(　)内の語句を並べかえなさい。

(1) その作家は自分の表現方法を見つけ，より自由に感情を表現した。
(emotions / her / and / voice / the / writer / found / expressed / her) more freely.
______________________ more freely.

(2) 私は旗を持っている女性が描かれた絵を気に入った。
(with / liked / I / flag / holding / a / the woman / the painting).
______________________.

(3) 大雨が道路を見るのを難しくした。
(rain / road / made / heavy / to / the / difficult / it / the / see).
______________________.

(4) 私は彼に昨日学校に来なかった理由を聞いた。
(asked / school / why / the / he / come / him / reason / didn't / I / to) yesterday.
______________________ yesterday.

3 次の英語を日本語に訳しなさい。

(1) The majority of these species are restricted to Australia.
(　　　　　　　　　　　　　　　　　　　　)

(2) Less than half of the students in the class agreed with that opinion.
(　　　　　　　　　　　　　　　　　　　　)

4 次の英文を(　)内の指示にしたがって書きかえなさい。

(1) It is said that she is the best golfer ever.　(she を主語にして)
____

(2) I was looking for my book and happened to find the note. (分詞構文を使って)
____

5 次の英文を読んで，後の問いに答えなさい。

Where do various emoji come from? Who decides what emoji are, or are not, included? There's a whole world behind emoji that most people don't know. ①Communication in the digital domain is directed by a society called the Unicode Consortium, which is considered the "Supreme Court" of online communication. The Unicode Consortium meets four times a year for four to five days in Silicon Valley. This is ②(　　) representatives of large tech companies decide the global standard for symbols, characters, and fonts in the digital language. ③(be / is / who / can / what / it / emoji / they / decide / used).

(1) 下線部①の英語を日本語に訳しなさい。

(　　　　　　　　　　　　　　　　　　　　)

(2) 下線部②に入る語を選び，記号で答えなさい。

a. which　　b. where　　c. that　　d. why　　(　　)

(3) 下線部③が「どんな絵文字が使われ得るかを決めるのは彼らである」という意味になるように，(　)内の語を並べかえなさい。

______________________________.

6 次の英文を読んで，後の問いに答えなさい。

Behind that closed door, major issues are decided. There are many things they have to discuss. For example, they decide how many skin colors or which flags should be represented on the emoji keyboard. Flags have been a challenging area because ①they are so (　　) (　　) (　　) self-identity or political identity. ②All kinds of movements around the world have their own flags, so there are many associations with flags. Sometimes groups of people are very offensive to a wide part of the world, and the committee has to judge carefully in order not to include flags which symbolize ③those groups.

(1) 下線部①が「それらは～ととても密接に関係している」という意味になるように，(　)に適切な語を入れなさい。

they are so ____________ ____________ ____________

(2) 下線部②の英語を日本語に訳しなさい。

(　　　　　　　　　　　　　　　　　　　　)

(3) 下線部③は何を指しているか。日本語で答えなさい。

(　　　　　　　　　　　　　　　　　　　　)

Lesson 6 A Class from Stanford University

1

ポイント スタンフォード大学の学生たちは，どのような課題を与えられたか。

1 ① What would you do / to earn money / if all you had / was five dollars and two
何をするだろうか / お金を稼ぐために / あなたにあるものが～だけなら / 5ドルと2時間

hours?// ② This is the assignment / I gave students / in one of my classes at
// これは課題だ / 私が学生たちに与えた / スタンフォード大学で担当して

Stanford University.// ③ Each of 14 teams / received an envelope with five dollars /
いたクラスの1つで // 14チームそれぞれが / 5ドルの入った封筒を受け取った /

and was told / they could spend / as much time as they wanted / planning.//
そして言われた / 費やすことができると / 好きなだけ時間を / 計画を立てるのに //

④ However, / once they opened the envelope, / they had two hours / to generate as
しかしながら / 一度その封筒を開けると / 彼らには2時間があった / できるだけ多くの

much money as possible.// ⑤ I gave them / from Wednesday afternoon until
お金を生み出さなければならない // 私は彼らに与えた / 水曜日の午後から日曜日の夜までの時間を

Sunday evening / to complete the assignment.// ⑥ Then, / on Sunday evening, /
/ その課題を完了させるための // そして / 日曜日の夜に /

each team had to send me one slide / describing what they had done, / and on
各チームは私に1枚のスライドを送らなければならなかった / 彼らが何をしたかを説明する /

Monday afternoon / each team had three minutes / to present their project to the
そして月曜日の午後に / 各チームには3分間があった / クラスに自分たちのプロジェクトを発表しなければならない

class.//
//

・単語・熟語チェック

□ **earn**	動 ～を稼ぐ	□ **complete**	動 ～を完了する
□ **envelope**	名 封筒	□ **slide**	名 スライド
□ **generate**	動 ～を生み出す		

本文内容チェック 「5ドルと2時間でできるだけ多くのお金を稼ぐという課題」

1 私はスタンフォード大学で，5ドルと2時間でできるだけ多くのお金を生み出すという課題を学生に出し，水曜日の午後から日曜の夜までの計画の時間を与えた。

読解のカギ

① **What would you do (to earn money) (if all {you had} was five ...)?**
would　S　動詞の原形　if　S'　過去形

➡ <If＋S'＋過去形, S＋would＋動詞の原形> は仮定法過去。「もし(今)～ならば，…だろうに」という意味。ここでは if 節が後半に置かれ，主節が疑問文の形になっている。

② **This is the assignment {I gave students in one of my classes at Stanford University}.** (which[that])

➡ assignment の後ろには目的格の関係代名詞 which [that] が省略されている。(which [that]) I gave ... University が先行詞の the assignment を修飾している。

③ **Each of 14 teams received an envelope (with five dollars) and was told (they could spend as much time as {they wanted} planning).**
(that)の省略 spend *A* *do*ing

➡ spend *A* *do*ing は「～するのに *A*(時間)を費やす」。

➡ <as much＋数えられない名詞＋as *A*> は「(量が)*A* と同じくらいの～」。

問1. 並べかえなさい。

好きなだけおみそ汁を飲んでいいですよ。

(want / as / much / can / as / you / miso soup / eat / you).

____.

④ **However, (once they opened the envelope), they had two hours (to generate as much money as possible).**
to 不定詞の形容詞的用法

➡ <as much＋数えられない名詞＋as possible> は「(量が)できるだけ多くの～」。

⑤ **I gave them from Wednesday afternoon until Sunday evening (to complete the assignment).**
S V O_1 O_2

➡ from Wednesday afternoon until Sunday evening は「水曜日の午後から日曜日の夜まで(の時間)」という意味の名詞句で，gave の直接目的語になっている。続く to 不定詞句 to complete the assignment がこれを修飾している。

⑥ **... each team had to send me one slide (describing (what ... done)), ...**
現在分詞 疑問詞

➡ describing ... done は現在分詞句で，直前の名詞 one slide を修飾している。

➡ what they had done は間接疑問で describing の目的語。

問2. 並べかえなさい。

彼が将来，何になるのかは私にはわからない。

(will / don't / I / he / what / become / know) in the future.

____ in the future.

問の解答 **問1.** You can eat as much miso soup as you want(.)
問2. I don't know what he will become (in the future.)

2

ポイント 課題に対して学生たちが示した反応はどのようなものだったか。

2 ① What would you do / if you were given this challenge?// ② When I ask most
あなたは何をするだろうか/ もしこの課題を与えられたら // 私がほとんどの

groups this question, / someone usually shouts out, / "Go to Las Vegas," / or "Buy a
グループにこの質問をすると/ だれかがたいてい叫ぶ / 「ラスベガスへ行く」 / あるいは

lottery ticket."// ③ This gets a big laugh.// ④ These folks would take a significant
「宝くじを買う」と // これは大きな笑いを誘う // こうした人たちは重大な危険を冒すのだろう

risk / in return for a small chance / at earning a big reward.// ⑤ The next most
/ わずかな見込みと引きかえに / 大きな報酬を稼ぐ // 次に

common suggestion / is to set up a car wash or lemonade stand, / using the five
ありふれた提案は / 洗車場やレモネードスタンドを設けるというものだ /その5ドルを使って

dollars / to buy the starting materials.// ⑥ This is a fine option / for those
/ 元手となる材料を買うために // これは上等な選択肢である / 興味がある

interested / in earning / a few extra dollars of spending money / in two hours.//
人たちにとっては / 稼ぐことに / 余りの数ドルのお小遣いを / 2時間で //

⑦ However, / most of my students eventually found a way / to move far beyond the
しかしながら/ 結果的に私の学生たちのほとんどは方法を見つけた / 標準的な反応をはるかに

standard responses.// ⑧ They took seriously the challenge / to question traditional
超えて行動する // 彼らは試練を真剣にとらえた / 従来的な前提に異議を

assumptions— / exposing a wealth of possibilities— / in order to create as much
唱えるという / 豊富な可能性を示しながら / できるだけ多くの価値を生み

value as possible.//
出すために //

・単語・熟語チェック

□	**shout out *A* / shout *A* out**	熟 *A*を叫ぶ
□	**lottery**	名 宝くじ
□	**take a risk**	熟 危険を冒す
□	**in return for *A***	熟 *A*と引きかえに
□	**reward**	名 報酬
□	**suggestion**	名 提案
□	**response**	名 反応
□	**seriously**	副 真剣に
□	**assumption**	名 前提
□	**expose**	動 (隠れた)～を示す
□	**wealth**	名 多量，豊富
□	**possibility**	名 可能性

本文内容チェック **「課題に対し，標準をはるかに超えた反応を見せた学生たち」**

2 この課題に対するよくある答えは「ラスベガスに行く」,「宝くじを買う」などである。次によくあるのは5ドルで資材を買い，洗車場やレモネードスタンドを設けるというものである。しかし，私の学生たちのほとんどは従来的な前提に異議を唱えるという試練を真剣にとらえ，できるだけ多くの価値を生み出そうとした。

読解のカギ

② **(When I ask most groups this question), someone usually shouts out, "Go to Las Vegas," or "Buy a lottery ticket."**

(S')(V') (O'1) (O'2)

➡ <ask＋人＋a question> は「(人)に質問をする」。

➡ this question は前文①の質問を指している。

④ **These folks would take a significant risk (in return for a small chance (at earning a big reward)).**

➡ These folks は前文②で述べている，"Go to Las Vegas" または "Buy a lottery ticket" と叫ぶ人たちのことを指している。folks は people と同じ意味だが，folks のほうがややくだけた表現になる。

➡ would は「～するだろう」という≪可能性・推量≫の意味を表す。

➡ take a (significant) risk は「(重大な)危険を冒す」。

➡ in return for *A* は「*A* と引きかえに」。ここでの *A* にあたる a (small) chance at *do*ing は「～する(わずかな)見込み」という意味になる。

⑤ **The next most common suggestion is to set up a car wash or lemonade stand, (using the five dollars (to buy the starting materials)).**

S V C

分詞構文 to 不定詞の副詞的用法≪目的≫

➡ set up *A* は「*A* を設ける，設立する」。

➡ using 以下は「～して」という意味を表す分詞構文。

⑥ **This is a fine option for those (interested in earning a few extra dollars of spending money in two hours).**

過去分詞

➡ those は「人々」の意味を表す。interested in 以下は過去分詞句で，those を修飾している。those の後に who are が省略されていると考えることもできる。

問. 日本語にしなさい。

A recent survey showed 15% of those questioned were against the plan.

(　　　　　　　　　　　　　　　　　　　　　　　　　　　　　　　　　　　　)

⑧ **They took seriously the challenge (to question traditional assumptions) —(exposing a wealth of possibilities)—in order to create as much value as possible.**

to 不定詞の形容詞的用法

分詞構文 a wealth of *A*「豊富な *A*」

➡ exposing ... possibilities は「～しながら」という意味を表す分詞構文。

➡ in order to *do* は「～するために」という≪目的≫の意味を表す。

問の解答 **問.** ある最近の調査は，質問された人たちのうちの 15%がその計画に反対していることを示した。

3～4

ポイント あるグループは，学生の町によくあるどのような問題に注目したか。

3 ① How did they do this?// ② Here's a clue: / the team / that made the most money /
彼らはどのようにこれを成し遂げたのだろうか // ここにヒントがある / チームは / 最も多くのお金を稼いだ /
didn't use the five dollars at all.// ③ They realized / that focusing on the money /
5ドルをまったく使わなかった // 彼らは気づいた / お金に集中することが～ことに /
actually framed the problem much too tightly.// ④ They understood / that five
実際は問題をがちがちに設定しすぎてしまう // 彼らは理解した /
dollars is essentially nothing / and decided to reinterpret the problem more
5ドルが本質的には無であると / そして問題をより広い視点から解釈し直すことにした
broadly: / "What can we do / to make money / if we start with almost nothing?"//
/ 「私たちは何ができるだろうか / お金を稼ぐために / もし，ほぼ何もない状態で始めたら」 //

4 ⑤ So what did they do?// ⑥ Most of the teams were remarkably inventive.//
では彼らは何をしたのだろうか // ほとんどのチームが非常に独創的だった //
⑦ One group identified a problem / common / in a lot of college towns— / the
あるグループは問題を突き止めた / 共通の / 多くの学生の町で /
frustratingly long lines / at popular restaurants / on Saturday night.// ⑧ The team
いらいらするほど長い列 / 人気レストランでの / 土曜日の夜の // そのチームは
decided to help those people / who didn't want to wait / in line.// ⑨ They paired
人々を助けることに決めた / 待ちたくない / 列で // 彼らはペアになった
off / and booked reservations / at several restaurants.// ⑩ As the times for their
/ そして予約を取った / いくつかのレストランで // 予約時間が近づくと
reservations approached, / they sold each reservation / for up to 20 dollars / to
/ 彼らはそれぞれの予約を売った / 最高20ドルで /
customers / who were happy to avoid a long wait.//
客に / 喜んで長い待ち時間を避ける //

・単語・熟語チェック

□ **clue**	名 ヒント，手がかり	□ **remarkably**	副 非常に
□ **frame**	動 ～を枠にはめる，設定する	□ **inventive**	形 独創的な
□ **tightly**	副 がちがちに，厳しく	□ **identify**	動 ～を突き止める
□ **essentially**	副 本質的に	□ **frustratingly**	副 いらいらするくらいに
□ **reinterpret**	動 ～を解釈し直す	□ **pair off**	熟 ペアになる
□ **broadly**	副 広く	□ **reservation**	名 予約

本文内容チェック 「最も稼いだチームは問題を再解釈し，ゼロから稼ぐ方法を考えた」

3 最もお金を稼いだチームはもらった5ドルを使わなかった。彼らは，本質的には5ドルはないものと同じだととらえ，ほとんど何もないところから稼ぐ方法を考えた。

4 ほとんどのチームはとても創意豊かだった。あるチームは土曜日の夜のレストランの行列に目をつけた。彼らはペアでいくつかのレストランの予約を取り，長い待ち時間を避けたい客たちに最高で20ドルの値段で譲った。

読解のカギ

② **Here's a clue: the team {that made the most money} didn't use the five dollars at all.**　主格の関係代名詞

➡ here is [are] *A* は「ここに *A* がある」。

➡「:(コロン)」以下は，a clue「ヒント」の具体的な内容。

➡ that made the most money は先行詞 the team を修飾する関係代名詞節。

➡ not の後ろに at all を置くと，「少しも～ない」という強調された否定の意味になる。

問. ___を埋めなさい。

私はあなたの話を一切信じない。

I ______ believe your story ______ ______.

④ **They understood (that five dollars is essentially nothing) and decided to reinterpret the problem more broadly: "What can we do (to make money) (if we start with almost nothing)?"**　to 不定詞の副詞的用法

➡ five dollars のような金額を表す語句は複数形でも単数扱いになるため，続く be 動詞は単数の形になっている。that 節の内容は普遍的な事実なので時制の一致を受けず，現在時制の is が使われている。

➡ decide to *do* は「～することに決める」。

➡「:(コロン)」以下は，その直前の内容の具体的な説明をしている。

➡ to make money は to 不定詞の副詞的用法。「～するために」という≪目的≫を表す。

⑧ **The team decided to help those people {who didn't want to wait in line}.**　主格の関係代名詞

➡ who 以下は先行詞 those people を修飾する関係代名詞節。この those には具体的な対象を指示する意味はなく，先行詞を明示する指標の役割をしている。「それらの」と訳す必要もない。

➡ in line は「列で，列になって」という意味。

⑩ **(As the times (for their reservations) approached), they sold each reservation (for up to 20 dollars) to customers {who were happy (to avoid a long wait)}.**　接続詞 / sell / 物 / for＋金額 / to＋人 / 主格の関係代名詞 / to不定詞の副詞的用法

➡ as は「～すると」という意味の接続詞。≪時≫を表す副詞節をつくっている。

➡ 主節は <sell＋物＋to＋人> の第3文型の文。売価は <for＋金額> で表す。

➡ up to *A* で「(最高) *A* まで」という意味。

➡ who 以下は先行詞 customers を修飾する関係代名詞節。

➡ to avoid 以下は，形容詞 happy と結びついて感情の原因を表している。

問の解答　**問.** don't, at all

5

ポイント 別のチームがとった方法は，どのようなサービスを提供することだったか。

5 ① Another team took an even simpler approach.// ② They set up a stand / in front of the student union / where they offered / to measure bicycle tire pressure / for free.// ③ If the tires needed filling, / they added air / for one dollar.// ④ Even though the cyclists could get their tires filled / for free nearby, / and the task was easy / for the students to perform, / they soon realized / that they were providing / a convenient and valuable service.// ⑤ In fact, / halfway through the two-hour period, / the team stopped asking / for a specific payment / and requested donations instead.// ⑥ Their income increased greatly.// ⑦ They made much more / when their customers were voluntarily paying / for a free service / than when being asked / to pay a fixed price.//

別のチームはさらに単純な方法をとった // 彼らはスタンドを設けた / 学生会館前に / そこで彼らは申し出た / 自転車のタイヤの空気圧を測ることを / 無料で // もしタイヤに充填が必要だった場合 / 彼らは空気を入れた / 1ドルで // 自転車に乗る人たちはタイヤに空気を充填することができたが / 近くで，無料で / そしてその作業は簡単だった / 学生たちが行うには / 彼らはすぐに気づいた / 自分たちが提供していることに / 便利で価値のあるサービスを // 実際 / その2時間の途中で / そのチームは求めるのをやめた / 特定の支払いを / そして代わりに寄付を求めた // 彼らの収入は大いに増えた // 彼らははるかに多くの額を稼いだ / 客が自発的にお金を払っているときのほうが / 無料のサービスに / お願いされるときよりも / 決まった値段を支払うように //

・単語・熟語チェック

□ **student union**	名 生徒会	□ **payment**	名 支払い
□ **union**	名 組合	□ **request**	動 ～を求める
□ **tire**	名 タイヤ	□ **donation**	名 寄付
□ **cyclist**	名 自転車に乗る人	□ **voluntarily**	副 自発的に
□ **halfway**	副 途中で		

本文内容チェック **「自転車のタイヤに空気を入れるサービスを提供したチーム」**

5 別のチームは，無料で自転車のタイヤの空気圧を測り，必要な場合は1ドルで空気を入れるサービスを始めた。途中で固定の価格をやめ，寄付を求める形にしたところ彼らの収入は大きく増えた。

読解のカギ

① **Another team took an even simpler approach.**

➡ Another team は，第4パラグラフの3文目にある One group に対して「別のチームは」と言っている。

➡ even は比較級を強調して「さらに」という意味を表す。

② **They set up a stand (in front of the student union) {where they offered to measure bicycle tire pressure for free}.**

関係副詞

➡ where 以下は場所を表す先行詞 a stand を修飾する関係副詞節。

➡ offer to *do* は「～しようと申し出る」。for free は「無料で」という意味。

問1. 並べかえなさい。

彼女は自分の絵を売ることができる店を開いた。

(store / paintings / she / where / her / a / she / could / sell / opened).

____.

③ **(If the tires needed filling), they added air for one dollar.**

➡ need *do*ing は「～される必要がある」という意味。*do*ing の部分は≪受け身≫のような訳になる。

問2. _____を埋めなさい。

あなたの自転車は洗われる必要がある。

Your bike needs ____________.

④ **(Even though the cyclists could get their tires filled for free nearby, and the task was easy for the students to perform), they soon realized (that they were providing a convenient and valuable service).**

接続詞 get O 過去分詞 文と文をつないでいる

難易を表す形容詞 for＋人 to 不定詞

➡ <even though S+V> は「～だけれども」という≪譲歩≫の意味を表す副詞節。

➡ <get＋O＋過去分詞> は「O を～してもらう」という意味を表す。

➡ <難易を表す形容詞＋to *do*> の形で「～するには…だ」。<for＋人> は to 不定詞の意味上の主語を示す。

➡ <realize＋that 節> は「～ということに気づく」。

⑤ **(In fact), (halfway through the two-hour period), the team stopped asking for a specific payment and requested donations instead.**

➡ halfway through *A* は「*A* の途中で」。

➡ stop *do*ing は「～するのをやめる」。stop は目的語に to 不定詞ではなく動名詞をとる。

➡ ask for *A* は「*A* を求める」。

⑦ **They made much more (when their customers were voluntarily paying for a free service) than (when being asked to pay a fixed price).**

(their customers were)の省略

➡ being の前には主語の their customers と be 動詞の were が省略されている。

➡ ask *A* to *do* は「*A* に～するように頼む」。ここでは(were) being asked ... と，過去進行形の受動態 <were [was]＋being＋過去分詞> になっている。

問の解答 **問 1.** She opened a store where she could sell her paintings(.) **問 2.** washing

6

ポイント 最も大きな利益を得たグループは何をしたか。

6 ① Each of these projects / brought in a few hundred dollars, / and their fellow classmates were very impressed.// ② However, / the team / that generated the greatest profit / looked at the resources at their disposal / through completely different lenses / and made 650 dollars.// ③ These students determined / that the most valuable asset / they had / was neither the five dollars / nor the two hours.// ④ Instead, / their insight was / that their most precious resource / was their three-minute presentation time / on Monday.// ⑤ They decided to sell it / to a company / that wanted to recruit the students / in the class.// ⑥ The team created a three-minute "commercial" / for that company / and showed it / to the students / during the time / they would have presented / what they had done the prior week.// ⑦ This was brilliant.//

これらのプロジェクトそれぞれが / 数百ドルの収益をあげた / そして彼らの同期のクラスメートはとても感銘を受けた // しかしながら / チームは / 最も多い利益を生み出した / 彼らの自由に使える資源を見た / 完全に違うレンズを通して / そして650ドルを稼いだ // これらの学生は突き止めた / 最も価値のある財産は～だと / 彼らが持っている / 5ドルでもなければ / 2時間でもない // 代わりに / 彼らの見識は～だった / 彼らの最も貴重な資源は～というもの / 3分間の発表の時間である / 月曜日の // 彼らはそれを売ることに決めた / 企業に / 学生を勧誘したい / クラスの // そのチームは3分間の「宣伝」を作った / その企業の / そしてそれを見せた / 学生へ / 時間に / 彼らが発表するはずだった / 前の週に自分たちが何をしたかを // これはすばらしい考えだった //

・単語・熟語チェック

□ **bring in *A* / bring *A* in**	熟 *A* の収益をあげる
□ **fellow**	形 同期の，仲間の
□ **profit**	名 利益
□ **resource**	名 資源
□ **at *A*'s disposal / at the disposal of *A***	熟 *A* の自由に使える
□ **disposal**	名 処理
□ **determine**	動 ～であると決める
□ **asset**	名 財産
□ **insight**	名 見解
□ **precious**	形 貴重な
□ **recruit**	動 ～を勧誘する
□ **prior**	形 前の
□ **brilliant**	形 すばらしい

本文内容チェック **「発表の3分間の時間を，宣伝に使いたい企業に売ったグループ」**

6 最も多くの利益を生み出したチームは，自分たちの持つ最も価値のあるものは5ドルでも2時間でもなく発表で使える3分の時間であると考え，クラスの学生を勧誘したい企業にその時間を売り，発表の時間に学生に向けその企業の宣伝を行った。

読解のカギ

② **(However), the team {that generated the greatest profit} looked at the resources (at their disposal) (through completely different lenses) and made 650 dollars.**

S: the team　主格の関係代名詞: that　V: looked / made　O: 650 dollars

➡ that ... profit は先行詞 the team を修飾する関係代名詞節。

③ **These students determined (that the most valuable asset {they had} was neither the five dollars nor the two hours).**

目的格の関係代名詞(that)の省略

➡ asset の後ろには目的格の関係代名詞 that が省略されている。(that) they had が the most valuable asset を修飾している。

➡ neither *A* nor *B* は「*A* でも *B* でもない」。

④ **(Instead), their insight was (that their most precious resource was their three-minute presentation time on Monday).**

S: their insight　V: was　C: (that ... Monday)

➡ that 節は「～ということ」という意味の名詞節で，文の補語になっている。つまり，their insight ＝「that 節の内容」。

⑤ **They decided to sell it to a company {that wanted to recruit the students in the class}.**

主格の関係代名詞: that

➡ it は前文④の their three-minute presentation time on Monday を指している。

➡ that 以下は先行詞 a company を修飾する関係代名詞節。

⑥ **The team created a three-minute "commercial" for that company and showed it to the students during the time {they would have presented (what they had done the prior week)}.**

関係副詞(when)の省略　疑問詞: what　(S'): they　(V'): had done

➡ they would 以下は the time を修飾する節。would have presented は仮定法過去完了。what 以下は間接疑問で presented の目的語。

問. 並べかえなさい。

彼らは息子が生まれた年にこの家を建てた。

(born / in / they / year / this / their / son / house / was / the / built).

____.

⑦ **This was brilliant.**

➡ This は前文⑤⑥で述べられている，最も多くの利益を出したグループの活動内容を指している。

問の解答　**問.** They built this house in the year their son was born(.)

7～8

ポイント スタンフォード大学での実習の結果から，第一にわかることは何か。

7 ① Each of the other 11 teams / found various ways to earn money, / including
残りの 11 チームのそれぞれが / お金を稼ぐさまざまな方法を見つけた /

running a photo booth / at the annual Viennese Ball, / selling maps / that
写真室を運営することを含む / 毎年恒例の（スタンフォード大学版）ウィーン舞踏会で / 地図を売ること /

highlighted local restaurants / during Parents' Weekend, / and designing and
地元のレストランを目立たせた / 週末父母の会の間に / そして特別注文のTシャツ

selling a custom T-shirt / to the students in the class.// ② One team actually lost
をデザインして売ること / クラスの学生に // 1チームは，実際にはお金を

money / when the students purchased umbrellas / to sell in San Francisco / on a
失った / 傘を学生たちが購入したとき / サンフランシスコで売るための /

rainy day, / only to have the weather clear up / shortly after they launched their
雨の日に / 結局は天気が回復してしまった / 活動を始めた途端に

effort.// ③ And yes, / one team ran a car wash, / and another team started a
// そして，そう / 1チームは洗車場を運営した / そしてもう1チームはレモネード

lemonade stand, / but their returns were much lower / than average.//
スタンドを始めた / しかし，彼らの利益はずっと低かった / 平均よりも //

8 ④ The exercise described above / highlights several counterintuitive points.//
上記に述べられた活動は / いくつかの直観に反した点を強調する //

⑤ First, / opportunities are abundant.// ⑥ At any place and time, / you can look
第一に / 好機は豊富にあることだ // どの場所でもどんなときでも / あなたは周りを

around and identify problems / that need solving.// ⑦ Some are mundane, / such
見渡し問題を見極めることができる / 解決が必要な // 平凡なものもある /

as getting a table / at a popular restaurant / or low pressure in bike tires.// ⑧ Many, /
席を取ることのように / 人気のレストランで / あるいは自転車のタイヤの空気圧が低いこと // 多くの問題は /

as we well know, / are much larger, / relating to major world issues.// ⑨ As Vinod
私たちがよく知っているように / さらに大きい / そして重要な世界規模の問題に関係している // ビノッド・コースラ

Khosla, / a successful venture capitalist, / says so clearly, / "The bigger the problem, /
が～するように / 成功した資本家である / 明言している / 「問題が大きいほど /

the bigger the opportunity.// ⑩ Nobody will pay you / to solve a non-problem."//
好機は大きい // だれもあなたにお金を払わないだろう / 問題ではないことを解決するために」と //

・単語・熟語チェック

□ **booth**	名 ブース，部屋	□ **launch**	動 ～を始める，立ちあげる
□ **annual**	形 毎年恒例の	□ **counterintuitive**	形 直感に反した
□ **Viennese Ball**	名 ウィーン舞踏会	□ **abundant**	形 豊富な
□ **Viennese**	形 ウィーンの	□ **mundane**	形 平凡な
□ **highlight**	動 ～を目立たせる	□ **capitalist**	名 投資家
□ **purchase**	動 ～を購入する		

■ 本文内容チェック　「実習から，直観的に思うよりも好機は多く存在することがわかる」

7 残りの 11 チームは，舞踏会での写真室運営，地元のレストランをわかりやすく載せた地図や特注の T シャツの販売などをした。傘を売ろうとしたが晴れて失敗したチームもあった。洗車場やレモネードの屋台もあったが，利益は平均よりずっと低かった。

8 以上の実習を通して見えることは直観とは反するものである。第一に，好機は豊富に存在するということだ。私たちの身の回りには解決する必要のある問題が常にあり，そういった問題を解決するために人はお金を払う。

♪ 読解のカギ

① **Each of the other 11 teams found various ways (to earn money),**
　　　　　　　　　　　　　　　　　　　　to 不定詞の形容詞的用法

(including running a photo booth at the annual Viennese Ball, selling maps {that highlighted local restaurants} during Parents' Weekend,
　　　　　　　主格の関係代名詞

and designing and selling a custom T-shirt to the students in the class).
　　　　　　　　　　　　　sell A to B「B に A を売る」

➡ the other 11 teams は，第 4 〜第 6 パラグラフで説明されている売上の大きかった上位 3 チーム以外の 11 チームのことを指している。

➡ including は「〜を含めて」という意味の前置詞。running ..., selling ..., designing and selling ... という動名詞句がその目的語になっている。

➡ Viennese Ball はスタンフォード大学の学生が参加する舞踏会行事を指す。

➡ that ... restaurants は先行詞 maps を修飾する関係代名詞節。

➡ Parents' Weekend は在学生の両親や家族が週末に大学を見学に訪れる行事を指す。

⑧ **Many, (as we well know), are much larger, (relating to major world**
　S　　接続詞「〜のように」　　V　　　　C　　　　分詞構文

issues).

➡ relating 以下は，≪付帯状況≫を表す分詞構文。

➡ relate to A は「A に関係がある」。

♪ 問. 並べかえなさい。

1 人の女性が来て，私に駅までの道をたずねた。

(asking / to / came / a / me / way / the / woman / ,) the station.

_____ the station.

⑨ **As Vinod Khosla, a successful venture capitalist, says so clearly, "The**
　　　　　　　　=

bigger the problem, the bigger the opportunity.
　　　(is)の省略 ⤴　　　　　　(is)の省略 ⤴

➡ <the＋比較級＋S＋V 〜, the＋比較級＋S＋V ...> は，「〜すればするほど，ますます…する」という意味を表す。比較級の後の主語と動詞は省略されることもある。

♪ 問の解答　問 . A woman came, asking me the way to (the station.)

9～10

ポイント スタンフォード大学での実習の結果から，第二，第三にわかることは何か。

9 ① Second, / regardless of the size of the problem, / there are usually creative ways / to use the resources already at your disposal / to solve it.// ② This is actually the definition / many of my colleagues use / for entrepreneurship: / an entrepreneur is someone / who is always on the lookout for problems / that can be turned into opportunities / and finds creative ways / to leverage limited resources / to reach their goals.// ③ Most people approach problems / as though they can't be solved, / and therefore, / don't see the creative solutions / sitting right in front of them.//

第二に / 問題の大きさにかかわらず / 創造的な方法がたいていの場合あるということだ / すでにあなたが持っている資源を使う / それを解決するために // 実際にこれは定義である / 私の同僚の多くが使う / 起業家精神に対して / 起業家とは人である / 問題に常に目を光らせている / 好機へと変わり得る / そして創造的な方法を見つける / 限られた資源を生かすための / 目標に達するために // 大部分の人は問題に取りかかる / それらは解決することができないとでもいうように / そしてそれゆえに / 創造的な解決策が見えないのだ / 彼らのすぐ目の前にある //

10 ④ Third, / we so often frame problems too tightly.// ⑤ When given a simple challenge, / such as earning money in two hours, / most people quickly jump / to standard responses.// ⑥ They don't step back / and look at the problem more broadly.// ⑦ Taking off the blinders opens up a world / of possibilities.// ⑧ Students who participated in this project / took this lesson to heart.// ⑨ Many reflected later / that they would never have an excuse / for being broke, / since there is always a nearby problem / begging to be solved.// ⑩ They realized / that problems could be viewed / as opportunities / for creative solutions.//

第三に / 私たちはとても頻繁に問題をがちがちに設定しすぎてしまう // 単純な課題を与えられたとき / 2時間でお金を稼ぐといったような / ほとんどの人はすぐに飛びつく / 標準的な反応に // 彼らは一歩下がらない / そしてより広い視点で問題を見ることをしない // 目隠しを取ることが世界を開くのだ / 可能性の // このプロジェクトに参加した学生たちは / この教訓を胸に刻んだ // 多くは後になって振り返った / 彼らは決して言い訳はできないと / 一文無しになることに対して / なぜなら問題がいつも身近にあるからだ / 解決されることを求めている // 彼らは気づいた / 問題は見なせると / 好機であると / 創造的解決のための //

・単語・熟語チェック

□ **regardless**	副 (～に)かかわらず	□ **entrepreneur**	名 起業家
□ **regardless of *A***	熟 *A* にかかわらず	□ **be on the lookout for *A***	熟 *A* に目を光らせている
□ **definition**	名 定義	□ **lookout**	名 展望台
□ **entrepreneurship**	名 起業家精神		

□ *A* is turned into *B*	熟 *A*は*B*へと変えられる	□ open up *A* / open *A* up	
□ leverage	動 ～を生かす		熟 *A*を開く
□ step back (from *A*)	熟 (*A*から)一歩下がる	□ participate	動 参加する
□ take off the blinders / take the blinders off		□ participate in *A*	熟 *A*に参加する
	熟 目隠しを取る	□ take *A* to heart	熟 *A*を胸に刻む
□ blinder(s)	名 目隠し		

■ 本文内容チェック 「創造的に資源を使う，広い視点で問題を見るという問題解決法」

9 第二に，既存の資源を創造的に使い問題を解決する方法がたいていの場合，存在するということだ。起業家とはそのような創造的な解決法を見出す人を指す。大部分の人は解決できないつもりで問題に向かうので，目の前の創造的な解決策が見えないのだ。

10 第三に，問題の設定を枠にはめすぎてしまうことだ。標準的な答えにすぐ飛びつかず，一歩下がって問題を見ると別の可能性が見えてくる。課題に参加した学生は，解決が必要な問題が身近にあり，それらは創造的解決のチャンスでもあると学んだ。

♪ 読解のカギ

目的格の関係代名詞(which[that])の省略

② This is actually the definition {many of my colleagues use for entrepreneurship}: an entrepreneur is someone {who is always on the

主格の関係代名詞

lookout for problems {that can be turned into opportunities} and finds

主格の関係代名詞

creative ways (to leverage limited resources) (to reach their goals)}.

to 不定詞の形容詞的用法 to 不定詞の副詞的用法《目的》

→ many ... entrepreneurship は the definition を修飾する節。

→ 「:(コロン)」以下は the definition の内容を説明している。

→ who 以下は先行詞 someone を修飾する関係代名詞節。

→ that ... opportunities は先行詞 problems を修飾する関係代名詞節。

→ to leverage limited resources は直前の名詞 creative ways を修飾している。

→ to reach 以下は to 不定詞の副詞的用法。「～するために」という《目的》を表す。

⑤ (When given a simple challenge, (such as earning money in two

接続詞 ← (主語+ be 動詞)の省略 動名詞

hours)), most people quickly jump to standard responses.

→ when 節には <主語+be 動詞> が省略されている。この省略は副詞節の主語が主節の主語と同じ場合に可能。

→ jump to *A* は「*A*(結論など)に急に至る，飛びつく」。

♪ 問. 日本語にしなさい。

This curry is the best when eaten with rice.

()

♪ 問の解答 問 . このカレーはご飯と一緒に食べると最高だ。

TRY1 Overview ヒント

You are writing a passage review. Complete the chart.
(あなたは文章の一節のレビューを書いています。表を完成させなさい。)

The assignment ① → 第1~2パラグラフ
The assignment ② → 第3パラグラフ
Examples → 第4~7パラグラフ
Several counterintuitive points → 第8~10パラグラフ

ⓐ 彼らは，お金に焦点を置かないことで，問題を見る視点を広くしようとした。
ⓑ あなたが自由に使える資源の創造的な使用方法があるはずだ。
ⓒ 別のグループは自転車のタイヤに空気を入れ，寄付を求めた。
ⓓ 私たちはとても頻繁に問題をがちがちに設定しすぎてしまう。
ⓔ 2時間以内で5ドルを使い，できるだけ多くのお金を生み出しなさい。
ⓕ 好機は豊富にある，つまり解決される必要のある問題は存在する。
ⓖ 最も大きな利益を出したグループは，彼らの3分間の発表の時間を売り，ある企業のための「宣伝」を作った。

TRY2 Main Idea ヒント

Mark the main idea M, the sentence that is too broad B, and the sentence that is too narrow N. (話の本旨になるものにはMを，広範すぎる文にはBを，限定的すぎる文にはNの印を書きなさい。)

1 問題を広い視点で見て，独創的な解決法を提供できる好機としてそれらをとらえることが重要だ。
2 スタンフォード大学の授業では，学生たちに重要な教訓を教えている。
3 学生チームのそれぞれが，お金を稼ぐためのさまざまな方法を見つけた。

TRY3 Details ヒント

Choose the best answer. (適切な答えを選びなさい。)

1 筆者の教える学生たちは，どのようにしてより広い視点で問題を見るようになったかを考える。 → 教 p.94, ℓℓ.23~25
2 レストランの行列に気づいたグループが何をしたかを考える。 → 教 p.94, ℓℓ.26~32
3 何が問題の解決策を見つける助けになると言っているかを考える。 → 教 p.95, ℓℓ.33~34

TRY4 Facts and Opinions ヒント

Write FACT for a factual statement and OPINION for an opinion.
(事実に基づく記述にはFACT，個人的見解にはOPINIONと書きなさい。)

1 ほとんどのチームが非常に独創的だった。
2 私がほとんどのグループにこの質問をすると，だれかがたいてい「ラスベガスへ行く！」と叫ぶ。
3 最も成功したチームの手法はすばらしかった。
4 解決されることを求めている身近な問題は，いつも存在する。

TRY5 Deeper Understanding ヒント

Discuss the following with your partner.（次のことについてパートナーと話し合いなさい。）

議題の訳

もしあなたがスタンフォード大学のそのクラスの学生だったら，そのプロジェクトのために何をしますか。

→「そのプロジェクト」とは，本文の「2時間以内で5ドルを使ってできるだけ多くのお金を生み出す」というもの。制限時間と予算に合うようなアイデアを考える。

TRY6 Retelling ヒント

Content Retelling

本文要約例

スタンフォード大学の授業で，学生に「**5ドル**と**2時間**という時間でできるだけ多くのお金を生み出す」という**課題**が与えられた。「ラスベガスへ行く」,「宝くじを買う」,「洗車場やレモネードスタンドを設ける」などのありふれた提案があった一方，ほとんどの学生は，**従来的な前提**に異議を唱えるという**試練**に真剣に挑み，多くの価値を生み出した。

最も多くお金を稼いだチームは，お金にこだわりすぎると問題を**がちがちに設定し**すぎてしまうと考え，5ドルをまったく使わなかった。より**広い**視点から問題を**再解釈し**て，ほぼ何もない状態からお金を稼ぐためには何ができるかを考えたのだ。

あるチームは，行列のできる**レストラン**の**予約**を取り，それを販売した。別のチームは，**タイヤ**の**空気**を入れるサービスを提供し，最終的に寄付の形で利用者からお金を集めた。これらのチームは数百ドルを稼いだ。最も利益をあげたチームは，プロジェクトの**発表時間の3分間**に流す広告権を，学生を誘致したい企業に売ることで650ドルを稼いだ。

残りのチームは，イベントでの写真室の運営，特注のTシャツの販売などを行った。雨の日に傘を売ろうとしたが結局天気が回復してしまい，お金を失ったチームもあった。また，洗車場やレモネードスタンドを始めたチームの利益は平均よりずっと低かった。

これらの事例から見えてくることがある。1つ目は,**好機**は**豊富**に存在するということ。2つ目は，利用可能な**資源**を使うための**創造的な**手段がたいていの場合存在するということ。3つ目は，単純な試練を与えられたとき，すぐに標準的な解決法に飛びつかず，より**広い**視点で見て，多くの可能性に目を向けることの重要性だ。問題にぶつかったとき，それは創造的な解決策を見出すチャンスなのだということを学生たちは学んだ。

Interactive Retelling

Each team's approach and the evaluation		
Ex. On Saturday night	Reteller A: In front of the student union	Reteller B: On Monday
・They made reservations at restaurants and sold each reservation for up to 20 dollars to those who wanted to avoid waiting in line. They were remarkably inventive.	・無料で自転車のタイヤの空気圧を測り，希望者には有料で空気を入れてあげた。途中から固定料金ではなく任意の寄付の形にしたら売上が大きく上がった。	・発表時間の3分を企業に売り，その企業の広告を発表時間に流した。全チーム中，最も多い650ドルを稼いだ。すばらしいアイデアだった。

Retelling with Your Opinions

筆者が説明した直感に反した点のうち，どれがあなたが創造的なアイデアを生む助けになりますか。あなたの意見もまじえて，本文を Retelling しなさい。

意見を伝える表現：

・The fact that opportunities are abundant helps me have creative ideas.
（チャンスは豊富にあるという点が，私が創造的なアイデアを生む助けになる。）

・To come up with creative ideas, it is important to *do* ～ .
（創造的なアイデアを思いつくには，～することが重要だ。）

Speaking ヒント

Persuasion

❶あなたは高校を卒業した後に留学をすべきか，オンラインの大学に進むべきか迷っている。パートナーと一緒に利点と欠点について考えなさい。

➡教科書 p.99 の表を使って，それぞれの利点・欠点を思いつくままに書き出す。利点・欠点を意識せず「特徴」として書き出したものを後から振り分けてもよい。

❷ペアを組みなさい。1人が高校生の役をし，もう片方が親の役をする。役柄に応じて相手の説得を試みなさい。

[生徒役]あなたは高校を卒業したら留学をしたい。会話を始めて親の説得を試みなさい。

[親役]子どもの意見に耳を傾けなさい。あなたは子どもにオンラインの学校に入ってほしいと思っている。あなたは上の理由から，子どもの海外生活が心配である。

使える表現：

[生徒役]・I want to work in a job that can be done around the world in the future.
（私は将来，世界を股にかけた仕事がしたい。）

・Knowing the outside world will surely help me someday.
（外の世界を知ることはいつかきっと私の役に立つだろう。）

[親役]・That would cost a lot of money.（それには多額の費用がかかるだろう。）

・I'm worried about the security situation in ○○ .（○○の治安が心配だ。）

Writing ヒント

・単語・熟語チェック

□ **self-confidence**	名 自信	□ **prospect**	名 見通し

なぜ大学に行くのか

❶ブレイン・ストーミング

書く準備をするために，非常に多くの人が大学に通うことを選ぶ理由を検討しなさい。

❷主題についてあなたの意見を書きなさい

概略を考え，その概略にしたがって3つか4つの段落を書きなさい。

主題：「人々はなぜ大学に通うと思うか」

使える表現：

・We can expand the network in the same generation.
（同世代の人脈を広げることができる。）

・Not only can we acquire specialized knowledge, but we can also develop a broad range of general knowledge.
（専門的な知識だけではなく，一般的な教養も幅広く身につけることができる。）

Enrich Your Vocabulary ヒント

・単語・熟語チェック

□ **frequency**	名 頻度	□ **seldom**	副 めったに～ない
□ **occasionally**	副 時々	□ **scarcely**	動 めったに～ない

Describe

次の習慣を上の表現を使ってあなたなりに説明しなさい。

例：

I seldom read while listening to music.
（私は音楽を聴きながら読書することはめったにない。）

I scarcely ever take a taxi, even on rainy days.
（雨の日でも私はめったにタクシーに乗らない。）

I usually go jogging with my dog twice a day, in the morning and in the evening.
（私はだいたい，朝と夕方の1日2回愛犬とジョギングをする。）

Give your opinions

あなたがいつも，もしくは頻繁にしたいと思うことを1つ，そしてもう1つ絶対にやりたくないことを考えなさい。理由も必ず述べなさい。

例：

I want to travel often. Visiting unfamiliar places is entertaining and a wonderful way to gain new perspectives.
（私は頻繁に旅行がしたい。知らない場所を訪れることは楽しいし，新しい視野を得るのにとてもよい手段である。）

定期テスト予想問題

解答 ➡ p.241

1 日本語の意味に合うように，____に適切な語を入れなさい。

(1) 私たちは危険を冒すことは避けなければならない。
We have to avoid ________ ________.

(2) 私たちはグループ活動のためにペアを組まなければならなかった。
We had to ________ ________ for a group activity.

(3) 私たちはスピーチコンテストに参加した。
We ________ ________ the speech contest.

(4) 彼女はお金と引きかえにチケットを受け取った。
She received a ticket ________ ________ for the money.

(5) 天候にかかわらず，私たちは散歩に行くつもりだ。
________ ________ the weather, we'll go for a walk.

2 日本語に合うように，(　)内の語を並べかえなさい。

(1) 彼は欲しいだけお金をもうけた。
(much / as / made / he / he / as / money / wanted).
____________________________________.

(2) 彼女は本を読んで休日を過ごした。
(holiday / she / reading / her / books / spent).
____________________________________.

(3) もし百万ドルあれば，あなたはどうしますか。
(would / what / if / million / do / had / you / a / you) dollars?
____________________________________ dollars?

3 次の英語を日本語に訳しなさい。

(1) She is always on the lookout for a good chance.
(　　　　　　　　　　　　　　　　　　　　)

(2) I took my father's words to heart.
(　　　　　　　　　　　　　　　　　　　　)

(3) The older he grew, the wiser he became.
(　　　　　　　　　　　　　　　　　　　　)

4 次の英文を(　)内の指示にしたがって書きかえなさい。

(1) It is difficult for students to solve <u>this problem</u>.　(下線部を主語にして)
→ This problem is ____________________________________.

(2) I'm going to make as much effort as I can.　(possible を使って)
→ I'm going to ____________________________________.

5 次の英文を読んで，後の問いに答えなさい。

Another team took an even simpler approach. They ①(　　) (　　) a stand in front of the student union where they offered to measure bicycle tire pressure for free. If the tires needed ②(fill), they added air for one dollar. Even though the cyclists could get their tires ③(fill) for free nearby, and ④the task was easy for the students to perform, they soon realized that they were providing a convenient and valuable service. In fact, halfway through the two-hour period, the team stopped asking for a specific payment and requested donations instead. Their income increased greatly. They made much more when their customers were voluntarily paying for a free service than when being asked to pay a fixed price.

(1) 下線部①が「スタンドを設けた」という意味になるように，(　)に適切な語を入れなさい。 ＿＿＿＿ ＿＿＿＿ a stand

(2) ②と③の(　)内の動詞を適切な形に書きかえなさい。
② ＿＿＿＿　③ ＿＿＿＿

(3) 下線部④の英語を日本語に訳しなさい。
(　　　　　　　　　　)

6 次の英文を読んで，後の問いに答えなさい。

Each of these projects brought ①(　　) a few hundred dollars, and their fellow classmates were very impressed. However, the team that generated the greatest profit looked at ②the resources (　　) (　　) (　　) through completely different lenses and made 650 dollars. ③These students determined that the most valuable asset they had was neither the five dollars nor the two hours. Instead, ④their insight was that their most precious resource was their three-minute presentation time on Monday. They decided to sell it to ⑤a company that wanted to recruit the students in the class. The team created a three-minute "commercial" for that company and showed it to the students during the time they would have presented what they had done the prior week. This was brilliant.

(1) 下線部①の(　)に適切な語を入れなさい。 ＿＿＿＿

(2) 下線部②が「彼らの自由に使える資源」という意味になるように，(　)に適切な語を入れなさい。
the resources ＿＿＿＿ ＿＿＿＿ ＿＿＿＿

(3) 下線部③の英語を日本語に訳しなさい。
(　　　　　　　　　　)

(4) 下線部④の their insight とはどのような見識か。日本語で答えなさい。
(　　　　　　　　　　)

(5) 下線部⑤の a company が求めていたことは何か。日本語で答えなさい。
(　　　　　　　　　　)

Lesson 7 Not All Eggs Are Created Equal

1〜3

ポイント 研究者たちは，鳥の卵の形状をどのように数値化して表すのか。

1 ① "We were really struck / by the diversity / in egg shape," / says Mary
「私たちは本当に心を打たれた / 多様性に / 卵の形の」と / メアリー・

Stoddard, / an assistant professor / at Princeton.// ② "Bird eggs all serve a similar
ストッダードは言う / 助教 / プリンストン大学の // 「鳥の卵はすべて同様の機能を

function: / to bring up and protect the growing chick.// ③ But despite their shared
果たす / 生長するひなを育て，保護するための // しかしそれらの共有された機能

function, / they grew up / in different shapes."//
をよそに / それらはなった / 異なる形状に」 //

2 ④ Not all eggs are like the ones / at the grocery store; / the large landscape /
すべての卵が〜ものと同様ではない / 食料品店の / 大きな領域は /

of bird eggs / actually has a much wider range of shapes.// ⑤ The brown hawk-
鳥の卵の / 実ははるかに幅広い種類の形状を持っている // アオバズクの

owl's egg, / for example, / is almost a perfect sphere, / while the sandpiper has a
卵は / 例えば / ほぼ完全な球体である / イソシギが涙型の卵

teardrop-shaped egg.//
を持つ一方で //

3 ⑥ The researchers' first step was to identify this diversity / with two
その研究者たちの最初の一歩はこの多様性を確かめることだった / 2つの

measurements.// ⑦ First, / ellipticity : / starting with a sphere, / as it is stretched
測定値によって // 1つ目に/ 扁平率（へんぺい） / 球体から始まって / それが引き伸ばされるにつれて

out / one direction, / it becomes more elliptical.// ⑧ Second, / asymmetry: / when
/ 一方向に / それはどんどん扁平になる // 2つ目に / 非対称性 / 卵の

one end of an egg is pointier / than the other, / it becomes more asymmetrical.//
一方の先端のほうがとがっているほど / もう一方よりも / それはより非対称になっていく //

⑨ Each of these measurements is on a continuum— / values can fall anywhere / in
これらの測定値のそれぞれが連続した値の上にある / 数値はどこの値をとることもできる /

the middle— / and by combining them, / you can describe nearly any egg.//
中間の / そしてそれらを組み合わせることで / だいたいどの卵の特徴も言い表すことができる //

⑩ An egg / that is asymmetrical and elliptical / is like a teardrop.// ⑪ An egg /
卵は / 非対称かつ扁平である / 涙のしずくに似ている // 卵は /

that is symmetrical and spherical / is a sphere.//
対称かつ球形である / 球体である //

・単語・熟語チェック

□ **assistant**	形 助ける，助手の
□ **bring up *A* / bring *A* up**	熟 *A* を育てる
□ **chick**	名 ひな
□ **grocery store**	名 食料品店
□ **hawk-owl**	名 (brown ～で)アオバズク
□ **sphere**	名 球体
□ **sandpiper**	名 イソシギ
□ **teardrop**	名 涙のしずく
□ **measurement**	名 測定(値)
□ **ellipticity**	名 扁平率
□ **elliptical**	形 扁平な，楕円形の
□ **asymmetry**	名 非対称性
□ **pointy**	形 先のとがった
□ **asymmetrical**	形 非対称の
□ **continuum**	名 連続した値
□ **symmetrical**	形 対称の
□ **spherical**	形 球形の

本文内容チェック　**「扁平率と非対称性の値を組み合わせて表される，多様な卵の形」**

1 プリンストン大学助教のメアリー・ストッダードは，「鳥の卵は，どれも共通の機能を果たしながらも，異なる形状を持つようになった」と言っている。

2 鳥の卵には幅広い種類の形があり，球形であったり涙型であったりする。

3 ストッダードたちはまず，扁平率と非対称性という2つの測定値を組み合わせて，卵の形を言い表した。非対称で扁平なら涙型，対称で球形なら球体となる。

読解のカギ

④ **Not all eggs are like the ones (at the grocery store); the large landscape of bird eggs actually has a much wider range of shapes.**

➡ ones は同文内で前出の eggs の代わりに用いられている。

➡ a wide range of *A* は「幅広い種類の *A*，さまざまな *A*」。

⑧ **Second, asymmetry: (when one end (of an egg) is pointier (than the other)), it becomes more asymmetrical.**

（it = an egg）

➡「:(コロン)」の後ろで asymmetry を具体的に説明している。

➡ the other は，前にある one end に対して「もう一方(の先端)」を意味する。

問. ＿＿を埋めなさい。

彼は片方の手にコーヒーを持ち，もう片方の手に新聞を持っていた。

He had a cup of coffee in ＿＿＿＿＿ hand and a newspaper in the ＿＿＿＿＿.

⑨ **Each of these measurements is on a continuum—(values can fall anywhere in the middle)—and (by combining them), you can describe nearly any egg.**

➡ these measurements「これらの測定値」は ellipticity と asymmetry の値のこと。

➡ fall は「(数値が)(～の)値をとる」という意味で，the middle「中間」とは「連続する値のどこか」を指している。つまり，values can fall anywhere in the middle は「数値は数直線上のどの値でもとれる」ということで，直前の ... is on a continuum「…は連続した値の上にある」の具体的な説明になっている。

問の解答　**問.** one, other

4～5

ポイント 研究者たちは，何が卵の形を決定すると突き止めたか。

4 ① The researchers traced 50,000 different egg shapes / from 1,400 species of
その研究者たちは５万種類の異なる卵の形をたどって調べた / 1,400 種の鳥からとった

birds / along these two axes / and were surprised / at the wide variety— / more
/ これらの２つの軸に沿って / そして驚いた / 幅広い多様性に / ほかの

than in other egg-laying animals.// ② They found / that most eggs fell somewhere /
卵を産む動物たちに見られるよりも多く // 彼らは発見した / ほとんどの卵がどこかに入ることを /

in the middle, / like a chicken egg: / a little more elliptical / than a sphere, / and
中ほどの位置の / ニワトリの卵のように / もう少し扁平(へんぺい)な / 球体よりも /

somewhat asymmetrical.// ③ But how do these shapes happen?//
そして，いくぶん非対称な // しかしこれらの形はどのようにして生じるのだろうか //

5 ④ Previous research has shown / that shape is determined / by the egg's flexible
これまでの研究は示した / 形は決定されるということを / 卵の柔軟性のある皮膜

membrane, / a protective layer / below the hard shell.// ⑤ This study goes / one
によって / 保護するための層 / 硬い殻の下の // 今回の研究は進む /

step further / to propose / how the membrane's shape is determined / in the first
一歩先へ / 提唱するために / 皮膜の形がどのようにして決定されるかを / そもそも

place.// ⑥ It suggests / that properties / of the membrane / in different parts /
// それは～と示唆する / 性質が / 皮膜の / さまざまな部位の /

of the egg— / thickness and flexibility, / for example— / determine / how the shape
卵の / 厚さや柔軟性 / 例えば / 決定する / 皮膜の形が

of the membrane changes / in response / to changes / in pressure.// ⑦ The
どのように変化するのかを / 応じて / 変化に / 圧力の //

researchers created a computer model / to show / how adjusting membrane
その研究者たちはコンピューターモデルを作成した / 示すための / 皮膜の性質を調整することがどの

properties / in certain parts / of the egg / can affect the overall shape.//
ように～かを / 特定の部位での / 卵の / 全体の形に影響を及ぼし得る //

・単語・熟語チェック

- □ **axes** 名 (axis の複数形) 軸
- □ **variety** 名 多様さ
- □ **somewhere** 副 どこかに
- □ **somewhat** 副 いくぶん，やや
- □ **previous** 形 これまでの
- □ **flexible** 形 柔軟性のある
- □ **membrane** 名 皮膜
- □ **protective** 形 保護するための
- □ **layer** 名 層
- □ **propose** 動 ～を提唱する
- □ **in the first place** 熟 そもそも
- □ **property** 名 性質
- □ **thickness** 名 厚さ
- □ **flexibility** 名 柔軟性
- □ **in response to *A*** 熟 *A* に応じて
- □ **adjust** 動 ～を調整する
- □ **overall** 形 全体の

本文内容チェック　**「卵の形を決定する要素である，殻の下の皮膜の厚さや柔軟性」**

4 扁平率と非対称性を2つの軸にして卵の形を調べると，ほとんどの卵がニワトリの卵のような，やや扁平で，やや非対称な形をしていることがわかった。

5 卵の形は殻の下の皮膜によって決まる。今回の研究は，膜の性質(厚さや柔軟性)が圧力に応じた卵の形状の変化を左右するものと示唆する。研究者はコンピューターモデルを使用して膜の特性が卵全体の形状にどのように影響するかを調査した。

読解のカギ

① **The researchers traced 50,000 different egg shapes (from 1,400 species of birds) (along these two axes) and were surprised (at the wide variety—(more than in other egg-laying animals)).**

S: The researchers　V: traced　O: 50,000 different egg shapes (from 1,400 species of birds)　V: were　C: surprised

➡ these two axes とは第3パラグラフで触れた ellipticity と asymmetry のこと。
➡「—(ダッシュ)」に続く部分は，the wide variety の補足説明。

② **They found (that most eggs fell somewhere (in the middle), (like a chicken egg: a little more elliptical than a sphere, and somewhat asymmetrical)).**

➡ fall は「(ある範囲に)入る」という意味。ここでは卵の形の測定値がある範囲に収まることを示している。somewhere は「どこかに」という意味の副詞。
➡ in the middle は数値が「(極端な値ではなく)中ほどにある」ということを意味する。
➡「:(コロン)」の後ろは，like a chicken egg がどのようなことかの具体的な説明。

問．並べかえなさい。

私は夏休みにはどこか涼しい場所に行きたい。
(for / to / somewhere / go / I / cool / want) summer vacation.
______________________________________ summer vacation.

⑤ **This study goes one step further (to propose (how the membrane's shape is determined (in the first place))).**

S: This study　V: goes　C: one step further　to propose: to 不定詞の副詞的用法

➡ This study は前文④の Previous research と比較して「今回の研究は」を意味する。
➡ further は far の比較級。one step がそれを修飾している。

⑥ **It suggests (that properties of the membrane in different parts of the egg—(thickness and flexibility, for example)—determine (how the shape of the membrane changes (in response to changes in pressure))).**

S: It　V: suggests　O: (that ...)　(S'): properties of the membrane in different parts of the egg　(V'): determine　(O'): (how ...)

➡ It は前文⑤の This study を指す。
➡「—(ダッシュ)」で挟まれた部分は，直前の properties of ... of the egg の具体例。

問の解答　**問．** I want to go somewhere cool for (summer vacation.)

6 ~ 7

ポイント 卵の形状と体重，巣の大きさ，手翼指数などを比較した結果，何がわかったか。

6 ① To determine the biological significance / of these unique shapes, / Stoddard
生物学的な意義を明らかにするため / これらの独特な形の / ストッダード

and her colleagues compared egg shape / with other points.// ② Some / of those /
と彼女の同僚たちは卵の形を比較した / ほかの項目と // いくつかは / それらの /

are body mass, nest size, and hand-wing index / (possible flying ability / based on
体重，巣の大きさ，そして手翼指数である / （実現可能な飛行能力 / 大きさに

the size / of different parts / of the wing).//
基づいた / さまざまな部位の / 翼の） //

7 ③ Some / of their findings / were expected; / for example, / longer eggs tend to
いくつかは / 彼女らが発見したことの / 予想されたものだった / 例えば / 長めの卵は大きめの

come up with larger birds.// ④ But their most surprising finding was / that flight
鳥から産まれる傾向がある // しかし最も驚くべき彼女らの発見は～だった / 飛行能力が

ability was the best way / to determine egg shape; / skilled flyers laid more elliptical
最良の方法であるということ / 卵の形を決定するための / 飛行に長けたものはより扁平（へんぺい）かつ

and asymmetrical eggs.// ⑤ Stoddard and her colleagues think that, / in order to be
非対称な卵を産んだ // ストッダードと彼女の同僚たちは～と考えた / 空気力学的で

aerodynamic, / flying birds must have smooth bodies, / which limits the possible
あるために / 空を飛ぶ鳥は凹凸の少ない体をしていなければならない / そしてそのことが起こり得る幅を制限する

width / of the egg.// ⑥ The birds still need to produce eggs / with enough yolk and
/ 卵の // それらの鳥はそれでも卵を産む必要がある / 十分な卵黄と卵白を

egg white / inside, / though.// ⑦ More elliptical and asymmetrical eggs would
含んだ / 中に / しかし // より扁平かつ非対称な卵は

increase the volume / within an egg / of a given space, / making them profitable /
容積を増加させるだろう / 卵の内部の / 限られた空間の / そして，それらを有益なものにする /

for birds of flight.//
空を飛ぶ鳥にとって //

・単語・熟語チェック

□ **biological**	形 生物学的な
□ **significance**	名 意義，重要性
□ **mass**	名 重さ
□ **index**	名 指数
□ **skilled**	形 熟練の，上手な
□ **flyer**	名 飛行するもの
□ **aerodynamic**	形 空気力学的な
□ **smooth**	形 凹凸の少ない
□ **width**	名 幅
□ **yolk**	名 卵黄

本文内容チェック 「鳥の卵の形に影響を与えていた意外な要素＝飛行能力」

6 ストッダードたちは卵の形と鳥の体重，巣の大きさ，手翼指数などを比較した。

7 彼女らの研究は，より長い卵はより大きな鳥から産まれるという予想通りの結果と，飛行能力が高い鳥ほど扁平で非対称な卵を産む，つまり飛行能力が卵の形に影響す

るという意外な結果を得た。それは，空気力学的に凹凸の少ない体が求められる鳥にとって，限られた体内の空間で卵の容積を大きくするのに有効な形だからである。

読解のカギ

② **Some of those are body mass, nest size, and hand-wing index (possible flying ability based on the size of different parts of the wing).**
(S: Some of those / V: are / C: body mass, nest size, and hand-wing index (possible flying ability based on the size of different parts of the wing))

➡ those は前文①の other points を指している。

➡「( )」で囲まれた部分は，hand-wing index がどういうものかの補足説明。

➡ be based on *A* は「*A* に基づいている」。ここでは possible flying ability を後ろから修飾する過去分詞句の形になっている。

問. ___を埋めなさい。

私たちは生物学的証拠に基づく決定を下した。

We made a decision ______ ______ the biological evidence.

③ **Some (of their findings) were expected; for example, longer eggs tend to come up with larger birds.**
(S: Some (of their findings) / V: were / C: expected)

➡「;(セミコロン)」の後ろで Some of their findings の具体例を挙げている。

➡ tend to *do* は「～する傾向がある」。

④ **But their most surprising finding was (that flight ability was the best way (to determine egg shape)); skilled flyers laid more elliptical and asymmetrical eggs.**
(S: their most surprising finding / V: was / C: (that flight ability was the best way (to determine egg shape)); S: skilled flyers / V: laid / O: more elliptical and asymmetrical eggs)

➡ to determine egg shape は the best way を修飾する形容詞的用法の to 不定詞句。

➡「;(セミコロン)」の後ろで flight ability was the best way to determine egg shape「飛行能力が卵の形を決定する最良の方法であった」という発見の，具体的な発見内容を説明している。

➡ laid は lay「(卵)を産む」の過去形。

⑤ **Stoddard and her colleagues think (that, (in order to be aerodynamic), flying birds must have smooth bodies, {which limits the possible width of the egg}).**
(S: Stoddard and her colleagues / V: think / O: (that, ...); which → flying birds must have smooth bodies)

➡ in order to *do* は「～するために」という意味で，that 節内を修飾している。

➡ which は主格の関係代名詞で，前に「,(コンマ)」があるので非限定用法である。which limits ... egg が先行詞の in order to ... smooth bodies に説明を加えている。

問の解答　**問.** based on

8～10

ポイント ストッダードは今回の研究をどう評価し，次に何を目指しているか。

8 ① The team / carrying out the study / spanned many different fields— / biology,
チームは / その研究を行っていた / 多くの異なる分野に及んだ / 生物学，
computer science, physics, math— / and Stoddard relies / on this interdisciplinary
コンピューターサイエンス，物理学，数学 / そしてストッダードは頼る / この学際的なチームに
team / for the breadth / of the study.// ② "Having diverse perspectives allowed
/ 幅の広がりに関して / 研究の // 「多様な視点を持つことは私たちが多様性を
us to understand the diversity / of egg shapes / in a different way, / looking at both
理解することを可能にした / 卵の形の / 違った方法で / 仕組みと機能の両方
system and function," / Stoddard says.// ③ "We were able to ask / both the 'how'
に目を向けること」と / ストッダードは言う // 「私たちは問うことができた / 『どのように』と
and 'why' questions."//
『なぜ』という疑問の両方を」//

9 ④ Stoddard doesn't think / this study challenges previous work / on the
ストッダードは考えていない / この研究がこれまでの研究に異を唱えるものだとは / 疑問に
question / of egg shape.// ⑤ The traditional understanding has been / that egg
ついての / 卵の形の // 従来の理解はずっと～というものだ /
shape is determined / by nest situation and the number of eggs / in the nest, / and
卵の形は決定される / 巣の状況や卵の数によって / 巣の中の /そして
that might still be true / on a smaller scale, / she says.// ⑥ "What we find / at the
それはなおも当てはまるかもしれない / もっと小さい規模で / と彼女は言う // 「私たちが発見することが / 地球
global level / may not always be the same / as what we see / in smaller groups."//
規模で / いつも同じとは限らないだろう / 私たちが見るものと / より小さなまとまりの中に」 //

10 ⑦ In their future work, / the researchers hope to take a closer look / at egg
彼女たちの将来の研究で / その研究者たちはより詳しく調べることを望んでいる /
membranes and the body plans / of different birds / to see / if they support the
卵膜と体の設計を / さまざまな鳥の / 確かめるために / それらがモデルを裏付けるかどうかを
model / in this study.// ⑧ "We also want to look back / in time / to see / how egg
/ この研究の // 「私たちはさかのぼって見ることもしたい / 時間を / 確かめるために / 卵の形がどの
shapes / of dinosaurs / differed / from birds," / Stoddard says, / "because results for
ように～か / 恐竜の / 異なっていた / 鳥と」と / ストッダードは言う / 「今のところ，結果は示唆
now suggest / that asymmetrical eggs evolved / around the time / that birds began to
しているからだ / 非対称の卵は進化したと / ～ころに / 鳥が分化し始めた
branch off / from the rest of the bunch."//
/ 同種グループのそのほかの種から」//

・単語・熟語チェック

- □ **biology** 名 生物学
- □ **physics** 名 物理学
- □ **interdisciplinary** 形 学際的な
- □ **take a look at *A*** 熟 *A* を調べる

□ dinosaur	名	恐竜
□ for now	熟	今のところ
□ evolve	動	進化する
□ branch off from *A*	熟	*A* から分化する
□ bunch	名	(同種の)一団，群れ

本文内容チェック　**「多様な視点で行った卵の形の研究結果と，今後の研究の展望」**

8 ストッダードは，今回の研究は多様な分野に渡っており，卵の形の多様性を仕組みと機能の両面から「どのように」と「なぜ」を問うことで理解できたと語る。

9 彼女は，この研究が卵の形は巣の状況や巣の中の卵の数によって決まるという従来の研究結果に異を唱えるものだとは考えていない。地球レベルで発見されることが，もっと小さな集団で見られることと同じとは限らないだろう，と彼女は言う。

10 彼女たちは，恐竜と鳥の卵の形の違いも確かめたいと思っている。研究の結果，鳥類がほかの種から分化し始めたころに，非対称の卵に進化したと示唆されるからだ。

読解のカギ

① **The team (carrying out the study) spanned many different fields—biology, computer science, physics, math—and Stoddard relies on this interdisciplinary team for the breadth of the study.**

(The team = S，spanned = V，many different fields = O)

➡ carry out *A* は「*A* を行う」。ここでは現在分詞句として The team を修飾している。
➡ spanned は span「〜(の範囲)に及ぶ，広がる」の過去形。
➡「—(ダッシュ)」に挟まれた部分は many different fields の具体的な説明。
➡ rely on *A* for *B* は「*B* に関して *A* に頼る」。
➡ interdisciplinary「学際的な」は，研究などが複数の分野にまたがることを表す。

問. 並べかえなさい。

この組織は，その活動に関して寄付に頼っている。

(relies / activities / organization / donations / this / for / on / their).

＿＿＿＿＿＿＿＿＿＿＿＿＿＿＿＿＿＿＿＿＿＿＿＿＿＿＿＿＿＿.

⑧ **"We also want to look back in time (to see (how egg shapes of dinosaurs differed from birds))," Stoddard says, "because results (for now) suggest (that asymmetrical eggs evolved around the time {that birds began to branch off from the rest of the bunch})."**

(to see：to 不定詞の副詞的用法)

➡ 直接話法の文。Stoddard says (＝S＋V) が主節と従属節の間に挿入されている。
➡ look back in time は「時間をさかのぼって見る，振り返る」。
➡ <see＋how 節> は「どのように〜か確かめる」。
➡ differ from *A* は「*A* と異なる」。
➡ time の後の that は関係副詞で，when と同じ働きをする。that birds began to branch off from the rest of the bunch が先行詞の the time を修飾している。
➡ branch off は「分化する」。ここでは進化の枝分かれのことを言っている。

問の解答　**問．** This organization relies on donations for their activities(.)

TRY1 Overview ヒント

You are writing a passage review. Complete the chart.
(あなたは文章の一節のレビューを書いています。表を完成させなさい。)

Introduction		→ 第 1〜2 パラグラフ
Procedures:	Identifying the diversity	→ 第 3〜4 パラグラフ
	Beyond the previous studies	→ 第 5〜6 パラグラフ
Results and findings		→ 第 7 パラグラフ
Discussion		→ 第 8〜9 パラグラフ
Conclusion and further studies		→ 第 10 パラグラフ

ⓐ 研究者たちは体重，巣の大きさ，手翼指数と卵を照らし合わせた。
ⓑ 5 万種類のさまざまな卵の形が 2 つの測定値を使って研究された。
ⓒ 研究者たちは恐竜の卵が鳥のものとどう異なるのかを知りたいと思った。
ⓓ 研究者たちは飛行能力が卵の形の一番の因子であることを発見した。
ⓔ 鳥の卵はさまざまな形になる。
ⓕ 研究は多くの異なる分野において行われた。
ⓖ 研究者たちは扁平率(へんぺい)と非対称性によって多様性を確かめようとした。
ⓗ 研究者たちは皮膜の性質を調節することが全体の形にどう影響を及ぼすか推定した。

TRY2 Main Idea ヒント

Mark the main idea M, the sentence that is too broad B, and the sentence that is too narrow N.（話の本旨になるものには M を，広範すぎる文には B を，限定的すぎる文には N の印を書きなさい。）

1 すべての卵が同じ形というわけではない。
2 卵の形は柔軟性のある皮膜によって決定される。
3 卵の形の多様性には特定の理由がある。

TRY3 Details ヒント

Choose the three correct statements.（正しい記述を 3 つ選びなさい。）

ⓐ アオバズクの卵は食料品店にあるそれらとよく似ている。
ⓑ 涙のしずくは非対称かつ扁平である。
ⓒ 研究者たちは 5 万種をたどって調べた。
ⓓ 研究者たちは鳥の卵の全体の大きさを測定するためのコンピューターモデルを作成した。
ⓔ 研究者たちは卵の形を単一の指標を使って比較した。
ⓕ 長い卵ほど大きい鳥が産まれるということがわかっている。
ⓖ 研究チームの多様性の利点は，卵の形をさまざまな方法で理解することだ。
ⓗ ストッダードは恐竜の卵の形を調査した。

TRY4 Making Judgments ヒント

Choose the most suitable answer.（最も適切な答えを選びなさい。）

1 筆者がこの文章を書いた目的は何か考える。
2 自分たちの研究結果に対するストッダードの考えはどのようなものか考える。

TRY5 Deeper Understanding ヒント

Discuss the following with your partner.（次のことについてパートナーと話し合いなさい。）

議題の訳

あなたは卵の形の違いに気がついたことがありますか。それについて何を知っていますか。

→ まずは卵の形の違いに気がついたことがあれば，どこでどのように気がついたのか話す。どうしてそのような違いがあるのか，その形になった理由などがわかれば説明をする。

TRY6 Retelling ヒント

Content Retelling

本文要約例

プリンストン大学助教授のメアリー・ストッダードは卵の形の**多様性**に心を打たれた。**鳥の卵**はどれも同じような機能を持っているにもかかわらず，**形**はさまざまに異なる。すべての卵が食料品店の卵のような形をしているのではなく，その形には幅広い種類がある。

ストッダードたちは最初に**扁平率**と**非対称性**という２種類の**測定値**で卵の形状を数値化して表した。この２つの数値を軸に５万種類の卵の形状を調べると，ほとんどの卵がニワトリの卵のような，やや扁平で，やや非対称な形をしていることがわかった。

これまでの研究で，卵の形状は殻の内側の**皮膜**によって**決まる**とわかっている。膜の持つ厚さや柔軟性などの**性質**が，圧力による卵の形状の変化を左右しているのだ。卵のこの独特な形状の生物学的意義を明らかにするため，ストッダードたちは卵の形状と体重，巣の大きさ，**手翼指数**などを比較した。

研究の結果，意外なことに**飛行能力**が卵の形状を決める最大の要因であるとわかった。飛行能力の高い鳥の卵ほど，より扁平で非対称だったのだ。それは，**空気力学的**に鳥には凹凸の少ない体が求められ，それゆえに卵の**幅**が制限されるからだとストッダードたちは考える。扁平で非対称な形は，限られたスペースの中で卵の容積を増やせるため，鳥にとって**有益**なのである。

この研究では，**学際的**な仲間がいることで多様な視点を持ち，卵の形状の多様性を仕組みと機能の両面から理解することができた，とストッダードは評価している。

ストッダードは，**従来の理解**は卵の形は巣の状況や巣の中の卵の数によって決まるというものであり，それがより小さな規模においても当てはまるのだろう，と考える。

ストッダードたちは今後，**鳥の卵膜**や**体の設計**をさらに調査し，今回の研究の裏付けをしたり，さらには**恐竜**の卵と鳥の卵の形の比較をしたりしたいと考えている。

Interactive Retelling

Reteller A: Procedures	Reteller B: Results and findings
・The researchers identified the diversity with two measurements. ・研究者たちは，鳥の卵の形状の生物学的意義を明らかにするため，体重，巣の大きさ，手翼指数などと卵の形状の比較をした。	・Longer eggs ... ・飛行能力が高い鳥ほど，より扁平で非対称な卵を産む。

Retelling with Your Opinions

本文に関して，あなたにとって何が最も興味深いですか。あなたの意見もまじえて，本文をRetellingしなさい。

意見を伝える表現：

・The author's point about ... is most interesting to me.
(…についての著者の論点が私には最も興味深い。)

・It is most interesting to me that ... .
(…ということが私には最も興味深い。)

・The fact that ... is most interesting to me.
(…という事実が私には最も興味深い。)

Speaking ヒント

・単語・熟語チェック

□ **opossum**	名 オポッサム	□ **regrow**	動 ～を再生する
□ **owl**	名 フクロウ	□ **neutralize**	動 ～の効果をなくす
□ **reindeer**	名 トナカイ	□ **venom**	名 毒
□ **axolotl**	名 ウーパールーパー	□ **fastener**	名 留め具
□ **silently**	副 静かに	□ **burdock**	名 ゴボウ

Conversation

❶あなたは理科の授業で生き物の驚異的な能力を学習している。パートナーと一緒に，写真の生き物とそれらの能力を組み合わせなさい。
➡写真の生き物と選択肢を１つ１つ確認し，その生き物の生態に関する情報を交換しながら検討していく。

❷理科の授業の後，ケンがバイオミメティクス(自然から学びを得たある種のデザインや技術)について話し始めた。例として上の動物の能力を考慮しつつ，ケンとリサの役になって会話をしなさい。

Writing ヒント

・単語・熟語チェック

□ **bioplastic**	名 バイオプラスチック	□ **conventional**	形 従来の
□ **sanitation**	名 公衆衛生	□ **sewage**	名 下水
□ **cassava**	名 キャッサバ	□ **dispose**	動 (dispose of *A* で) *A* を処分する
□ **release**	動 ～を放つ	□ **evaporate**	動 ～を蒸発させる
□ **absorb**	動 ～を吸収する	□ **unsanitary**	形 非衛生的な
□ **growth**	名 成長		
□ **decompose**	動 分解する		

どちらを選ぶべきか

主題についてあなたの意見を書きなさい

概略を考え，その概略にしたがって 3 つか 4 つの段落を書きなさい。

主題：「その会社はどちらのプロジェクトを支援することを選ぶべきだと思うか」

使える表現：

・The company should choose a project based on ○○ .
（その会社は○○に基づいてプロジェクトを選ぶべきだ。）

・I think there are more people who would be helped by ○○ .
（私は○○によって助けられるであろう人のほうが多いと思う。）

・When choosing a project, whether ... is an important factor.
（プロジェクトを選ぶ上で，…かどうかは重要な要素だ。）

Enrich Your Vocabulary ヒント

・単語・熟語チェック

□	**definite**	形 確かな
□	**probable**	形 ありそうな
□	**feasible**	形 実行可能な
□	**tough**	形 困難な
□	**unfeasible**	形 実行不可能な
□	**unattainable**	形 達成不可能な
□	**cliff**	名 崖

Describe

次の写真をそれぞれ上の表現を使って説明しなさい。

例：

I'm sure he will be soaked to the skin.
（彼はきっとびしょ濡れになる。）

She looks confident about controlling so many dogs.
（彼女は，そんなに多くの犬をコントロールする自信に満ちているように見える。）

I think it's unfeasible for him to cross from one cliff to another on a rope.
（彼がその崖から別の崖までロープの上を渡っていくのは実行不可能だと私は思う。）

Give your opinions

将来起こると思うことについて，上の表現を使って話しなさい。

例：

It is not absolutely impossible for me to marry my favorite idol in the future.
（将来，私がいちばん好きなアイドルと結婚することは絶対にあり得ないことではない。）

定期テスト予想問題

解答 ➡ p.242

1 (　)内の語のうち，適切なものを選びなさい。

(1) I remember the day (that / where / which) I got the gift from my parents.
(2) Lisa got married to Max, (when / who / which) was not surprising.
(3) (That / What / Which) we learn in school is not just about studying.

2 日本語の意味に合うように，＿＿に適切な語を入れなさい。

(1) 事故件数の増加に応じて，市は対策に打って出た。
＿＿＿＿ ＿＿＿＿ to the increase in the number of accidents, the city took action.
(2) 今のところ，天気は回復に向かっているようだ。
＿＿＿＿ ＿＿＿＿, the weather seems to be improving.
(3) 彼は自分の子どもを自分の故郷で育てたいと思っている。
He wants to ＿＿＿＿ ＿＿＿＿ his child in his hometown.
(4) そもそもあなたが私の話を聞いていれば，こんなことは起きていなかっただろうに。
If you had listened to me ＿＿＿＿ ＿＿＿＿ ＿＿＿＿ ＿＿＿＿, this wouldn't have happened.

3 日本語に合うように，(　)内の語を並べかえなさい。

(1) 最新の報告書を詳しく調べてみよう。
(a / at / report / look / take / the / let's / close / latest).
＿＿＿＿＿＿＿＿＿＿＿＿＿＿＿＿＿＿＿＿.
(2) 私たちは時間をさかのぼって振り返り，過去から学ぶことができる。
(look / can / in / we / past / time / and / from / learn / back / the).
＿＿＿＿＿＿＿＿＿＿＿＿＿＿＿＿＿＿＿＿.
(3) 犬はいつ狼から分化しましたか。
(branch / did / from / dogs / when / off / wolves)?
＿＿＿＿＿＿＿＿＿＿＿＿＿＿＿＿＿＿＿＿?
(4) 私はこの電話をあなたの持っているものと比較したい。
(to / this / have / compare / phone / with / you / want / the / I / one).
＿＿＿＿＿＿＿＿＿＿＿＿＿＿＿＿＿＿＿＿.

4 次の英語を日本語に訳しなさい。

(1) To find a better solution, you need to go one step further.
(　　　　　　　　　　　　　　　　　　　　)
(2) This movie was somewhat interesting, but the overall story wasn't very good.
(　　　　　　　　　　　　　　　　　　　　)

5 次の英文を読んで，後の問いに答えなさい。

①The researchers' first step was to identify this diversity with two measurements. First, ellipticity: starting with a sphere, as it is stretched out one direction, it becomes more elliptical. Second, asymmetry: when one end of an egg is pointier than the other, ②it becomes more asymmetrical. Each of ③these measurements is on a continuum—values can fall anywhere in the middle—and by combining them, you can describe nearly any egg. ④(is / asymmetrical / like / that / a teardrop / and / an egg / is / elliptical). An egg that is symmetrical and spherical is a sphere.

(1) 下線部①の英語を日本語に訳しなさい。
(　　　　　　　　　　　　　　　　　　　　　　　　　　　　　　　　)

(2) 下線部②は何を指しているか，本文から抜き出しなさい。
____

(3) 下線部③は何を指しているか，本文から２つ抜き出しなさい。
__________ __________

(4) 下線部④が「非対称かつ扁平（へんぺい）な卵は涙のしずくに似ている」という意味になるように，(　)内の語句を並べかえなさい。
__________________________________.

6 次の英文を読んで，後の問いに答えなさい。

The team ①(carry) out the study spanned ②many different fields—biology, computer science, physics, math—and ③(on / breadth / the / interdisciplinary / relies / for / the / Stoddard / team / of / this / study). "Having diverse perspectives allowed us to understand the diversity of egg shapes in a different way, looking at both system and function," Stoddard says. "④We were able to ask both the 'how' and 'why' questions."

(1) 下線部①の(　)内の語を適切な形に書きかえなさい。
____

(2) 下線部②の具体例はどんなものか。本文から日本語にして抜き出しなさい。
(　　　　　　　　　　　　　　　　　　　　　　　　　　　　　　　　)

(3) 下線部③が「ストッダードは研究の幅の広がりに関して，この学際的なチームに頼っている」という意味になるように，(　)内の語句を並べかえなさい。
____

(4) 下線部④の英語を日本語に訳しなさい。
(　　　　　　　　　　　　　　　　　　　　　　　　　　　　　　　　)

Lesson 8 The Present and Future of Food Tech

1 ~ 3

ポイント 近年の食品産業の規模はどのくらいか，また課題はどのようなものか。

1 ① There is no bigger industry / on our planet / than food and agriculture, /
もっと大きな産業は1つもない / 私たちの惑星上で / 食品と農業よりも /

with seven billion customers.// ② In fact, / the World Bank estimates / that food
70億人の顧客がいるのだから // 実際 / 世界銀行は試算している / 食品

and agriculture comprise about 10% / of the global GDP.//
と農業は約10%を占めると / 全世界のGDPの //

2 ③ On the food front, / a record $1.71 trillion was spent / in 2018 / on food and
食品の面では / 記録的な1兆7,100億ドルが使われた / 2018年に / 食品と

drinks / at stores / and away-from-home meals and snacks / in the United States
飲料に / 商店の / そして家の外での食事と軽食に / アメリカ国内だけで

alone.// ④ During the same year, / 9.7% of Americans' personal income was spent /
// 同年の間に / アメリカ人の個人収入の9.7%が使われた /

on food— / 5% at home / and 4.7% away from home— / a percentage / that has
食品に / 5%を家で / そして4.7%を家の外で / 割合 / だいたい

remained about the same / during economic changes / over the past 20 years.//
同じままである / 経済的な変化の間 / 過去20年間に渡る //

3 ⑤ However, / despite this large demand, / the food industry is facing challenges /
しかし / この大きな需要にもかかわらず / 食品産業は試練に直面している /

with production / because of the demand / coming from consumer trends.//
生産に関する / 要求のせいで / 消費者傾向からくる //

⑥ Consumer demands and focus have changed / in recent years.// ⑦ An
消費者の要求と関心の中心は変化した / 近年 //

increasing focus / by consumers / on sustainability, health, and freshness / has
増加する関心は / 消費者の / 持続可能性，健康，新鮮さへの /

placed significant pressure / on the food industry / to change.//
かなりの圧力をかけた / 食品産業へ / 変化するよう //

・単語・熟語チェック

□ **industry**	名 産業	□ **demand**	名 需要
□ **agriculture**	名 農業	□ **production**	名 生産
□ **estimate**	動 ～であると見積もる	□ **consumer**	名 消費者
□ **comprise**	動 ～を占める	□ **sustainability**	名 持続可能性
□ **percentage**	名 割合	□ **freshness**	名 新鮮さ

本文内容チェック　**「莫大な消費額を記録する食品産業にのしかかる変革を求める圧力」**

1 70億人の顧客を持つ食品・農業産業は世界のGDPの約10%を占めるとされている。

2 2018年の米国では，飲食費の総額は1兆7,100億ドルで，個人所得の9.7%（家庭で5%，外食で4.7%）が食品に費やされた。この割合は過去20年間ほぼ変わらない。

3 大きな需要がある食品産業にも課題がある。持続可能性，健康，鮮度に対する消費者の関心が高まるにつれ，食品産業に変革を求める圧力がかかってきているのだ。

読解のカギ

① **There is no bigger industry (on our planet) (than food and agriculture), (with seven billion customers).**

➡ our planet「私たちの惑星」は「地球」を表す。

➡ with は「～がある[いる]のだから」という，≪理由≫を表す意味で用いられている。

④ **(During the same year), 9.7% of Americans' personal income was spent on food—5% at home and 4.7% away from home—a percentage {that has remained about the same (during economic changes over the past 20 years)}.**

➡ the same year「同じ年」の比較対象は前文③の 2018「2018年」。

➡「—(ダッシュ)」に挟まれた部分は，9.7%の具体的な内訳に関する補足説明。

➡ a percentage that ... は9.7%と≪同格≫の関係。補足的に「これ(=9.7%)は…という割合である」と訳せる。

➡ that は主格の関係代名詞で，that has remained about the same during economic changes over the past 20 years が先行詞の a percentage を修飾している。

⑤ **(However), (despite this large demand), the food industry is facing challenges (with production because of the demand (coming from consumer trends)).**

➡ this large demand「この大きな需要」は第2パラグラフで説明された食品の消費額の大きさを受けている。

➡ coming from consumer trends は現在分詞句で，the demand を修飾している。

⑦ **An increasing focus (by consumers) (on sustainability, health, and freshness) has placed significant pressure (on the food industry) (to change).**

➡ place pressure on *A* to *do* は「～するよう *A* に圧力をかける」。

問．日本語にしなさい。

He placed pressure on me to support his idea.

(　　　　　　　　　　　　　　　　　　　　　　)

問の解答　**問．** 彼は彼の意見を支持するよう私に圧力をかけた。

4～6

ポイント アグテックとフードテックは，環境問題とどのような関わりがあるか。

4 ① In recent years, / agricultural technology or agtech innovators have created exciting new ways / to use the power / of technology / to enhance the world's food supply.// ② Agtech innovations are protecting and increasing crops— / enabling changes / in the agriculture system / that could achieve the important sustainability goals / of lowering greenhouse gases, reducing water use, and reducing deforestation.//

近年 / 農業技術すなわちアグテックの革新者たちはわくわくするような新しい方法を生み出してきた / 力を使うための / 科学技術の / 世界の食糧供給を強化するために // アグテックの革新は農作物を保護し，増加させている / 変化を可能にしつつ / 農業システムにおける / 重要な持続可能性目標を達成するかもしれない / 温室効果ガスを減らし，水の使用を減らし，森林伐採を減らすという //

5 ③ Food tech, or technology / that concerns food, / is improving food consumption and decreasing waste— / a key / to decreasing the environmental problems / for a growing human population.// ④ Recognizing this huge opportunity, / venture capitalists are closely tracking this situation.// ⑤ Data show / that money / spent / on food tech / sharply increased / from about $60 million / in 2008 / to more than $1 billion / in 2015.//

フードテック，つまり科学技術は / 食品について扱う / 食品の消費を改善し，ごみを減らしている / 鍵 / 環境問題を減らすことへの / 増加している人類の人口に関する // この大きなチャンスに気づき / 事業投資家たちは注意深くこの状況を追っている // データは～ということを示す / お金は / 使われた / フードテックに / 急激に増加した / 約6,000万ドルから / 2008年の / 10億ドル以上まで / 2015年の //

6 ⑥ Consumers are paying more attention / to what they eat.// ⑦ They are very busy / and demand convenience / when it comes to their meals, / but this convenience cannot come at the expense of quality.// ⑧ Now more than ever, / people want to know / what is in their food, / where it comes from, / and how its production influences the environment.//

消費者たちはより多くの注意を払っている / 彼らが食べるものに // 彼らはとても忙しい / そして利便性を求める / 自分たちの食事のこととなると / しかしこの利便性が品質の犠牲で成り立つことはあり得ない // 今，これまで以上に / 人々は知りたがっている / 自分たちの食べ物に何が入っているのかを / それがどこから来るのかを / そしてその生産がどのように環境に影響を及ぼすのかを //

・単語・熟語チェック

- □ **agricultural** 形 農業の
- □ **agtech** 名 アグテック，農業技術
- □ **innovator** 名 革新者
- □ **supply** 名 供給

□ crop	名	収穫(量)	□ consumption	名	消費
□ enable	動	～を可能にする	□ environmental	形	環境の
□ greenhouse gas	名	温室効果ガス	□ at the expense of *A*	熟	*A* を犠牲にして
□ greenhouse	名	温室	□ expense	名	犠牲
□ deforestation	名	森林伐採	□ more than ever	熟	これまで以上に

本文内容チェック　**「さまざまな環境問題への解決策となるアグテックとフードテック」**

4 アグテック(農業技術)の革新者たちは，温室効果ガスの削減，水の使用量の削減，森林伐採の抑制という重要な持続可能性目標を達成し得る技術を生み出した。

5 フードテック(食品技術)は，食品消費を改善して廃棄物を減らしており，増大する人口の問題を軽減する鍵である。投資家たちがこれに注目し，資金が急増している。

6 消費者は利便性を求めるが，品質を犠牲にはしない。これまで以上に食品に関し，その内容や出どころ，その生産が環境へ及ぼす影響を知りたがっている。

読解のカギ

② **Agtech innovations are protecting and increasing crops—(enabling changes in the agriculture system {that could achieve the important sustainability goals of lowering greenhouse gases, reducing water use, and reducing deforestation}).**

(that：主格の関係代名詞)　(goals = lowering ... deforestation)

➡ enablingが導く句は≪付帯状況≫を表す分詞構文。主節との区切れ目に，「,(コンマ)」の代わりに「—(ダッシュ)」が使われている。

➡ that could achieve ... and reducing deforestation は先行詞 changes in the agriculture system を修飾する関係代名詞節。

➡ of は≪同格≫を表すので，the important sustainability goals = lowering greenhouse gases, reducing water use, and reducing deforestation という関係。

④ **(Recognizing this huge opportunity), venture capitalists are closely tracking this situation.**

➡ Recognizing が導く句は≪付帯状況≫を表す分詞構文。

➡ this huge opportunity「この大きなチャンス」は前文③の内容を指す。

問. ____を埋めなさい。

彼の死の知らせを受けて，私はショックを受け，悲しんだ。

________ the news of his death, I was shocked and saddened.

⑦ **They are very busy and demand convenience (when it comes to their meals), but this convenience cannot come at the expense of quality.**

➡ when it comes to *A* は「*A* のこととなると」。

➡ come at the expense of *A* は「*A* を犠牲にして成り立つ」。

問の解答　**問.** Receiving

7 ~ 8

ポイント ここ何年かの間で，フードテック業界にはどのような変化が起きたか。

7 ① In years past, / companies / of consumer packaged goods (CPG) / tried to
ここ何年かの間で / 企業が / 消費財の / 増加

satisfy growing demands / for convenient, superior-quality food.// ② However, /
している需要を満たそうと試みた / 便利で，優れた品質の食品を求める // しかし /

falling profits prevented them from continuing these efforts, / and many have
利益の落ち込みが彼らがこれらの努力を続けるのを防いだ / そして大勢が

refocused their attention.// ③ This has left the door open / for a new wave / of
関心の焦点を変えた // このことが扉を解放した / 新しい波へ /

"hungry" startups.// ④ There are three key areas / in which food tech innovations
「飢えた」新興企業の // 3つの主要分野がある / フードテックの革新が

are beginning to deliver completely new and novel approaches.// ⑤ These new
まったく新しく斬新な手法を提供し始めている // これらの

technological approaches are addressing serious problems / within the food industry, /
新しい技術的手法は深刻な問題を取り扱っている / 食品産業内の /

and it is anticipated / that these fields will experience significant growth / in the
そして～が予測されている / これらの分野が顕著な成長を見せること /

coming years.//
これから数年で //

8 ⑥ The first is consumer food tech.// ⑦ This area focuses / on the development /
1つ目は消費者フードテックである // この分野は焦点を当てる / 開発に /

of food technologies / marketed toward the consumer.// ⑧ Whether it is plant-based
食品技術の / 消費者に向けて売り込まれる // それが植物性代用肉で

meats, new distribution systems, or nutrition-based tech, / the goal is to satisfy
あろうと，新しい配送システムであろうと，または栄養学に基づいた技術であろうと / 目標は消費者の要求を

consumer demands.// ⑨ Consumer food tech includes / alternative protein and
満たすことである // 消費者フードテックは含む / 代替タンパク質と

dairy, nutritional supplements, and delivered meal kits.//
代替乳製品，栄養補助食品，そして宅配される食事キットを //

・単語・熟語チェック

□ **consumer packaged goods (CPG)**	名 消費財
□ **package**	動 ～を包装する
□ **satisfy**	動 ～を満たす
□ **prevent**	動 ～を防ぐ
□ **prevent *A* from *doing***	熟 *A*が～するのを防ぐ
□ **refocus**	動 ～の焦点を変える
□ **startup**	名 新興企業
□ **technological**	形 技術的な
□ **growth**	名 成長
□ **whether**	接 ～であろうと
□ **distribution**	名 配送
□ **nutrition**	名 栄養
□ **alternative**	形 代替の
□ **protein**	名 タンパク質
□ **dairy**	名 乳製品

☐ **nutritional** 形 栄養の　☐ **supplement** 名 補助

本文内容チェック　**「新興企業の参入で起きているフードテックの革新」**

7 ここ何年か，消費財の企業は便利で高品質な食品の需要に応えようとしたが，利益の低下が邪魔をした。そうして新興企業への扉が開くことになった。フードテックの革新が起きている主要分野は3つある。これらの分野は今後大きな成長が予想される。

8 1つ目の「消費者フードテック」は，消費者を相手にした食品技術の開発に焦点を当てており，代替タンパク質・乳製品，栄養補助食品，宅配ミールキットが含まれる。

読解のカギ

① **(In years past), companies of consumer packaged goods (CPG) tried to satisfy growing demands (for convenient, superior-quality food).**

➡ in years past は「ここ何年かの間で」。この past は years を後ろから修飾している形容詞で，in past years と同じ意味。

➡ consumer packaged goods (CPG)「消費財」とは加工食品, 飲料, 日用品, 雑貨など，頻繁に消費者に購入され消費される品目を表す。

③ **This has left the door open (for a new wave (of "hungry" startups)).**

S　V　O　C

➡ This は前文①②の内容を指す。

➡ <leave＋O＋C> は「O を C のまま放置する」。

➡ hungry「飢えた」は強調のため「“　”(引用符)」で囲まれている。ここでは「チャンスなどをいつも探し求めている」というような意味を表している。

④ **There are three key areas {in which food tech innovations are beginning to deliver completely new and novel approaches}.**

➡ in which は <前置詞＋関係代名詞> で，in which ... novel approaches が先行詞の three key areas を修飾している。

問. 並べかえなさい。

スティーブの所属するテニスクラブには40人の部員がいる。

(Steve / to / forty members / which / has / belongs / the tennis club).

______________________________.

⑦ **This area focuses on the development (of food technologies (marketed toward the consumer)).**

➡ This area「この分野」は直前の consumer food tech を指す。

➡ focus on *A* は「*A* に焦点を当てる」。

➡ marketed は market「～を(市場に)売り込む」の過去分詞。food technologies を修飾している。

問の解答　**問.** The tennis club to which Steve belongs has forty members(.)

9～11

ポイント 工業のフードテックとは，どのような革新をもたらす技術であるか。

9 ① Fast food giants are now offering meatless burgers / on their menus, / but it doesn't end there.// ② Other companies are working / on alternative proteins / and are developing milk alternatives / that are dairy- and nut-free.// ③ They are seeking ways / to produce food and nutritional supplements / in cleaner, smarter, and more sustainable ways.//

現在ファーストフードの大企業は肉を使わないバーガーを提供している / 自社のメニュー上で / しかしそれはそこで終わらない// ほかの企業は取り組んでいる / 代替タンパク質に / そしてミルクの代替品を開発している / 乳製品とナッツ類不使用である // 彼らは道を探している / 食品と栄養補助食品を生産するための / より環境に優しく，より賢明で，より持続可能な方法で //

10 ④ The second key area is industrial food tech.// ⑤ Some companies are focusing / on the food itself, / while others are working / on how to process, package, and deliver sustainable, healthy, and innovative food.// ⑥ Industrial food tech is the part / of food tech / that focuses / on addressing the fundamental business models / within the food industry.// ⑦ These companies include innovators / in novel processing and packaging technology.//

2つ目の主要分野は工業のフードテックである // 焦点を当てている企業もある / 食品そのものに / 他社が取り組んでいる一方で / どうやって持続可能で健康的，かつ革新的な食品を加工，包装し，届けるかに // 工業のフードテックは一部である / フードテックの / 焦点を当てる / 根本的なビジネスモデルに取り組むことに / 食品産業内の // これらの企業は革新者を含む / 斬新な加工・包装技術における //

11 ⑧ In addition, / food preservation technology companies are leading the way / in reducing food waste / while improving transportation techniques / for better quality produce.// ⑨ This is a massive issue / for innovation, / as pre-consumer food waste is 40% / of all food / wasted / in the US.// ⑩ Improved food-waste management could enable an overall decrease / of the land / needed / for growing crops.//

加えて / 食品保存技術企業が先導している / 食品廃棄の削減を / 輸送技術を改善しながら / より質の高い生産物のための // これは大規模な問題である / 革新に向けての / 消費者に届く前に廃棄される食品が40%なので / すべての食品の / 廃棄される / アメリカで // 改善された食品廃棄の管理は全体的な削減を可能にするかもしれない / 土地の / 必要とされる / 作物を育てるために //

・単語・熟語チェック

□ **meatless**	形 肉なしの	□ **lead the way in *A***	熟 *A* を先導する
□ **innovative**	形 革新的な	□ **massive**	形 大きな
□ **fundamental**	形 根本的な	□ **management**	名 管理
□ **preservation**	名 保存		

本文内容チェック　**「加工・包装・配達技術の革新を目指す，工業のフードテック」**

9 ファーストフード企業は肉なしバーガーの提供や，代替タンパク質や代替ミルクの開発に取り組み，エコ・スマート・持続可能な食品生産方法を模索中である。

10 2つ目の主要分野である工業のフードテックは，持続可能で健康的，革新的な食品の基本ビジネスモデル(加工・包装・配達技術など)に焦点を当てた分野である。

11 食品保存技術企業は，農産物の運送技術を向上させ，食品廃棄の削減を主導している。消費者に届く前の食品廃棄量は，米国の食品廃棄全体の40%を占める。食品廃棄の管理を改善すれば，作物の栽培地の削減も可能かもしれない。

読解のカギ

② **Other companies are working on alternative proteins and are developing milk alternatives {that are dairy- and nut-free}.**

主格の関係代名詞

➡ that are dairy- and nut-free は先行詞 milk alternatives を修飾する関係代名詞節。

⑤ **Some companies (S) are focusing (V) on the food itself, (while others (S') are working (V') on (how to process (不定詞①), package (不定詞②), and deliver (不定詞③) sustainable, healthy, and innovative food (不定詞①②③の目的語))).**

➡ itself「それ自体，そのもの」は food を強調している。

➡ how to *do*「どうやって〜するか」が working の後の on の目的語になっている。ここでの *do*(不定詞)は process，package，deliver の3つ。

⑧ **(In addition), food preservation technology companies are leading the way (in reducing food waste) (while improving transportation techniques for better quality produce).**

➡ lead the way in *A* は「*A* を先導する」。ここでの *A* は reducing が導く動名詞句。

➡ while improving ... は分詞構文に接続詞の while を補った形，または while they are improving ... の <主語(they)＋be 動詞(are)> を省略した形と解釈できる。

問. 日本語にしなさい。

The researcher helped other researchers while carrying out his own research.

(　　　　　　　　　　　　　　　　　　　　　　　　　　　　)

⑨ **This is a massive issue (for innovation), (as pre-consumer food waste is 40% of all food wasted in the US).**

➡ This は前文⑧で触れた reducing food waste「食料廃棄の削減」を指している。

➡ as は≪理由≫を表す意味で用いられている。

➡ wasted in the US は all food を修飾する過去分詞句。

問の解答　**問.** その研究者は，自分自身の研究を行いながら，ほかの研究者の手伝いをした。

12～13

ポイント 食品供給網の企業は，フードテック産業においてどのような立場にあるか。

12 ① Food processing technologies will also play a leading role / in this field; / for example, / food inspection startups are receiving financial support / to develop food quality and foreign object detection technology.// ② This technology has the potential / not only to provide food-safety improvements / in automated foreign object detection, / but also to enable meat quality grading to be standardized and improved / over time.//

食品加工技術も主導的役割を果たすだろう / この分野において / 例えば / 食品検査の新興企業は経済的支援を受けている / 食品の品質検知と異物検出の技術を開発するための // この技術には可能性がある / 食品の安全性の向上をもたらすだけでなく / 自動異物検出での / 肉の品質のランク付けを標準化し，向上させることも可能にする / 徐々に //

13 ③ The third key area is supply chains.// ④ Food contamination incidents emphasize the importance / of improving visibility / in food supply chains.// ⑤ Some companies are helping to increase food traceability / by making new methods / of tracking where food comes from.// ⑥ Consumers are also demanding more information / about the origin / of the food / they buy.// ⑦ This has created a strong need / for innovation / in the food supply chain / to satisfy these demands.// ⑧ At the same time, / changing consumer preferences / for convenient, high-quality food service / has led to a rise / in the category / of fast-casual restaurants.// ⑨ This has put pressure / on fast food restaurants / to rethink their delivery models.//

3つ目の主要分野は供給網である // 食品の異物混入事故は重要性を強調する / 透明性の改善の / 食品の供給網における // 食品の追跡可能性を増進するための助けをしている企業もある / 新しい手法を編み出すことで / 食品がどこから来ているのかの追跡のための // 消費者たちはより多くの情報を求めてもいる / 出どころについて / 食品の / 彼らが買う // このことが強い欲求を生んだ / 革新への / 食品供給網における / これらの要求を満たしてほしいという // 同時に / 変わりつつある消費者の嗜好(しこう)が / 便利で高品質な食品提供に対する / 台頭につながった / 区分の / ファーストカジュアルレストランという // このことが圧力をかけた / ファーストフードレストランに / 彼らの提供モデルを考え直すよう //

・単語・熟語チェック

□ **inspection**	名 検査
□ **financial**	形 財政的な
□ **detection**	名 検知
□ **safety**	名 安全
□ **improvement**	名 向上
□ **automated**	形 自動化された
□ **enable *A* to *do***	熟 Aが～できるようにする
□ **standardize**	動 ～を標準化する
□ **over time**	熟 徐々に
□ **supply chain**	名 供給網
□ **chain**	名 つながり，一連
□ **contamination**	名 異物混入，汚染

□ **incident**	名 事故	□ **casual**	形 カジュアルな，気軽な
□ **visibility**	名 透明性	□ **put [place] pressure on *A* to *do***	熟 ～するよう *A* に圧力をかける
□ **traceability**	名 追跡可能性	□ **rethink**	動 ～を考え直す
□ **preference**	名 嗜好，好み	□ **delivery**	名 提供，配送
□ **category**	名 区分，分野		

本文内容チェック 「食品供給網のフードテックにどのような改革が求められているか」

12 食品加工技術も工業のフードテックを先導するだろう。食品検査の新興企業は資金支援で品質検知や異物検出技術を開発している。この技術は，食品の安全性を向上させるだけでなく，食肉のランク付けを標準化し，向上させる可能性も秘めている。

13 3つ目の主要分野は供給網である。異物混入事故は，食品供給網の透明性の重要性を浮き彫りにする。一部の企業は食品を追跡する新しい手法を編み出している。消費者は産地情報に関心を強め，供給網企業に革新が求められてきている。同時に，便利かつ高品質な食事を求める消費者の嗜好の変化に応じ，ファーストカジュアルレストランが台頭し，ファーストフード店は提供モデルの見直しを迫られている。

読解のカギ

② **This technology has the potential (not only to provide food-safety improvements in automated foreign object detection), (but also to enable meat quality grading (to be standardized and improved over time)).**

➡ a potential to *do* は「～する可能性，潜在能力」。ここでは to *do* が not only *A*, but also *B*「*A*(=to provide)だけでなく *B*(=to enable)も」の形で2つ示されている。

➡ foreign object は「異物」。

⑤ **Some companies are helping to increase food traceability (by making new methods of tracking (where food comes from)).**

➡ help to *do* は「～するための助けとなる，～するのを促進する」。

➡ <track＋where 節> は「どこ(で[に])～かを追跡する」。

⑧ **(At the same time), changing consumer preferences (for convenient, high-quality food service)** [S] **has led** [V(現在完了形)] **to a rise in the category of fast-casual restaurants.**

➡ changing は consumer preferences for ... service を形容詞的に修飾する現在分詞。

➡ a preference for *A* は「*A* に対する嗜好，*A* を好むこと」。

➡ lead to *A* は「(結果として)*A* につながる，*A* をもたらす」。

➡ rise は名詞で，「台頭，高まり」という意味。

問. ＿＿を埋めなさい。

赤ワインか白ワインか，好みはありますか。

Do you have a ________ ________ red or white wine?

問の解答 **問.** preference for

14～16

ポイント フードテックには今後，どのようなことが期待されているか。

14 ① Such a new delivery model can be found / in companies / which sell chef-made meals and snacks / in vending machines or automated convenience stores.//
そのような新しい提供モデルは見られる / 企業で / 料理人が作った食事や軽食を売る / 自動販売機や自動化されたコンビニエンスストアで //

② Another is a company / that uses AI and machine / learning to prepare healthy food.//
もう1つは企業である / 人工知能と機械を使う / 健康的な食品を用意する方法を学習する //

③ Others have introduced robots / that deliver food / from restaurants and local stores.//
そのほかはロボットを導入した / 食品を配達する / レストランや地元のお店から //

15 ④ Innovators / in the food supply chain / are also focused / on traceability, sustainability, improving freshness, and stopping food waste.//
革新者たちは / 食品供給網における / 焦点を当ててもいる / 追跡可能性，持続可能性，新鮮さの向上，そして食料廃棄を止めることに //

⑤ For example, / there are companies / which deliver fresh food / in reusable packaging, / while another encourages companies / in the food supply chain / to "shop ugly" / by using imperfect or surplus produce / that would have otherwise gone to waste.//
例えば / 企業がある / 生鮮食品を提供する / 再利用可能な包装で / 別の企業が企業に勧める一方で / 食品供給網の / 「不格好な買い物をする」よう / 不完全な，または余剰の生産物を使って / そうでなければ廃棄になっていただろう //

16 ⑥ Food tech will continue / to play an increasingly critical role / in how the food we eat is produced, / how it is packaged, / how it is delivered, / how it tastes, / and how resources are reused.//
フードテックは続けるだろう / 重要度を増す役割を果たすことを / 私たちが食べる食品がどのように生産されるのかにおいて / どのようにそれが包装されるのか(において) / どのようにそれが提供されるのか(において) / それがどのような味がするのか(において) / そして資源がどのように再利用されるのか(において) //

⑦ It is hoped / that food tech will help / to increase the delivery of healthier, more sustainable food systems / for the world.//
～が望まれている / フードテックが助けになること / より健康的で，より持続可能な食糧システムの提供を増加させる / 世界に向けた //

⑧ After all, / we are what we eat.//
そもそも / 私たちは私たちが食べるものでできている //

・単語・熟語チェック

□ **vending machine**	名	自動販売機
□ **reusable**	形	再利用可能な
□ **ugly**	形	不格好な
□ **imperfect**	形	不完全な
□ **surplus**	形	余剰の
□ **go to waste**	熟	廃棄になる
□ **critical**	形	重要な

本文内容チェック　**「持続可能性に関して世界的に重要な役割を担うフードテック」**

14 新しい提供モデルとして，自動販売機や自動化されたコンビニでの料理の提供や，AIや機械を使った健康的な食事作り，ロボットによる食品配達を行う企業がある。

15 食品供給網における革新的企業は，追跡可能性と持続可能性を重視するほか，再利用可能な包装で生鮮食品を提供したり，廃棄されるはずだった農産物を使うよう，ほかの企業に推奨したりしている。

16 フードテックは，食品の生産，包装，提供の方法や味，そして資源の再利用方法において重要な役割を果たし続けるだろう。フードテックが，より健康的で持続可能な食糧システムが世界にもたらされる一助になることが望まれている。

読解のカギ

⑤ **(For example), there are companies {which deliver fresh food in reusable packaging}, while another encourages companies (in the food supply chain) to "shop ugly" (by using imperfect or surplus produce {that would have otherwise gone to waste}).**

（companies ← which：主格の関係代名詞）（imperfect or surplus produce ← that：主格の関係代名詞）

➡ which deliver ... packaging は先行詞 companies を修飾する関係代名詞節。

➡ encourage *A* to *do* は「*A* に～することを勧める」。

➡ imperfect「不完全な」は「(農産物が)規格外(の形)の」ということを表している。

➡ that would have otherwise gone to waste は先行詞 imperfect or surplus produce を修飾する関係代名詞節。

➡ would have ... gone は仮定法過去完了(<would have＋過去分詞>)の形になっている。過去の事実に反する内容を表し，「～になっていただろう(が，実際はならなかった)」という意味を表す。条件節(if 節)はないが，otherwise が≪仮定≫を表す。

問. ___ を埋めなさい。

私はタクシーに乗った。そうでなければ飛行機に間に合っていなかっただろう。

I took a taxi. Otherwise I ______ ______ ______ my flight.

⑦ **It is hoped (that food tech will help to increase the delivery of healthier, more sustainable food systems for the world).**

（It：形式主語 ←── 真の主語(that 節)）

➡ It は形式主語で，真の主語は後ろの that 節。<it is hoped that 節> で「～ということが望まれている」という意味になる。

⑧ **After all, we are (what we eat).**

➡ after all は「そもそも，何しろ」。

➡ what は関係代名詞で，「私たちが食べるもの」という意味の名詞節をつくっている。we are what we eat は「私たちは私たちが食べるものだ → 私たちは私たちが食べるものでできている」と訳せる。

問の解答　**問.** would have missed

TRY1 Overview ヒント

You are writing a passage review. Complete the chart.
（あなたは文章の一節のレビューを書いています。表を完成させなさい。）

Introduction → 第 1～3 パラグラフ
Recent trends → 第 4～6 パラグラフ
New wave → 第 7 パラグラフ
Three key areas of food tech → 第 8～15 パラグラフ
Conclusion → 第 16 パラグラフ

ⓐ いくつかの企業は，食品や栄養補助食品をより環境に優しく，より賢明で，より持続可能な方法で生産しようとする。
ⓑ 食品検査の新興企業は食品の品質検知と異物検出の技術を開発しようとする。
ⓒ 3 つの主要分野は，便利で優れた品質の食品への増加する需要を満たすために，新しい手法を提供し始めている。
ⓓ フードテックは重要な役割を担い続けるだろう。
ⓔ 食品産業は，世界で最も大きな産業であるが，消費者の需要を考慮した生産に関する試練に直面している。
ⓕ いくつかの企業は，生鮮食品を再利用可能な包装で提供する。
ⓖ 消費者フードテックは，消費者の需要を満たすための技術の開発に焦点を当てる。
ⓗ 供給網における革新者たちは，追跡可能性，持続可能性，新鮮さの向上，そして食料廃棄を止めることに焦点を当てる。
ⓘ アグテックの革新者たちは，科学技術の力を食糧供給を増やすために使う。
ⓙ 工業のフードテックは，食品の加工や包装といった，根本的なビジネスモデルに取り組むことに焦点を当てる。
ⓚ フードテックは，品質を犠牲にすることなく，食料の消費を改善し，ごみを減らしている。

TRY2 Main Idea ヒント

Mark the main idea M, the sentence that is too broad B, and the sentence that is too narrow N.（話の本旨になるものにはＭを，広範すぎる文にはＢを，限定的すぎる文にはＮの印を書きなさい。）

1 食品産業は，消費者の要求からくる試練に直面していて，そしてその問題を解決するために科学技術を使う。
2 アグテックの革新は温室効果ガスのレベルを下げようと試みるものである。
3 食べ物は私たち人間にとって重要である。

TRY3 Details ヒント

Answer T (true) or F (false).（正誤を答えなさい。）

1 第 2 パラグラフに食費の割合の推移についての記述がある。 → 教 p.126, ℓℓ.5～8
2 第 3 パラグラフに消費者動向についての記述がある。 → 教 p.126, ℓ.11
3 第 4 パラグラフにアグテックの革新者たちがすることについての記述がある。 → 教 p.126, ℓℓ.14～16

4 第6パラグラフに消費者が求めるものについての記述がある。→ 教 p.126, ℓℓ.24〜26

5 第8パラグラフに食事キットの宅配についての記述がある。 → 教 p.127, ℓℓ.4〜5

6 第11パラグラフに消費者に届く前に廃棄される食品の割合についての記述がある。 → 教 p.127, ℓℓ.19〜20

7 第13パラグラフにファーストフード店が考え直すようになったことについての記述がある。 → 教 p.127, ℓℓ.35〜36

8 第14パラグラフに自動販売機で料理人が作った食事や軽食を売る企業についての記述がある。 → 教 p.128, ℓℓ.1〜2

TRY4 Making Judgments ヒント

Choose the most suitable answer.（最も適切な答えを選びなさい。）

1 筆者がこの文章を書いた目的は何か考える。

2 本文内での筆者の主張と一致するものを選ぶ。

TRY5 Deeper Understanding ヒント

Discuss the following with your partner.（次のことについてパートナーと話し合いなさい。）

議題の訳

代替食品や食品ロスを減らすための努力で，何か知っているものはありますか。それについて何を知っていますか。

→ 代替食品には菜食主義者向け，アレルギー対策などの目的で作られたものがある。「食品ロス」とは売れ残り，期限切れ，規格外などの理由で食品が廃棄されることで，例えば賞味期限の近い食品を値下げして売ることなども食品ロス対策と言える。

TRY6 Retelling ヒント

Content Retelling

本文要約例

食品と農業は70億人の**顧客**を持つ，世界で最も大きな産業である。2018年に米国内で飲食に費やされた金額は1兆7,100億ドルに上る。しかし，持続可能性，健康，鮮度への関心の高まりからくる**消費者の需要**の変化により，食品産業は現在，食品生産に関する**課題に直面している**。

近年，革新的な**アグテック**企業が世界の**食糧供給**を増進する技術や，持続可能性を目指した農業技術を生み出してきている。一方，**フードテック**企業は，**食品の消費**を改善し，**廃棄物**を減らすことで環境問題に取り組む。投資家たちもこの分野に注目している。また，消費者は自分の食べるものの出どころや環境への負荷を気にするようになってきている。

消費財メーカーは当初，**便利で優れた品質の食品**の需要に応えようとしたが，利益の低迷でそれを断念した。そこに**新興企業**が参入し，新しい波を起こした。フードテックの革新により**新しい手法**が生まれている分野には，3つの主要なものがある。

1つ目は**消費者フードテック**である。この分野は消費者の要求**を満たす**ことを目標とする。代替食品，栄養補助食品，宅配食事キットなどの提供がそこに含まれる。2つ目は**工業のフードテック**である。この分野は食品の加工，包装，配送などの**根本的なビジネスモ**

デルを扱う。3つ目は**供給網**である。この分野では，食品の**追跡可能性**を高める技術や，自動販売機やロボットなどを使って料理を提供する方法の開発が行われている。また，廃棄されるはずの規格外の農産物や余剰農産物の使用を奨励し，**食品廃棄**を食い止める供給網企業もある。

フードテックは食品の生産方法，提供方法，味，資源の再利用などに関して**重要な役割**を担い続けるだろう。フードテックが，**より健康的**で**より持続可能な**食糧システムが世界にもたらされる一助になることが期待されている。

Interactive Retelling

The first key area	The second key area	The third key area
・Consumer food tech aims to satisfy consumer demands. ・Example: 代替食品，栄養補助食品，宅配食事キット	・工業のフードテック ・Example: 食品の加工・包装・提供，品質・異物検知装置	・供給網 ・Example: 食品情報の追跡技術，食品提供の機械化

Retelling with Your Opinions

フードテックはあなたの日常生活の中でどのように使われていますか。あなたの意見もまじえて，本文を Retelling しなさい。

意見を伝える表現：

・I have been to a restaurant that serves ○○ .
（私は○○を提供するレストランに行ったことがある。）

・It is an effective way to reduce [improve] ○○ .
（それは○○を削減する［向上させる］のに有効な手段である。）

Speaking ヒント

Role play

❶お互いに対して次の質問をしなさい。

・食べ物を無駄にしたことはありますか。

・あなたが食べ物を無駄にした理由は何ですか。

➡自らの体験が思い浮かばなくても，相手の返答がヒントになって似たような経験を思い出すこともある。

使える表現：

・I ordered more food than I could finish at a restaurant.
（私はレストランで食べられる以上の食べ物を頼んでしまった。）

・I let the food I had in my refrigerator expire.
（私は冷蔵庫の食べ物の消費期限を切れさせてしまった。）

❷ペアを組みなさい。1人が子どもになり，もう一方が親になる。食品廃棄を減らすためにあなたたちができることについて会話しなさい。

使える表現：

・carefully consider whether food can be consumed before the expiration date
（消費期限までに食品が消費できるかよく考える）

・learn more dishes to avoid wasting ingredients in cooking
（調理で素材を無駄にしないようにもっと料理を覚える）

・eat whatever I am served without being picky
（好き嫌いをしないで私に出されたものは何でも食べる）

Writing ヒント

私たちの日常生活と科学技術

❶ブレイン・ストーミング

あなたはこれらの変化が人々の暮らし方を向上させたと思いますか。どの変化がより環境に優しいと思いますか。便利さ，廃棄，エネルギーなどの観点について考えなさい。

❷主題についてあなたの意見を書きなさい

概略を考え，その概略にしたがって３つか４つの段落を書きなさい。

主題：「あなたは技術的な進歩が日常生活をより環境に優しいものにしたと思うか」

使える表現：

・Energy consumption of home appliances is progressively decreasing.
（家電製品のエネルギー消費はどんどん少なくなってきている。）

・Most home appliance manufacturers are trying to improve the recyclability of their products.
（家電メーカーのほとんどが製品のリサイクル性を向上させようとしている。）

Enrich Your Vocabulary ヒント

・単語・熟語チェック

□ **skyrocket**	動 跳ね上がる	□ **stock**	名 株式
□ **escalate**	動 急上昇する	□ **fraud**	名 詐欺(行為)
□ **plunge**	動 急落する	□ **import**	名 輸入
□ **plummet**	動 急落する	□ **tapioca**	名 タピオカ

Describe

❶次の図表を上の表現を使って説明しなさい。

例：

Recently, the number skyrocketed. (最近，その数が跳ね上がった。)

It is declining in a zigzag pattern. (それはジグザグしながら下降している。)

❷次のグラフは右の項目の１つを示している。答えを選び，理由も述べよ。

例：

The numbers soared only during certain periods.

(それらの数字は特定の期間にだけ急上昇した。)

定期テスト予想問題

解答 ➡ p.243

1 日本語の意味に合うように，____に適切な語を入れなさい。

(1) 彼らは新しい治療法の探求を先導している。
They __________ the __________ in finding new treatments.

(2) 練習すれば，あなたの技術は徐々に向上するだろう。
With practice, your skills will develop __________ __________.

(3) 彼女は社会生活を犠牲にして成功した。
She became successful __________ the __________ of her social life.

2 ____に適切な語を入れて，次の文を書きかえなさい。

(1) He hurt his leg while he was practicing with his soccer team.
→ He hurt his leg __________ __________ with his soccer team.

(2) Saving money made it possible for us to buy the new house.
→ Saving money __________ us __________ buy the new house.

3 日本語に合うように，(　)内の語句を並べかえなさい。

(1) 彼らは自分たちの会社そのものを変えようとしている。
(itself / change / are / to / their / they / company / trying).
______________________________.

(2) これらの壊れた椅子は廃棄になる予定だ。
(chairs / waste / are / broken / going / these / to).
______________________________.

(3) コーチは選手たちに最高のパフォーマンスを見せるよう圧力をかけた。
(pressure / the players / placed / to / best / performance / give / the coach / on / their).
______________________________.

(4) そのコンサートのチケットはすぐに売り切れるだろうと予測されている。
(the / anticipated / it / concert / out / tickets / will / is / that / sell) quickly.
______________________________ quickly.

4 次の英語を日本語に訳しなさい。

(1) Regular exercise can prevent you from getting sick.
(　　　　　　　　　　　　　　　　　　　　)

(2) People are valuing their health more than ever.
(　　　　　　　　　　　　　　　　　　　　)

(3) Good communication plays a significant role in building strong relationships.
(　　　　　　　　　　　　　　　　　　　　)

5 次の英文を読んで，後の問いに答えなさい。

① There is no bigger industry on our planet than food and agriculture, with seven billion customers. In fact, ② (that / global / the World Bank / food / 10% / GDP / agriculture / the / comprise / and / estimates / about / of).

On the food front, a record $1.71 trillion was spent in 2018 on food and drinks at stores and away-from-home meals and snacks in the United States alone. During ③ the same year, 9.7% of Americans' personal income was spent on food—5% at home and 4.7% away from home— ④ a percentage that has remained about the same during economic changes over the past 20 years.

(1) 下線部①の英語を日本語に訳しなさい。

(　　　　　　　　　　　　　　　　　　　　　　　　　　　　　　)

(2) 下線部②が「世界銀行は食品と農業が全世界の GDP の約 10%を占めると試算している」という意味になるように，(　)内の語句を並べかえなさい。

____.

(3) 下線部③を具体的に表す数字を抜き出しなさい。

____

(4) 下線部④を具体的に表す数値を抜き出しなさい。

____________%

6 次の英文を読んで，後の問いに答えなさい。

① In recent years, agricultural technology or agtech innovators have created exciting new ways to use the power of technology to enhance the world's food supply. Agtech innovations are protecting and increasing crops— ② (enable) changes in the agriculture system that could achieve ③ the important sustainability goals of lowering greenhouse gases, reducing water use, and reducing deforestation.

(1) 下線部①の英語を日本語に訳しなさい。

(　　　　　　　　　　　　　　　　　　　　　　　　　　　　　　)

(2) 下線部②の(　)内の語を適切な形に書きかえなさい。

____

(3) 下線部③は具体的に何を指すか。日本語で答えなさい。

(　　　　　　　　　　　　　　　　　　　　　　　　　　　　　　)

Lesson 9 Praying Hands

1～2

ポイント 金細工師の家に生まれた年長の2人の息子はどのような夢を抱いていたか。

1 ① Back in the 15th century, / in a small village near Nuremberg / lived a family /
さかのぼること15世紀に / ニュルンベルクの近くの小さな村に / 家族が住んでいた /
with 18 children.// ② Eighteen!// ③ In order merely to keep food on the table /
18人の子どもがいる // 18人！ // ただ食卓に食べ物を並べ続けるために /
for this family, / the father and head of the family, / a goldsmith by profession, /
この家族のための / 父親であり家族の長は / 金細工師をなりわいとする /
worked almost 18 hours a day / at his trade / and any other paying job / he could
1日ほぼ18時間働いた / 自分の商売をして / そしてあらゆるほかの賃金仕事（をして） / 彼が
find in the neighborhood.//
近隣で見つけられた //

2 ④ Despite their seemingly hopeless condition, / two of his elder sons, / Albrecht
見たところ絶望的な彼らの状況にもかかわらず / 彼の年長の息子2人は / アルブレヒト
and Albert, / had a dream.// ⑤ They both wanted / to pursue their talent for art, /
とアルバート / 夢を持っていた // 彼らは2人とも望んでいた / 自分たちの芸術の才能を追求することを /
but they knew full well / that their father would never be financially able to send /
しかし彼らは十分よく知っていた / 彼らの父親は経済的に行かせることは決してできないと /
both of them / to Nuremberg / to study / at the arts academy.//
彼らの両方を / ニュルンベルクへ / 勉強するために / 美術の専門学校で //

・単語・熟語チェック

□ merely	副 ただ，単に
□ goldsmith	名 金細工師
□ by profession	熟 なりわいとして
□ profession	名 職業，なりわい
□ neighborhood	名 近所，近隣
□ seemingly	副 見たところ
□ elder	形 年長の
□ pursue	動 ～を追求する
□ talent	名 才能
□ financially	副 経済的に
□ academy	名 専門学校，アカデミー

本文内容チェック 「美術の専門学校に行く夢を持っていたアルブレヒトとアルバート」

1 15世紀のニュルンベルクの近くに，18人の子どもがいる家族が住んでいた。家族の父親は金細工師だったが，一家を養うためほかの仕事もしながら1日ほぼ18時間働いた。

2 年長の息子2人，アルブレヒトとアルバートは，両方が芸術の才能を磨きたいと思っていたが，彼らが美術学校で学ぶためにニュルンベルクへ行くことは経済的に不可能だということを十分に理解していた。

読解のカギ

① **(Back in the 15th century), (in a small village near Nuremberg) lived a family (with 18 children).**
(lived: V / a family: S)

➡ Back in the 15th century という≪時≫を表す副詞句と，in a small village near Nuremberg という≪場所≫を表す副詞句が文頭に出て倒置が起こり，<V+S> の語順になっている。

➡ back は「さかのぼって」という意味の副詞。≪時≫を表す副詞句を修飾して，かなり前の出来事であることを強調している。

③ **(In order (merely) to keep food (on the table) (for this family)), the father and head of the family, a goldsmith by profession, worked almost 18 hours a day (at his trade and any other paying job {he could find (in the neighborhood)}).**
(the father and head of the family: S = a goldsmith by profession / worked: V / (which [that]) → any other paying job)

➡ 副詞の merely が in order to *do*「～するために」の to 不定詞の前に挿入されている。

➡ this family は前文①の a family with 18 children のことを指している。

➡ <work＋(時間を表す語句)> は「～(の時間)働く」。work の後に前置詞は不要。

➡ job の後ろには目的格の関係代名詞 which [that] が省略されている。(which [that]) he could find in the neighborhood が先行詞の any other paying job を修飾している。

➡ at の目的語は，and でつながれた his trade と any other ... neighborhood である。

問. ＿＿を埋めなさい。

あなたの仕事はただこれらの植物の世話をするだけだ。

Your job is ＿＿＿＿＿＿ to take care of these plants.

④ **(Despite their seemingly hopeless condition), two of his elder sons, Albrecht and Albert, had a dream.**
(two of his elder sons: S = Albrecht and Albert / had: V / a dream: O)

➡ despite は「～にもかかわらず」という意味の前置詞。

➡ seemingly は「見たところ」という意味の副詞。hopeless を修飾している。

⑤ **They both wanted to pursue their talent for art, but they knew full well (that their father would never be financially able to send both of them to Nuremberg (to study at the arts academy)).**

➡ *one*'s talent for *A* は「*A* の才能」。

➡ full は well を修飾する副詞。knew full well で「十分よく知っていた」。

➡ be able to *do* は「～できる」。

➡ both of *A* は「*A* の両方」。

➡ to study ... は to 不定詞の副詞的用法。「～するために」という≪目的≫の意味を表す。

問の解答 問. merely [only, just]

3～4

ポイント 2人の兄弟は夢をかなえるための取り決めで，どのような4年間を過ごしたか。

3 ① After many long discussions at night / in their crowded bed, / the two boys finally worked out an agreement.// ② They would toss a coin.// ③ The loser would go down / into the nearby mines, / and with his earnings, / support his brother / while he attended the academy.// ④ Then, / when the brother / who won the toss / completed his studies / in four years, / he would support the other brother / at the academy, / either with the sales of his artwork / or, / if necessary, / also by working in the mines.//

夜に何度も長い話し合いをした後 / 混み合ったベッドの中で / その2人の少年はついに合意に達した // 彼らは硬貨を投げることにした // 負けた者は行く / 近くの鉱山へ / そしてその稼ぎで / 自分の兄弟の支援をする / 彼が専門学校へ通う間 // そして / 兄弟が～とき / 硬貨投げに勝った / 彼の勉強を終えた / 4年後に / 彼がもう片方の兄弟の支援をする / 専門学校にいる / 自分の制作活動の売り上げで / あるいは / 必要であれば / さらに鉱山で働くことで //

4 ⑤ They tossed a coin / on a Sunday morning after church.// ⑥ Albrecht Dürer won the toss / and went off to Nuremberg.// ⑦ Albert went down / into the dangerous mines, / and for the next four years, / supported his brother, / whose work at the academy was almost an immediate sensation.// ⑧ Albrecht's works of art were far better / than those of most of his professors, / and by the time he graduated, / he was beginning / to earn considerable amounts of money / for them.//

彼らは硬貨を投げた / 日曜日の朝，教会の礼拝の後で // アルブレヒト・デューラーが その硬貨投げに勝った / そしてニュルンベルクへ出て行った // アルバートは行った / 危険な鉱山へ / そしてその後4年間 / 彼の兄弟を支援した / そして彼の作品は専門学校でほとんどすぐに大評判になった // アルブレヒトの芸術作品ははるかに優れていた / 彼のほとんどの教授の作品より / そして卒業するころまでには / 彼は始めていた / 相当な額のお金を稼ぐことを / それらで //

・単語・熟語チェック

□ **discussion**	名 議論，話し合い	□ **if necessary**	熟 必要であれば
□ **agreement**	名 合意，一致	□ **go off to *A***	熟 *A* へ出て行く
□ **toss**	動 ～を投げる	□ **immediate**	形 即座の
□ **loser**	名 敗者，負けた人	□ **sensation**	名 大評判，物議
□ **earnings**	名 稼ぎ，所得	□ **by the time S+V**	熟 S が V するころまでには
□ **artwork**	名 芸術作品	□ **considerable**	形 相当な，かなりの

本文内容チェック **「1人が鉱山で働き，もう一方の学費を稼ぐことにした2人の兄弟」**

3 アルブレヒトとアルバートは硬貨を投げ，負けたほうが鉱山へ行くことで勝ったほうが専門学校へ行くのを支援し，そして勝ったほうは4年後に勉強を終えた後，作品の売り上げなどで負けたほうが学校へ行く支援をしようという取り決めをした。

4 硬貨を投げて勝ったアルブレヒトがニュルンベルクへ行き，アルバートは危険な鉱山へ行きアルブレヒトを4年間支援した。アルブレヒトの作品はすぐに大評判となり，卒業のころまでには，彼は相当な額を稼ぐようになった。

読解のカギ

④ **Then, (when the brother {who won the toss} completed his studies (in four years)), he would support the other brother (at the academy), (either with the sales (of his artwork) or, (if necessary), also by working (in the mines)).**

（who → the brother：主格の関係代名詞）

➡ who won the toss は先行詞 the brother を修飾する関係代名詞節。the toss は「硬貨投げ」のこと。

➡ would は過去における未来を表す。

➡ at the academy は the other brother を修飾している。

➡ either *A* or *B* は「*A* か *B* か」。ここでは *A* に with the sales of his artwork, *B* に also by working in the mines という副詞句がきている。

➡ if necessary は挿入句で,「もし必要ならば」という意味の慣用的な表現。if と necessary の間に it is が省略されている。

⑦ **Albert went down (into the dangerous mines), and (for the next four years), supported his brother, {whose work (at the academy) was almost an immediate sensation}.**

（Albert：S　went：V　supported：V　his brother：O　whose → his brother：所有格の関係代名詞）

➡ for the next four years「その後4年間」は supported his brother を修飾している。

➡ whose 以下は先行詞 his brother について説明を加える所有格の関係代名詞節。前に「,(コンマ)」があるので非限定用法。whose work at the academy が節内の主語。

問. 並べかえなさい。

私はジェイという名前のアメリカ人と話したのだが，その人の姉は日本に住んでいる。
(an American / I / with / Jay / Japan / whose / talked / in / sister / lives / named / ,).

____.

⑧ **Albrecht's works of art were far better (than those of most of his professors), and (by the time he graduated), he was beginning to earn considerable amounts of money for them.**

➡ far は比較級を修飾して「はるかに」という意味を表す。ここでは Albrecht's works of art と those of most of his professors を比べ，両者の差が大きいことを表している。

➡ those は前出の複数名詞(the works of art)の繰り返しを避けるために使われている。

➡ earn *A* for *B* は「*B* で *A*(お金)を稼ぐ」。前置詞の for は≪交換・対価≫を表す。

➡ them は Albrecht's works of art を受けた代名詞の目的格。

問の解答　**問.** I talked with an American named Jay, whose sister lives in Japan(.)

5 ~ 6

ポイント 帰省したアルブレヒトとアルバートは何を話したか。

5 ① When the young artist returned to his village, / the Dürer family held a big
その若い芸術家が彼の村へ戻ったとき / デューラー家は盛大な夕食会を

dinner / to celebrate Albrecht's homecoming.// ② After a long and memorable meal, /
催した / アルブレヒトの帰郷を祝うために // 長時間にわたる思い出に残る食事の後 /

together with music and laughter, / Albrecht rose from his honored position / at the
音楽と笑い声の中 / アルブレヒトは栄誉ある位置から立ち上がった /

head of the table / to make a toast to his beloved brother / for the years of sacrifice /
食卓の上座の / 愛する兄弟に向けて乾杯するために / 何年間もの犠牲に対して /

that had enabled Albrecht to fulfill his dream.// ③ His closing words were, / "And
アルブレヒトが彼の夢を実現できるようにしてくれた // 彼の締めのことばは~だった / 「さて

now, / Albert, / blessed brother of mine, / it is your turn.// ④ Now you can go /
/ アルバート / 神の恵みを受けた私の兄弟 / 今あなたの番が来た // 今ならあなたは行ける /

to Nuremberg / to pursue your dream, / and I will take care of you."//
ニュルンベルクへ / あなたの夢を追うために / そして私があなたの面倒を見るつもりだ」 //

6 ⑤ All heads turned / in eager expectation / to the far end of the table / where
全員の顔が向いた / 強い期待を持って / 食卓の遠い端のほうへと /

Albert sat, / tears running down his face, / shaking his lowered head / from side to
アルバートの座る / 彼の顔には涙が伝っていて / 下げた頭を振りながら / 左右に

side / while he cried and repeated over and over, / "No ..., no ..., no ..., no."//
/ 泣いて，何度も繰り返しながら / 「駄目だ…，駄目だ…，駄目だ…，駄目だ…」と //

⑥ Finally, / Albert rose / and wiped the tears from his cheeks.// ⑦ He glanced /
ようやく / アルバートは立ち上がった / そして頬から涙を拭いた // 彼はちらりと見た /

down the long table / at the faces / of those he loved, / and then, / holding his hands
長い食卓に沿って / 顔を / 彼が愛する人たちの / そしてそれから / 右頬の近くに両手を

close to his right cheek, / he said softly, / "No, / brother.// ⑧ I cannot go / to
上げながら / 彼は静かに言った /「いいや / 兄弟よ // 私は行けない /

Nuremberg.// ⑨ It is too late for me.// ⑩ Look ..., / look what four years in the
ニュルンベルクへは // 私には遅すぎる // 見てくれ… / 鉱山での4年間がしたことを

mines have done / to my hands!// ⑪ The bones / in every finger / have been broken /
見てくれ / 私の両手に！ // 骨が / すべての指の / 折れたことがある /

at least once, / and lately / I have been suffering / from such bad pains in my right
少なくとも一度は / そして最近では / 私は苦しんでいるので / 右手のとてもひどい痛みに

hand / that I cannot even hold a glass / to return your toast, / much less make the
/ コップを握ることさえできない / あなたに乾杯を返すために / ましてや，絵の繊細な

delicate lines of a picture / with a pen or a brush.// ⑫ No, / brother ..., / for me /
線を描くことなんてできない / ペンや絵筆で // 無理だ / 兄弟よ… / 私には /

it is too late."//
もう遅すぎる」と //

・単語・熟語チェック

□ homecoming	名 帰郷，帰省	□ expectation	名 期待
□ memorable	形 記憶に残る	□ from side to side	熟 左右に
□ make a toast to *A*	熟 *A* に向けて乾杯する	□ wipe	動 ～を拭く，拭う
□ toast	名 乾杯，祝杯	□ cheek	名 頬
□ beloved	形 最愛の，愛しい	□ glance	動 ちらっと見る
□ blessed	形 神の恵みを受けた	□ softly	副 静かに
□ in expectation	熟 期待を持って	□ not *A*, much less *B*	熟 *A* でなく，ましてや *B* でない
□ eager	形 切望した		

本文内容チェック　「鉱山で働いた影響で繊細な線を描けない手になっていたアルバート」

5 アルブレヒトが村に戻ってきて，祝いの夕食会が開かれた。彼はアルバートの犠牲に乾杯をし，次はアルバートが夢を追うためにニュルンベルクへ行く番であると言った。

6 アルバートは，鉱山での4年間ですべての指の骨を少なくとも1回は折ってしまっていた。最近は右手がひどく痛み，繊細な線を描くことなどできないため，自分はもうニュルンベルクへ行くには遅すぎるとアルブレヒトに答えて言った。

読解のカギ

⑤ **All heads turned (in eager expectation) (to the far end of the table {where Albert sat, (tears running down his face), (shaking his lowered head from side to side) (while he cried and repeated over and over, "No ..., no ..., no ..., no.")})**

➡ in expectation は「期待を持って」。形容詞 eager が expectation を修飾している。

➡ where 以下は≪場所≫を表す先行詞 the far ... the table を修飾する関係副詞節。

➡ tears ... face は独立分詞構文。ここでは分詞構文の意味上の主語は tears で，分詞構文が修飾する節の主語 Albert と一致しないため，分詞 running の前に意味上の主語 tears が置かれている。≪付帯状況≫の意味を表す。

➡ shaking ... to side は「～しながら」という意味を表す分詞構文。分詞の意味上の主語 Albert は修飾する節の主語と同じなので省略されている。

➡ lowered は lower「～を低くする」の過去分詞で，直後の head を修飾している。

➡ from side to side は「左右に」。

⑦ **He glanced down the long table at the faces of those {he loved}, and then, (holding his hands close to his right cheek), he said softly, "No, brother.**

(who [whom])

➡ those (who [whom]) ～の形で「～する人々」という意味を表す。

➡ holding his hands ... cheek は「～しながら」という意味を表す分詞構文。

問. 日本語にしなさい。

I was impressed by the hard work of those I worked with.

(　　　　　　　　　　　　　　　　　　　　　　　　　　　　　　　)

問の解答　**問.** 私は一緒に働いた人たちの懸命な働きに感銘を受けた。

7〜9

ポイント アルブレヒトが描いた『手』は，私たちに何を教えてくれるか。

7 ① More than 500 years have passed.// ② Now, / Albrecht Dürer's hundreds of
500 年以上が経った // 今では / アルブレヒト・デューラーの何百もの
works of art / such as portraits, sketches, watercolors, and woodcuts / hang in every
芸術作品は / 肖像画，スケッチ，水彩画，そして版画といった / 世界中のあらゆる
great museum in the world, / but the odds are great / that you, / like most people, /
大きな美術館の壁にかかっている / しかし，可能性が高い / あなたは〜という / ほとんどの人がそうであるように /
are familiar with only one of Albrecht Dürer's works.// ③ More than merely being
アルブレヒト・デューラーの作品のうち１つだけをよく知っている // それを単によく知っている
familiar with it, / you very well may have a reproduction hanging / in your home or
どころか / あなたが複製画をかけていることは十分にあり得る / 家やオフィスで
office.//
//

8 ④ One day, / to show his respect to Albert / for all that he had sacrificed, /
ある日 / アルバートへの敬意を表すため / 彼が犠牲にしてきたすべてに対して /
Albrecht Dürer carefully drew his brother's damaged hands / with palms together /
アルブレヒト・デューラーは彼の兄弟の傷ついた手を丁寧に描いた / 手のひらを合わせて /
and thin fingers stretched upward.// ⑤ He called his powerful drawing simply
そして細い指が上向きに伸ばされた状態で // 彼は自分の力強い線画を単に『手』と呼んだ
Hands, / but the entire world almost immediately opened their hearts / to his great
/ しかし，全世界がほとんどすぐに心を開いた / 彼のすばらしい
masterpiece / and renamed it *Praying Hands*.//
傑作に / そしてそれを『祈りの手』と命名し直した //

9 ⑥ The next time you see a copy / of that touching creation, / take a second look.//
次にあなたが複製を目にするとき / その感動的な創作品の / もう一度見直しなさい //
⑦ Let it be your reminder, / if you still need one, / that no one— / no one ever— /
それを思い出させてくれるものにしなさい / それがまだ必要なら / だれも〜ということを / だれひとりとしても /
makes it alone.// ⑧ Remember to sincerely thank / those who have helped you /
自分だけでは成功できない // 心から感謝することを覚えていてほしい / 助けてきてくれた人たちに /
to get where you are.//
あなたが今いるところへ到達するよう //

・単語・熟語チェック

□ **portrait**	名 肖像画
□ **sketch**	名 スケッチ，写生画
□ **watercolor**	名 水彩画
□ **woodcut**	名 木版画
□ **the odds are great that S+V**	熟 S が V する可能性が高い
□ **odds**	名 可能性，見込み
□ **reproduction**	名 複製，模写作品
□ **upward**	副 上向きに
□ **entire**	形 すべての
□ **immediately**	副 即座に
□ **rename**	動 〜を命名し直す

☐ creation 名 創作品
☐ reminder 名 思い出させるもの[人]
☐ make it 熟 成功する

本文内容チェック **「アルブレヒトの『手』という作品は人の助けへの感謝を思い出させる」**

7 今ではアルブレヒトの何百もの作品が世界中の大きな美術館の壁にかかっているが，ほとんどの人は彼の作品のうち1つだけしかよく知らない可能性が高い。

8 ある日アルブレヒトは，アルバートが払った犠牲に敬意を表すため，細い指を上へ伸ばし手のひらを合わせた状態のアルバートの手を描いた。彼はそれを単に『手』と呼んだが，すぐに全世界がその傑作に心を開き，『祈りの手』と命名し直された。

9 次にその作品の複製品を目にするとき，あなたが今いる場所に至るまでに助けてきてくれた人たちに感謝することを思い出してほしい。

読解のカギ

③ **(More than merely being familiar with it), you (very well) may have a reproduction hanging (in your home or office).**

➡ More than merely ... with it は分詞構文。merely は「単に」という意味の副詞。more than merely で「単に～どころか」という意味を表す。

➡ it は前文②の only one of Albrecht Dürer's works を指す。

➡ very well は may have を修飾する副詞句。助動詞 may の≪可能性≫の意味を強調するので，「～することが十分にあり得る」という意味になる。

④ **(One day), (to show his respect to Albert for all {that he had sacrificed}),**
to 不定詞の副詞的用法　目的格の関係代名詞
Albrecht Dürer carefully drew his brother's damaged hands (with palms together and thin fingers stretched upward).

➡ that he had sacrificed は先行詞 all を修飾する関係代名詞節。

➡ with *A B* は「*A* が *B* の状態で」という意味で，≪付帯状況≫を表す。with palms together は <with＋名詞＋副詞> の形。and の後には with が省略されていて，(with) thin fingers stretched upward で <with＋名詞句＋過去分詞句> の形になっている。

⑦ **Let it be your reminder, (if you still need one), (that no one—no one ever— makes it alone).**

➡ let は使役動詞。<let＋O＋原形不定詞> で「O に(自由に)～させる」。

➡ <reminder＋that 節> は「～ということを思い出させるもの」を表す。if you still need one は挿入節で，この one は reminder「思い出させるもの」を指す。

➡「—(ダッシュ)」で挟まれた部分は，意味を強める ever を加えて no one を繰り返すことで強調している。

問．日本語にしなさい。

Every letter from his family was a reminder that he was not alone.

(　　　　　　　　　　　　　　　　　　　　　　　　　　　　　　　　)

問の解答 **問．** 家族からの手紙の一通一通が，彼が独りではないことを思い出させるものだった。

TRY1 Overview ヒント

You are writing a story review. Complete the chart.
（あなたは物語のレビューを書いています。表を完成させなさい。）

Brothers' decision → 第1～4パラグラフ
Homecoming → 第5，6，8パラグラフ
More than 500 years later → 第7，9パラグラフ

ⓐ 2人の兄弟は，彼らのうち1人が近くの鉱山で働くことで，もう片方の学業を支援することを決めた。
ⓑ アルブレヒトは村に帰ってきた後，学業を支援してくれたことに対して兄弟に感謝を示し，彼に専門学校へ行くように伝えた。
ⓒ 現在，アルブレヒトの芸術作品は世界中で見られる。
ⓓ アルバートは兄弟に，自分は傷ついた手のせいで専門学校には行けないと伝えた。
ⓔ アルブレヒトは兄弟の苦労に敬意を払い，彼の両手の絵を描いた。
ⓕ 年長の息子2人は美術を勉強したいと思っていたが，彼らの父親には彼らを専門学校へ行かせることはできないとわかっていた。
ⓖ アルブレヒトは専門学校へ行き，芸術家としての才能を見せた。

TRY2 Main Idea ヒント

Mark the main idea M, the sentence that is too broad B, and the sentence that is too narrow N.（話の本旨になるものにはMを，広範すぎる文にはBを，限定的すぎる文にはNの印を書きなさい。）

1 アルブレヒトの成功の背景には兄弟の大きな助けがあった。
2 だれだってだれかからの助けが必要だ。
3 アルバートは兄弟を支援するために，危険な鉱山で4年間働いた。

TRY3 Details ヒント

Choose the three correct statements.（正しい記述を3つ選びなさい。）

ⓐ デューラー家の父親は彼の家族を支えるため，2つ以上の仕事をしていた。
ⓑ 2人の兄弟は別々の学校に行きたいと思っていた。
ⓒ 2人の兄弟は，彼らのうち1人がもう片方の学校での勉強を支援するために働くことを決めた。
ⓓ アルブレヒトは，通常より早く，2年で学校を卒業した。
ⓔ アルブレヒトは家に帰ると，順番でアルバートに学校へ行くよう勧めた。
ⓕ アルバートは兄弟からの親切な申し出を受け入れたときに泣いた。
ⓖ アルブレヒトは，家族全員に援助への感謝を示すために，彼らの絵を描いた。
ⓗ 『祈りの手』の複製画のほとんどが失われてしまった。

TRY4 Recognizing Tone ヒント

Choose the most suitable answer.（最も適切な答えを選びなさい。）

1 アルブレヒトとアルバートは望みがかなえられない状況だったことから考える。
2 帰郷したアルブレヒトがアルバートにどのような思いを抱いていたか考える。

3 アルブレヒトがアルバートにことばをかけたときの皆の様子を考える。

4 アルブレヒトの傑作はどのような思いから生まれたか考える。

TRY5 Deeper Understanding ヒント

Discuss the following with your partner.（次のことについてパートナーと話し合いなさい。）

議題の訳

あなたがアルブレヒトだと仮定しましょう。アルバートが美術の専門学校にもはや行けないとわかった後，あなたは彼に何と言いますか。

→ アルブレヒトになったつもりで，自分のために犠牲を払ってくれたアルバートにかけることばを考える。本文のアルブレヒトの帰郷のお祝いのシーンに，せりふを付け加えるとしたらどのようなせりふになるか，と考えてもよい。

TRY6 Retelling ヒント

Content Retelling

本文要約例

15世紀，ニュルンベルクの近くの村に**18人の子ども**を持つ家族がいた。その家族の**父親**は，家族を養うために1日ほぼ18時間**働いた**。その家族の長兄の2人，**アルブレヒト**と**アルバート**は美術の勉強をするという**夢**を持っていたが，**美術の専門学校**へ行かせてもらえる余裕はないとわかっていた。そのため，彼らは**硬貨**を投げ，裏か表かを当てたほうが学校へ行き，負けたほうが**鉱山**で働いてもう片方を支援し，4年後に勉強を終えたほうが今度はもう片方の支援をする，ということを取り決めた。その結果，アルブレヒトが学校へ行き，アルバートが鉱山で働くことになった。アルブレヒトの作品は好評を得て，卒業するころには多額のお金を稼ぐようになっていた。

アルブレヒトが帰郷すると，**盛大な夕食会**が開かれた。彼はアルバートの払った**犠牲**に感謝をし，今度はアルバートが学校へ行く**番**であると告げた。しかし，アルバートは自身の**両手**を見せ，鉱山の労働で痛めてしまった指ではもはや繊細な線を描くことはできず，自分が美術を学ぶには**遅すぎる**のだと答えた。

500年以上が経った現在，アルブレヒトの**芸術作品**は世界中で見ることができる。ただ，多くの人は彼の描いた，ある1つの作品しか知らない可能性が高い。その**複製画**があなたの家やオフィスに飾られているということもあり得るだろう。その作品は，アルブレヒトがアルバートの払った犠牲への**敬意**を込め，彼の**手**を描いたものだ。その絵は最初『手』と名付けられたが，すぐに世界がその**傑作**を『祈りの手』と呼ぶようになった。次にあなたがこの絵を見るとき，だれも**自分ひとりで**は成功することはできないということを思い出し，助けてくれた人たちに**感謝をし**てほしい。

Interactive Retelling

Reteller A: Albrecht's story	Reteller B: Albert's story
・Albrecht won the toss. ・美術の専門学校へ行った。 ・作品で大金を稼ぐようになった。 ・アルバートの犠牲に敬意を払い，彼の手をモデルに『祈りの手』を描いた。 ・世界中で作品が飾られている。	・Albert lost the toss. ・鉱山で働いてアルブレヒトを支援した。 ・指を痛め，絵を描くことが難しくなった。

Retelling with Your Opinions

2人の兄弟は別の方法を選ぶことはできたでしょうか。あなたの意見もまじえて，本文をRetellingしなさい。

意見を伝える表現：

・could have chosen to [not to] *do*
（～する[しない]という選択もできたかもしれない）

・have the option to [not to] *do*（～する[しない]という選択肢がある）

・If they had chosen to [not to] *do* ～, they would both have been happy.
（もし彼らが～する[しない]ことを選んでいたら，2人とも幸せになっていただろう。）

Speaking ヒント

・単語・熟語チェック

☐ **narration** 名 ナレーション　　☐ **nod** 動 うなづく

Acting out

❶あなたのクラスは学園祭で「祈りの手」の劇をすることにした。ここにあるのはあなたたちが演じる1場面である。台本を完成させなさい。

➡本文では詳細が書かれていないアルブレヒトとアルバートのやり取りについて想像力を膨らませる。

❷3人のグループを組みなさい。ナレーター，アルブレヒト，アルバートの3つの役がある。台本にしたがってこの場面を演じなさい。

Writing ヒント

・単語・熟語チェック

☐ **instrument** 名 楽器

音楽と精神

❶議論を完成させなさい

2人の高校生が，音楽を聴きながら勉強するのはよいかどうかについて話している。書く準備をするために，議論を完成させなさい。

➡女子生徒は「音楽を聴きながら勉強する」ことに賛成の立場，男子生徒は反対の立場である。

❷主題についてあなたの意見を書きなさい

概略を考え，その概略にしたがって3つか4つの段落を書きなさい。

主題：「音楽を聴きながら勉強するのはよいと思うか」

使える表現：

・enhance my concentration（私の集中力を上げる）

・Whether ... depends on the music we are listening to.
（…かどうかは私たちが聴いている音楽次第だ。）

Enrich Your Vocabulary ヒント

・単語・熟語チェック

□ **urgency**	名 緊急(性)	□ **unnecessary**	形 不必要な
□ **instantly**	副 直ちに	□ **unessential**	形 あまり重要ではない
□ **urgent**	形 緊急の	□ **skateboard**	動 スケートボードに乗る
□ **afterward(s)**	副 後で		

Describe

あなたは次の状況にいる。上の表現を使って，次の写真それぞれに対するあなたの行動を説明しなさい。

例：

I will see the dentist immediately even though the toothache isn't so bad.
（歯痛がそれほどひどくなくても，私はすぐに歯医者に診てもらう。）

I might as well spend a day without my smartphone.
（私はスマホなしで1日過ごしてみてもよさそうだ。）

I'll study until a convenient stopping point and join my friend afterward.
（私は切りのいいところまで勉強して，後から友達に合流する。）

Give your opinions

できるだけ早くやりたいことを1つ，そしてもう1つ時間が許せばやりたいことを考えなさい。理由も必ず述べなさい。

例：

I want to study abroad as soon as possible.（私はできるだけ早く留学がしたい。）

In my opinion, we learn things better when we are young.
（私が思うに，若いときのほうが物覚えがよい。）

If I had the time, I would learn to play the saxophone.
（時間があれば，私はサックスを習いたい。）

I want to learn to play it before I get too old.
（私は年をとりすぎる前にはそれを覚えたい。）

定期テスト予想問題

解答 ➠ p.244

1 日本語の意味に合うように，＿＿に適切な語を入れなさい。

(1) 私はあなたなら成功できると信じている。
I believe you can ＿＿＿＿＿ ＿＿＿＿＿.

(2) 必要であれば，コメントを残してください。
Please leave comments ＿＿＿＿＿ ＿＿＿＿＿.

(3) マイクは弁護士をなりわいとしている。
Mike is a lawyer ＿＿＿＿＿ ＿＿＿＿＿.

(4) 私たちが家に着くころまでには，完全に暗くなっていた。
＿＿＿＿＿ the ＿＿＿＿＿ we got home, it was completely dark.

2 (　)に適切な関係詞を選び，２文を１文にしなさい。

(1) I want to go to the restaurant. Kate works at the restaurant.
→ I want to go to the restaurant (which / where / when) Kate works.

(2) He read all the books. The American novelist wrote the books.
→ He read all the books (that / whose / what) the American novelist wrote.

(3) She has a friend. His wife is a singer.
→ She has a friend (who / whose / which) wife is a singer.

3 日本語に合うように，(　)内の語を並べかえなさい。

(1) 私の祖父母は箱根に出かけた。
(grandparents / off / my / to / went / Hakone).
＿＿＿＿＿＿＿＿＿＿＿＿＿＿＿＿＿＿＿＿.

(2) 彼の写真は私の写真よりはるかによい。
His pictures (better / are / of / far / mine / those / than).
His pictures ＿＿＿＿＿＿＿＿＿＿＿＿＿＿＿＿.

(3) 彼女は困っている人々を助けた。
(were / she / in / who / helped / trouble / those).
＿＿＿＿＿＿＿＿＿＿＿＿＿＿＿＿＿＿＿＿.

4 次の英語を日本語に訳しなさい。

(1) The next time we have a party, I'll let you know.
(　　　　　　　　　　　　　　　　　　　　)

(2) Let's make a toast to our friend John.
(　　　　　　　　　　　　　　　　　　　　)

(3) The odds are great that the team will win the final.
(　　　　　　　　　　　　　　　　　　　　)

5 次の英文を読んで，後の問いに答えなさい。

All heads turned ①( ) eager ( ) to the far end of the table where Albert sat, tears running down his face, shaking his lowered head from side to side while he cried and repeated over and over, "No ..., no ..., no ..., no." Finally, Albert rose and wiped the tears from his cheeks. He glanced down the long table at the faces of ②those he loved, and then, holding his hands close to his right cheek, he said softly, "No, brother. I cannot go to Nuremberg. It is too late for me. Look ..., ③look what four years in the mines have done to my hands! The bones in every finger have been broken at least once, and lately I have been suffering from such bad pains in my right hand that I cannot even hold a glass to return your toast, ④much less make the delicate lines of a picture with a pen or a brush. No, brother ..., for me it is too late."

(1) 下線部①が「強い期待を持って」という意味になるように，( )に適切な語を入れなさい。

______ eager ______

(2) 下線部②を英語1語で言いかえなさい。

______

(3) 下線部③の英語を日本語に訳しなさい。

( )

(4) 下線部④の英語を日本語に訳しなさい。

( )

6 次の英文を読んで，後の問いに答えなさい。

One day, to show his respect to Albert for all that he had sacrificed, Albrecht Dürer carefully drew his brother's damaged hands ①with palms together and thin fingers stretched upward. He called his powerful drawing simply *Hands*, but the entire world almost immediately opened their hearts to his great masterpiece and renamed it *Praying Hands*.

(1) 下線部①の英語を日本語に訳しなさい。

( )

(2) アルブレヒトはなぜアルバートの傷ついた手を描いたのか。日本語で答えなさい。

( )

(3) 次の質問に英語で答えなさい。

What did people in the world call Albrecht's drawing?

______

Lesson 10 All the Good Things

1～4

ポイント 教師である筆者にはどのような生徒がいて，ある朝何が起こったか。

1 ① He was in the third grade class / I taught at Saint Mary's School in Morris, /
彼は小学校3年生のクラスにいた / 私がモリスの聖マリア学校で教えた /

Minnesota.// ② All 34 of my students / were dear to me, / but Mark Eklund was one
ミネソタ州 // 34人すべての私の生徒が / 私にとっては愛おしかった / しかし，マーク・エクランドは

in a million.// ③ Very neat in appearance, / he had that happy-to-be-alive attitude /
百万人に1人の逸材だった // 身なりはとてもきちんとしていて / 彼は生きているのが幸せという態度だった /

that made even his occasional mischievousness delightful.//
彼の時折見せるやんちゃぶりさえも喜ばしいものにした //

2 ④ Mark also talked incessantly.// ⑤ I tried to remind him again and again /
マークはまた，絶えずおしゃべりをした // 私は何度も何度も彼に気づかせようとした /

that talking without permission was not acceptable.// ⑥ What impressed me so
許可なく話すことは受け入れられないと // 私をとても感心させたのは

much, / though, / was the sincere response / every time I had to correct him / for
/ しかし / 誠実な反応だった / 私が彼を正さなければならなかったたびに /

misbehaving: / "Thank you for correcting me, / Sister!"// ⑦ I didn't know what
無作法を / 「ぼくを叱ってくれてありがとうございます / シスター！」// 私はそれをどう受け取ればよいのか

to make of it / at first, / but before long / I became accustomed to hearing it / many
わからなかった / 最初のころは / しかし間もなく / 私はそれを耳にすることに慣れてしまった /

times a day.//
1日に何度も //

3 ⑧ One morning / my patience was growing thin / when Mark talked once too
ある朝 / 私の忍耐力は弱りかけていた / マークがあまりに頻繁におしゃべりするうちに

often.// ⑨ I made a novice teacher's mistake.// ⑩ I looked at Mark / and said, /
// 私は新米教師の過ちを犯した // 私はマークを見た / そして言った /

"If you say one more word, / I am going to tape your mouth shut!"//
「もう一言でも口にしたら / 私はあなたの口をテープでふさぎますよ！」と //

4 ⑪ It wasn't ten seconds later / when Chuck blurted out, / "Mark is talking again."//
それから10秒も経っていなかった / チャックが口走るまで / 「マークがまた話しています」と //

⑫ I hadn't asked any of the students / to help me watch Mark, / but since I had
私は生徒のだれにも頼んでいなかった / マークを見張るのを手伝うように / しかし私は

stated the punishment / in front of the class, / I had to act on it.//
罰を明言していたので / クラスの前で / それにしたがって行動しなければならなかった //

・単語・熟語チェック

□ **Saint**	名（人名に付けて）聖～
□ **neat**	形 整った
□ **appearance**	名 外見，身なり
□ **attitude**	名 態度
□ **occasional**	形 時折の
□ **mischievousness**	名 いたずら好きな性格
□ **incessantly**	副 絶えず
□ **permission**	名 許可
□ **acceptable**	形 容認できる
□ **sincere**	形 誠実な
□ **misbehave**	動 無作法に振る舞う
□ **make *A* of *B***	熟 *B* を *A* と思う
□ **patience**	名 忍耐力
□ **once too often**	熟 あまりに頻繁に
□ **novice**	名 初心者
□ **shut**	形 閉じた
□ **blurt**	動 口走る
□ **blurt out *A* / blurt *A* out**	熟 *A* を口走る
□ **punishment**	名 罰
□ **act on *A***	熟 *A* にしたがって行動する

本文内容チェック　**「おしゃべりなマークに，次に話したら罰を与えると言った筆者」**

1 私が教えていた小学校３年生のクラスにいたマークは百万人に１人の逸材だった。彼は生きているのが幸せという態度で，時折のやんちゃさも楽しく思えた。

2 マークは絶えずしゃべっていて，私は許可なく話すことは認められないと何度も伝えた。彼は毎回，「叱ってくれてありがとうございます，シスター」と私に返した。間もなくすると，私は１日に何度もそれを耳にすることに慣れてしまった。

3 ある朝，私は新米教師の過ちを犯した。あまりに頻繁におしゃべりをするマークに耐えかね，「もう一言でも口にしたら口をテープで閉じますよ」と言った。

4 10 秒も経たずにチャックが，マークがまた話していると漏らした。私はクラスの前で罰を明言していたので，それにしたがわなければならなかった。

読解のカギ

③ **(Very neat in appearance), he had that happy-to-be-alive attitude {that made even his occasional mischievousness delightful}.**

先頭の being が省略された分詞構文

➡ that happy-... attitude の that には具体的な指示対象を表す意味はほとんどなく，後ろに関係詞節（ここでは that made ... という関係代名詞節）が続くことを示す指標のような役割をしている。この用法では「その，あの」と訳されないことが多い。

⑧ **One morning my patience was growing thin (when Mark talked once too often).**

➡ <grow＋形容詞> は「～(の状態)になる」。thin は「弱まった」という意味の形容詞。
➡ once too often は「あまりに頻繁に」。好ましくない行動の繰り返しを表す。

問. 並べかえなさい。

彼はあまりに頻繁に会社に傘を忘れた。
(too / at / often / he / his office / left / once / his umbrella).

＿＿＿＿＿＿＿＿＿＿＿＿＿＿＿＿＿＿＿＿＿＿＿＿＿＿＿＿＿＿.

問の解答　**問.** He left his umbrella at his office once too often(.)

5～8

ポイント マークへの罰はどのような結末に終わり，数年後の教室では何が起こったか。

5 ① I remember the scene / as if it had occurred this morning.// ② I walked to
私はその光景を覚えている / それがまるで今朝起きたかのように // 私は自分の机

my desk, / very deliberately opened the drawer / and took out a roll of masking tape.//
まで歩いた / とても慎重に引き出しを開けた / そして1巻のマスキングテープを取り出した //

③ Without saying a word, / I proceeded to Mark's desk, / tore off two pieces of tape, /
何も言わずに / 私はマークの机まで進んだ / 2片のテープを引きちぎった /

and made a big X with them / over his mouth.// ④ I then returned / to the front /
そしてそれらで大きなバツ印(×)を作った / 彼の口の上に // それから私は戻った / 前方に /

of the room.//
教室の //

6 ⑤ As I glanced at Mark / to see how he was doing, / he winked at me.// ⑥ That
私がちらりとマークを見たとき / 彼がどうしているかを確かめるために / 彼は私にウィンクをした // もう

did it!// ⑦ I started laughing.// ⑧ The entire class cheered / as I walked back /
駄目だった！// 私は笑い始めた // クラス全体が歓声を上げた / 私が歩いて戻ったとき /

to Mark's desk, / removed the tape, / and shrugged my shoulders.// ⑨ His first
マークの机へ / テープを取った / そして肩をすくめた // 彼の最初の

words were, / "Thank you for correcting me, / Sister."//
ことばは～だった / 「ぼくを叱ってくれてありがとうございます / シスター」//

7 ⑩ At the end of the year / I was asked to teach junior high math.// ⑪ The years
その年の終わりに / 私は中学校の数学を教えるように頼まれた // 何年かが

flew by, / and before I knew it / Mark was in my classroom again.// ⑫ He was more
経った / そして私の知らない間に / マークはまた私のクラスにいた // 彼はこれまで

handsome than ever / and just as polite.// ⑬ Since he had to listen carefully /
以上にハンサムだった / そしてまったく変わらず礼儀正しかった // 彼は注意深く聞かなければならなかったので /

to my explanation of the "new math," / he did not talk as much / in ninth grade.//
私の「新しい数学」の説明を / 彼はそれほどおしゃべりはしなかった / 9年生(中学校3年生)では //

8 ⑭ One Friday, / things just didn't feel right.// ⑮ We had worked hard on a new
ある金曜日 / 様子がおかしい感じがしていた // 私たちは新しい概念に一生懸命取り

concept / all week, / and I sensed / that the students were growing frustrated /
組んでいた / その週ずっと / そして私は感じ取った / 生徒たちが不満を抱くようになりつつあることを /

with themselves— / and edgy with one another.// ⑯ I had to stop this crankiness /
自分自身に / そしてお互いにいらいらしていることを // 私はこの気難しさを止めなければならなかった /

before it got out of hand, / so I asked them / to list the names / of the other students /
それが手に負えなくなる前に / そこで私は彼らに求めた / 名前を列挙するように / ほかの生徒の /

in the room / on two sheets of paper / and to leave a space / between each name.//
教室にいる / 2枚の紙に / そして余白を残すように / それぞれの名前の間に //

⑰ Then I told them / to think of the nicest thing / they could say / about each of
それから私は彼らに言った / 最もすばらしいことを思い浮かべるように / 彼らが言える / それぞれのクラス

their classmates / and write it down.//
メートについて / そしてそれを書き留めるように //

・単語・熟語チェック

□ **deliberately**	副 慎重に	□ **before *A* knows it**	熟 *A* の知らない間に
□ **drawer**	名 引き出し	□ **handsome**	形 ハンサムな
□ **roll**	名（紙・布などの）1巻	□ **polite**	形 礼儀正しい
□ **proceed**	動 進む	□ **explanation**	名 説明
□ tear off *A* / tear *A* off	熟 *A* を引きちぎる	□ **concept**	名 概念
□ **wink**	動 ウィンクをする	□ **edgy**	形 いらいらした
□ **wink at *A***	熟 *A* にウィンクする	□ **crankiness**	名 気難しさ
□ **That does it!**	熟 もう駄目だ！	□ **get out of hand**	熟 手に負えなくなる
□ **shrug**	動（肩）をすくめる	□ **sheet**	名（紙などの）1枚

本文内容チェック　**「数年後，マークを含むクラスでお互いのよいところを書かせた筆者」**

5 私は机の引き出しを開けマスキングテープを取り出すと，テープをちぎってマークの口の上に大きなバツ印を作り，また前に戻った。

6 マークをちらりと見ると彼がウィンクをした。それでもう駄目だった。私は笑い始め，マークのところへ行き，テープを取って肩をすくめると歓声が上がった。彼の最初のことばは「叱ってくれて感謝します」だった。

7 その年の終わりに中学校の数学を教えるよう頼まれてから数年後，マークが再び私のクラスにいた。彼は変わらず礼儀正しかったが，前ほどおしゃべりはしなかった。

8 ある金曜日，その週はずっと新しい概念について学んでいて，生徒たちがいらいらしているのを私は感じた。私はその険悪さをどうにかするため，彼らにそれぞれのクラスメートの名前と，その人の最もすばらしいところを紙に書くよう指示した。

読解のカギ

① **I remember the scene (as if it had occurred this morning).**

➡ <as if＋仮定法過去完了> は「まるで～したかのように」という意味で，主節の表す時点より以前の，事実と異なる内容を表す。

⑮ **We had worked hard on a new concept all week, and I sensed (that the students were growing frustrated with ... one another).**

➡ had worked は過去完了形。sensed が表す時点までの≪状態の継続≫を表す。

➡ <sense＋that 節> は「～ということに気づく」。

➡ be frustrated with *A* で「*A* に不満を抱いている」。ここでは be ではなく「～になる」という意味を表す grow が使われている。

問. ___を埋めなさい。

彼らは結婚したとき，知り合って5年経っていた。

They ______ ______ each other for five years when they got married.

問の解答　**問.** had known

9～11

ポイント 筆者は生徒たちが書いたリストをどうしたか。

9 ① It took the remainder of the class period / to finish the assignment, / but as the
残りの授業時間いっぱいかかった / その課題を終えるのに / しかし
students left the room, / each one handed me their paper.// ② Chuck smiled.//
生徒たちが教室を後にするとき / それぞれが私に自分たちの紙を提出した // チャックはほほ笑んだ//
③ Mark said, / "Thank you for teaching me, / Sister. // ④ Have a good weekend."//
マークは言った / 「ご指導ありがとうございました / シスター // よい週末を」と //

10 ⑤ That Saturday, / I wrote down the name of each student / on a separate sheet
その週の土曜日 / 私はそれぞれの生徒の名前を書いた / 別々の紙に
of paper, / and I listed / what everyone else had said / about that individual.//
/ そして私は列挙した / ほかのみんなが言ったことを / その個人について //
⑥ On Monday / I gave each student his or her list.// ⑦ Some of them ran two
月曜日に / 私はそれぞれの生徒に彼らのリストを渡した // 中には2枚に及ぶものも
pages.// ⑧ Before long, / the entire class was smiling.// ⑨ "Really?" / I heard
あった // 間もなく / クラス全体がほほ笑んでいた // 「本当に？」と / ささやかれた
whispered.// ⑩ "I never knew / that meant anything to anyone!"// ⑪ "I didn't
のを私は聞いた // 「私は全然知らなかった / あれがだれかにとって何か意味があったなんて！」 // 「私は知らな
know / others liked me so much!"//
かった / ほかの人たちが私をそんなに好きだと！」 //

11 ⑫ No one ever mentioned those papers / in class again.// ⑬ I never knew /
だれもそれらの紙について言及することはなかった / 再びクラスで // 私が知ることはなかった /
if they discussed them / after class / or with their parents, / but it didn't matter.//
彼らがそれらについて話し合ったかを / 授業後 / あるいは両親と / しかしそれは重要ではなかった //
⑭ The exercise had accomplished its purpose.// ⑮ The students were happy /
その課題は目的を達成していた // 生徒たちは満足していた /
with themselves / and one another / again.//
彼ら自身に / そしてお互い(に) / 再び //

・単語・熟語チェック

□ **remainder**	名 残り(のもの)	□ **accomplish**	動 ～を達成する
□ **mention**	動 ～に言及する		

本文内容チェック **「生徒の書いた長所を個人ごとにまとめ，それぞれに渡した筆者」**

9 クラスメートの長所を紙に書く課題を終えるために残りの授業時間を使い，各生徒は教室を出ていくときにその紙を提出した。

10 その週の土曜日，私は各生徒の名前を別々の紙に書き，その個人についてほかの皆が書いた内容をそこに列挙した。月曜日，私は各生徒にそのリストを渡した。

11 リストについて，だれも再びクラスで話に出すことはなかったが，その活動のおかげで生徒たちは自分自身やお互いに満足をしていた。

読解のカギ

① **It took the remainder of the class period (to finish the assignment), but (as the students left the room), each one handed me their paper.**

➡ <it takes＋時間＋to *do*> は「〜するのに(時間)がかかる」。

➡ remainder は「残り(のもの)」という意味の名詞。動詞 remain の名詞形。

➡ hand *A B* は「*A* に *B* を提出する」。

⑦ **Some of them ran two pages.**

➡ them は直前の文の list を指す。各生徒に渡したので複数形で受けている。

➡ ここでの run は「(数量などが)〜に達する」という意味。

⑨ **"Really?" I <u>heard</u> <u>whispered</u>.**

知覚動詞　過去分詞

➡ <hear＋O＋過去分詞> は「O が〜されるのを聞く」。O にあたる発言の引用部分が文頭に置かれている。この文は「私は O とささやかれるのを聞いた」という意味。

問. 並べかえなさい。

私は後ろで自分の名前が呼ばれるのが聞こえた。

(called / me / my / I / name / heard / behind).

____.

⑩ **"I never knew (that meant anything to anyone)!"**

(that)

➡ never は「全然〜ない」という意味で，knew を修飾している。

➡ that は代名詞で，発言者がリストに書かれた内容について「あれ」と指して使っている。その前には接続詞の that が省略されている。

➡ mean *A* to *B* は「*B* にとって *A* を意味する」。

⑫ **No one ever mentioned those papers in class again.**

➡ ever は否定語とともに使われると，never と同じ意味を表す。

⑬ **I never knew (if they discussed them after class ...), but it didn't matter.**

➡ if は接続詞で，「〜かどうか」という意味を表し，名詞節をつくる。節内は <if S＋V> の語順。if ... parents が knew の目的語。

➡ matter は「問題となる」という意味の動詞で，否定文・疑問文でよく使われる。it を主語にすることが多い。

⑭ **The exercise had accomplished its purpose.**

➡ had accomplished は過去完了形。過去の時点で完了していた動作を表している。

➡ purpose は「目的」という意味の名詞。its purpose は第 8 パラグラフで述べている stop this crankiness before it got out of hand という目的のこと。

問の解答　**問.** I heard my name called behind me(.)

12～14

ポイント 数年後，筆者はマークの両親からのどのような知らせを受けたか。

12 ① That group of students / moved on.// ② Several years later, / after I had returned / from a vacation, / my parents met me / at the airport.// ③ As we were driving home, / Mother asked the usual questions / about the trip: / how the weather was, / my experiences / in general.// ④ There was a slight lull / in the conversation.// ⑤ Mother gave Dad a sideways glance / and simply said, / "Dad?"// ⑥ My father cleared his throat.// ⑦ "The Eklunds called last night," / he began.//

その生徒のグループは / 進級した // 数年後 / 私が戻った後 / 休暇から / 両親が私を出迎えてくれた / 空港で // 私たちが車で家へ向かっているとき / 母はありふれた質問をした / 旅行についての / 天気はどうだったか / 私の経験(はどうだったか) / 全般に // わずかな切れ間があった / 会話に // 母は父を横目でちらりと見た / そしてただ言った / 「お父さん？」と // 父はせき払いをした // 「エクランド家から昨晩電話があった」と / 父は始めた //

13 ⑧ "Really?" / I said.// ⑨ "I haven't heard from them / for several years.// ⑩ I wonder how Mark is."//

「本当に？」と / 私は言った // 「私は彼らからずっと連絡をもらっていない / 何年も // マークはどうしているだろうか」//

14 ⑪ Dad responded quietly.// ⑫ "Mark was killed in Vietnam," / he said.// ⑬ "The funeral is tomorrow, / and his parents would like it / if you could attend."// ⑭ To this day, / I can still point to the exact spot / on the highway / where Dad told me / about Mark.//

父は静かに答えた // 「マークがベトナムで死んだ」と / 彼は言った // 「葬儀は明日だ / そして彼の両親はそうしてほしいそうだ / あなたが出席できるなら」// 今でも / 私はまだ正確な地点を指し示すことができる / ハイウェイの / 父が私に伝えた / マークについて //

・単語・熟語チェック

□ **usual**	形 ありふれた
□ **in general**	熟 全般に
□ **slight**	形 わずかな
□ **lull**	名 切れ間，途切れ
□ **give *A* a sideways glance / give a sideways glance to *A***	熟 *A* を横目でちらりと見る
□ **sideways**	形 横に向けた
□ **clear *A*'s throat**	熟 せき払いをする
□ **funeral**	名 葬儀
□ **exact**	形 正確な
□ **highway**	名 ハイウェイ

本文内容チェック 「数年後，マークがベトナムで亡くなったことを知らされた筆者」

12 何年か経ち，私は休暇から戻ったところを両親に出迎えてもらっていた。車で家へ向かう途中，父がエクランド家から昨晩電話があったことを私に伝えてきた。

13 私は「何年も連絡がないけどマークはどうしているだろう」と言った。

14 父は「マークがベトナムで亡くなった。葬儀は明日あり，ご両親はお前に参列して

ほしいそうだ」と言った。私は今でも，父がそのことを伝えてきたハイウェイ上の
正確な位置を指し示すことができる。

🎵 読解のカギ

② (Several years later), (after I had returned (from a vacation)), my parents
met me (at the airport).
→ had returned は過去完了形。met が表す時点より以前のことを表す。
→ met は meet「〜を出迎える」の過去形。

③ (As we were driving home), Mother asked the usual questions (about the
　　　　　　　　　　　　　　　　S　　　V　　　　　　　　　　　　　　　O
trip): how the weather was, my experiences (in general).
→「:(コロン)」以下は the usual questions about the trip の具体例。
→ how ... was は間接疑問で「…はどうだったか」という意味。<疑問詞＋S＋V> の語順
　になっている。

⑦ "The Eklunds called last night," he began.
→ <the＋姓を表す名詞の複数形> で，「〜夫妻」や「〜家」という夫婦や一家を表す。

⑨ "I haven't heard from them (for several years).
→ haven't heard は《状態の継続》を表す現在完了形の否定形。
→ hear from A は「A から連絡をもらう」。

⑩ I wonder (how Mark is)."
→ how 以下は間接疑問で wonder の目的語。wonder は「〜だろうかと思う」という
　意味の動詞で，疑問詞節や if [whether] 節を目的語にとることが多い。
🎵 問. 並べかえなさい。
私はどうしてこのようなことが起き得たのだろうかと，いまだに考えている。
(could / wondering / happened / I'm / this / how / still / have).

_____.

⑭ (To this day), I can still point to the exact spot (on the highway) {where Dad

told me (about Mark)}.
→ to this day は「今日(に至る)まで」。still と共に用いて，「今でもまだ」という意味
　を表す。
→ point to A は「A を指し示す」。
→ where 以下は場所を表す先行詞 the exact spot on the highway を修飾する関係副
　詞節。

🎵 問の解答) 　問 . I'm still wondering how this could have happened(.)

15～17

ポイント 筆者はマークの葬儀で，だれから何を言われたか。

15 ① I had never seen a serviceman / in a military coffin / before.// ② Mark looked so handsome, / so mature.// ③ All I could think at that moment was, / "Mark, / I would give all the masking tape / in the world / if only you could talk to me."//

私は軍人を見たことがなかった / 軍用の棺に入った / それまで// マークはとてもハンサムに見えた / とても大人っぽく // その瞬間に私が考えることができたのは～だけだった / 「マーク / 私はすべてのマスキングテープをあげるのに / 世界の / もしあなたが私に話しかけることができさえすれば」//

16 ④ The church was packed with Mark's friends.// ⑤ Chuck's sister sang / "The Battle Hymn of the Republic."// ⑥ Why did it have to rain / on the day of the funeral?// ⑦ It was difficult enough / at the graveside.// ⑧ The pastor said the usual prayers, / and the bugler played taps.// ⑨ One by one / those who loved Mark / took a last walk by the coffin / and sprinkled it with holy water.//

教会はマークの友人でいっぱいだった // チャックの妹[姉]が歌った / 「リパブリック賛歌」を // なぜ雨が降らなければならなかったのか / 葬儀の日に // 十分つらかった / お墓のそばにいるだけで // 牧師がお決まりの祈りをささげた / そしてラッパ手が永別のラッパを吹いた // 1人ずつ / マークを愛した人たちが / 最後に棺の側を歩いた / そして聖水をそれに振りかけた //

17 ⑩ I was the last one / to bless the coffin.// ⑪ As I stood there, / one of the soldiers / who had acted as a pallbearer / came up to me.// ⑫ "Were you Mark's math teacher?" / he asked.// ⑬ I nodded / as I continued to stare at the coffin.// ⑭ "Mark talked about you a lot," / he said.//

私が最後だった / 棺を清めるのは // 私がそこに立ったとき / 兵士たちの1人が / 棺の付添人役を務めていた / 私に近づいて来た // 「あなたはマークの数学の先生でしたか」と / 彼はたずねた // 私はうなずいた / 棺を見つめ続けながら // 「マークはあなたのことをたくさん話していた」と / 彼は言った//

・単語・熟語チェック

- □ **serviceman** 名 軍人
- □ **mature** 形 大人っぽい
- □ **(…) if only S+V** 熟 SがVならば(…のに)なあ
- □ **be packed with *A*** 熟 *A*でいっぱいである
- □ **The Battle Hymn of the Republic** 名 リパブリック賛歌
- □ **hymn** 名 賛歌，賛美歌
- □ **republic** 名 共和国
- □ **graveside** 名 墓のそば
- □ **pastor** 名 牧師，聖職者
- □ **bugler** 名 ラッパ手
- □ **taps** 名 永別のラッパ
- □ **one by one** 熟 1人[1つ]ずつ
- □ **sprinkle** 動 ～に振りかける
- □ **holy** 形 神聖な，聖なる
- □ **bless** 動 ～を清める
- □ **pallbearer** 名 棺の付添人
- □ **nod** 動 うなずく

本文内容チェック 「マークの葬儀で１人の兵士にマークとの関係について聞かれた筆者」

15 棺の中のマークはとてもハンサムで大人っぽく見えた。

16 教会はマークの友人たちでいっぱいだった。その日は雨が降り，私は墓のそばにいるだけでつらかった。彼を愛した人たちが最後に棺に聖水を振りかけた。

17 私が最後に棺の前に立っていると，１人の兵士が「マークの数学の先生ですか」とたずねてきて，「彼はあなたのことをよく話していました」と私に言った。

読解のカギ

③ **All {I could think (at that moment)} was, "Mark, I would give all the masking tape in the world (if only you could talk to me)."**

(that)

➡ I could think at that moment は All を修飾する節。I の前には目的格の関係代名詞 that が省略されている。

➡ <If＋S'＋過去形 , S＋would＋動詞の原形> は仮定法過去。ここでは if 節が後に置かれている。「もし(今)～ならば，…だろうに」という意味で，現在の事実に反することを表している。副詞 only が if 節の内容を強調しており，「もし～さえすれば」という意味になっている。

問. 並べかえなさい。

もし彼女が私の話を聞きさえすれば，最高のアドバイスをしてあげるのに。
(listened / she / advice / me / if / I / to / give / her / the / only / would / best / ,).

____.

⑥ **Why did it have to rain on the day of the funeral?**

➡ 自分の考えや気持ちを強調して述べる修辞疑問文。「なぜ雨が降らなければならなかったのか」→「雨が降る必要などなかった」という筆者の気持ちを表している。

⑦ **It was difficult enough (at the graveside).**

➡ it は漠然とした状況を表す。

➡ enough は副詞。「十分に」という意味で，difficult を修飾している。直前の文とのつながりで，「お墓のそばにいるだけでも十分つらいのに，なぜ雨まで降るのか」という気持ちを表している。

⑪ **(As I stood there), one of the soldiers {who had acted (as a pallbearer)} came up to me.**

主格の関係代名詞

➡ 文頭の as は，「～するとき」という意味の接続詞。

➡ who ... pallbearer は先行詞 one of the soldiers を修飾する関係代名詞節。

➡ pallbearer は，葬儀で棺の移動に付き添う役目の人を指す。

➡ had acted は過去完了形。came が表す時点より以前のことを表す。

➡ come up to *A* は「*A* に近づいて来る」。

問の解答 **問.** If only she listened to me, I would give her the best advice(.)

18～19

ポイント マークが亡くなるまで大切にしていたものは何だったか。

18 ① After the funeral, / most of Mark's former classmates / headed to Chuck's farmhouse / for lunch.// ② Mark's mother and father were there, / obviously waiting / for me.// ③ "We want to show you something," / his father said, / taking a wallet out of his pocket.// ④ "They found this on Mark / when he was killed.// ⑤ We thought / you might recognize it."//

葬儀の後 / マークの元クラスメートのほとんどは / チャックの農場の家へ向かった / 昼食を食べに // マークの母親と父親がそこにいた / 明らかに待ちながら / 私を // 「私たちにはあなたにお見せしたいものがある」と / 彼の父親が言った / ポケットから財布を取り出しながら // 「マークがこれを身につけているのを彼らが見つけました / 彼が殺されたとき // 私たちは思った / あなたはそれに見覚えがあるかもしれないと」 //

19 ⑥ Opening the billfold, / he carefully removed / two worn pieces of notebook paper / that had obviously been taped, / folded and refolded many times.// ⑦ I knew / without looking / that the papers were the ones / on which I had listed all the good things / each of Mark's classmates had said / about him.// ⑧ "Thank you so much / for doing that," / Mark's mother said.// ⑨ "As you can see, / Mark treasured it."//

札入れを開けて / 彼は慎重に取り出した / 2枚のすり切れたノートのページを / 明らかにテープで貼り合わされた / 何度も折り畳み直された // 私はわかっていた / 見なくとも / その紙が～ものだということを / 私が長所のすべてをリストにした / マークのクラスメートのそれぞれが言った / 彼について // 「本当にありがとうございます / それをしてくれて」と / マークの母親は言った // 「ご覧の通り / マークはそれを大事にしていた」 //

・単語・熟語チェック

□ **former**	形 前の	□ **wallet**	名 財布
□ **head to *A***	熟 *A* へ向かう	□ **billfold**	名 札入れ
□ **farmhouse**	名 農場内の家屋	□ **refold**	動 ～を再び折り畳む
□ **obviously**	副 明らかに	□ **treasure**	動 ～を大事にする

本文内容チェック **「マークが亡くなるとき身につけていた，課題でもらった長所のリスト」**

18 葬儀後，マークの父親が彼が亡くなるとき持っていたものを私に見せようとした。

19 彼は札入れを開け，すり切れた紙を取り出した。私は見なくとも，それがマークのクラスメートが書いた彼の長所を私がまとめたリストだとわかった。彼の母は私がそれをしたことにお礼を言った。

読解のカギ

① **(After the funeral), most of Mark's former classmates headed to Chuck's farmhouse (for lunch).**

➡ most of *A* は「ほとんどの *A*」。

➡ farmhouse は「農場内の家屋」。農場の経営者が主な生活を送る場所を指す。

② **Mark's mother and father were there, (obviously waiting for me).**
分詞構文

➡ waiting 以下は「〜しながら」という意味を表す分詞構文。obviously は「明らかに」という意味の副詞で，現在分詞の waiting を修飾している。

③ **"We want to show you something," his father said, (taking a wallet out of his pocket).**
分詞構文

➡ taking 以下は「〜しながら」という意味を表す分詞構文。

➡ take *A* out of *B* は「*A* を *B* から取り出す」。

⑥ **(Opening the billfold), he carefully removed two worn pieces of notebook**
分詞構文

paper {that had obviously been taped, folded and refolded many times}.
主格の関係代名詞

➡ Opening the billfold は分詞構文。「〜して(それから…する)」と，連続する動作を表す。

➡ that had obviously been taped, folded and refolded many times は先行詞 two worn pieces of notebook paper を修飾する関係代名詞節。

➡ had obviously been taped, (had been) folded, (had been) refolded は，いずれも過去完了形の受動態。主節の動詞 removed が表す時点よりも以前のことを表す。

⑦ **I knew (without looking) (that the papers were the ones {on which I had**

listed all the good things {each of Mark's classmates had said about him}}).
(that)

➡ without *do*ing は「〜しないで」。

➡ ones は複数形の名詞である papers の代わりに用いられている。

➡ on which は <前置詞＋関係代名詞>。on which I had listed all the good things each of Mark's classmates had said about him が先行詞 the ones を修飾している。

➡ had listed と had said は過去完了形で，knew が表す時点より以前のことを表す。

➡ each of Mark's classmates had said about him は all the good things を修飾する節。each の前には目的格の関係代名詞 that が省略されている。

問．並べかえなさい。

私はそのパソコンを買うために，貯めていたお金をすべて使った。

To buy the PC, (all / the / had / I / saved / money / used / I).

____.

⑧ **"Thank you so much for doing that," Mark's mother said.**

➡ thank you for *do*ing はマークが筆者に対してよく使っていた表現。

➡ doing that は筆者がリストを作ったことを指す。

問の解答 **問．**(To buy the PC,) I used all the money I had saved(.)

20～21

ポイント マークのクラスメートは自分たちのリストをどうしていたか。

20 ① Mark's classmates started to gather / around us.// ② Chuck smiled rather sheepishly / and said, / "I still have my list.// ③ It's in the top drawer / of my desk / at home."// ④ John's wife said, / "John asked me / to put his in our wedding album."//
⑤ "I have mine, too," / Marilyn said.// ⑥ "It's in my diary."// ⑦ Then / Vicki, / another classmate, / reached into her pocketbook, / took out her wallet, / and showed her worn and frazzled list / to the group.// ⑧ "I carry this with me / at all times," / Vicki said / without batting an eyelash.// ⑨ "I think / we all saved our lists."//

マークのクラスメートが集まり始めた / 私たちの周りに // チャックが少し恥ずかしそうにほほ笑んだ / そして言った / 「私も自分のリストをまだ持っている // それはいちばん上の引き出しの中にある / 私の机の / 家の」と // ジョンの妻が言った / 「ジョンは私に頼んだ / 彼のものを私たちの結婚アルバムに入れてほしいと」と //
「私も自分のものを持っている」と / マリリンが言った // 「それは私の日記に挟んである」 // その後 / ヴィッキーが / 別のクラスメート / ハンドバッグの中に手を入れた / 自分の財布を取り出した / そして自分のすり切れてぼろぼろになったリストを見せた / その集団に // 「私はこれを持ち歩いている / いつでも」と / ヴィッキーは言った / まばたき１つせずに // 「私は思う / 私たち全員が自分のリストをしまっておいた」と //

21 ⑩ That's when I finally sat down and cried.// ⑪ I cried for Mark / and for all his friends / who would never see him again.//

私がとうとう座りこんで泣いたのはそのときだった // 私はマークを思って泣いた / そして彼の友人たち全員を思って / 彼に２度と会うことのない //

・単語・熟語チェック

□ **rather**	副 少し，いくぶん	□ **at all times**	熟 いつでも，常に
□ **sheepishly**	副 恥ずかしそうに	□ **without batting an eyelash**	熟 まばたき１つせずに
□ **album**	名 アルバム	□ **eyelash**	名 まつ毛
□ **pocketbook**	名 ハンドバッグ		
□ **frazzled**	形 ぼろぼろになった		

本文内容チェック **「自分の長所のリストをまだ持っていたマークのクラスメートたち」**

20 マークのクラスメートたちは，それぞれ自分のリストを今も机の引き出しにしまっていたり，日記に挟んだり，財布に入れたりして持っていることを告白した。

21 私はマークと，彼に２度と会えない友人たちを思って泣いた。

読解のカギ

④ **John's wife said, "John asked me to put his in our wedding album."**

➡ ask *A* to *do* で「*A* に～するように頼む」。

➡ his は「彼のもの」という意味の所有代名詞。his list の代用で使われている。

⑤ **"I have mine, too," Marilyn said.**

➡ mine は「私のもの」という意味の所有代名詞。my list の代用で使われている。

⑥ **"It's in my diary."**

➡ 前文⑤に続き，Marilyn の発言内容である。

➡ It は前文⑤の mine(= my list) を受けた代名詞。

⑦ **Then Vicki, another classmate, reached into her pocketbook, took out her wallet, and showed her worn and frazzled list (to the group).**

S（Vicki）= another classmate　V（reached）　V（took）　O（her wallet）　V（showed）　O（her worn and frazzled list）

➡「,(コンマ)」を挟んだ Vicki と another classmate は≪同格≫の関係。

➡ reach into *A* は「*A* に手を入れる」。

➡ pocketbook は「ハンドバッグ」という意味の名詞。handbag を表す古風な表現。

➡ frazzled は「ぼろぼろになった」という意味の形容詞。frazzle「～をすり減らす」の過去分詞が形容詞化したもの。同じく wear「～をすり減らす」の過去分詞が形容詞化した worn とともに，list を修飾している。

問1. ＿＿を埋めなさい。

彼は水の中に手を入れ，きれいな石を拾い上げた。

He ＿＿＿＿＿＿ ＿＿＿＿＿＿ the water and picked up a beautiful stone.

⑧ **"I carry this with me (at all times)," Vicki said (without batting an eyelash).**

➡ this は前文⑦の her worn and frazzled list を指す。

➡ bat は「～をまばたかせる」という意味。目的語に eye「目」や eyelash「まつ毛」をとって，まばたきする動作を表す。without batting an eyelash は「まばたき 1 つせずに」という意味で，驚きを見せず，堂々とした態度を表す。

問2. 並べかえなさい。

彼女はその悲報をまばたき 1 つせずに聞いた。

(the sad news / batting / she / an eyelash / to / without / listened).

＿＿＿＿＿＿＿＿＿＿＿＿＿＿＿＿＿＿＿＿＿＿＿＿＿＿＿＿＿＿.

⑩ **That's {when I finally sat down and cried}.**

関係副詞(when = the time when)

➡ when は先行詞なしで「～するとき」という意味の名詞節を導く関係副詞。

⑪ **I cried (for Mark) and (for all his friends {who would never see him again}).**

主格の関係代名詞（who → all his friends）

➡ who 以下は先行詞 all his friends を修飾する関係代名詞節。would は主節の時制に合わせ，will が過去形になったもの。

問の解答 **問 1.** reached into　**問 2.** She listened to the sad news without batting an eyelash(.)

TRY1 Overview ❗ヒント

You are writing a story review. Complete the chart.
（あなたは物語のレビューを書いています。表を完成させなさい。）

Introduction → 第1～2パラグラフ
Episodes in the class → 第3～11パラグラフ
Several years later → 第12～21パラグラフ

ⓐ ある日，私は自分の生徒たちにほかの生徒について思い浮かぶ最もすばらしいことを書くように求めた。彼らはほかの人が書いたことを読んだとき，明らかに喜んでいた。
ⓑ マークは，彼のクラスメートのそれぞれが書いてくれた，よいところすべてのリストを持ち続けていた。ほかのクラスメートたちもまた，自分たち自身のリストをとっておいていた。
ⓒ ある日，マークがおしゃべりをしすぎたので，私は彼の口の上にテープで大きなバツ印を付けた。
ⓓ マークは棺の中で，ハンサムで大人っぽく見えた。
ⓔ 私はマークがベトナムで殺されたということを聞いた。
ⓕ 私のクラスに，とても魅力的な男の子であるマーク・エクランドがいた。

TRY2 Main Idea ❗ヒント

Mark the main idea M, the sentence that is too broad B, and the sentence that is too narrow N.（話の本旨になるものにはMを，広範すぎる文にはBを，限定的すぎる文にはNの印を書きなさい。）

1 各生徒がクラスメートのそれぞれについての最もすばらしいところを書いた。
2 だれもがほかの人たちを尊重することは重要である。
3 生徒たちの長所のリストは，彼らの一生の宝物になった。

TRY3 Details ❗ヒント

Choose the best answer.（適切な答えを選びなさい。）

1 筆者がマークを注意したときに彼はどう反応したか考える。 → 教 p.154, ℓℓ.6～8
2 テープで口にバツ印を付けられた後のマークがどのような行動をとったか考える。
→ 教 p.154, ℓ.21
3 ある日の数学の授業で，筆者は生徒のどのような様子を感じ取ったか考える。
→ 教 p.154, ℓℓ.29～31
4 マークの葬儀が行われた教会の中はどのような様子だったか考える。
→ 教 p.155, ℓ.27

TRY4 Recognizing Tone ❗ヒント

Choose the most suitable answer.（最も適切な答えを選びなさい。）

1 マークがおしゃべりを繰り返したことに対する筆者の反応を読み取る。
2 マークに「テープで口をふさぎますよ」と言ったことを，筆者は自分でどう評価しているか読み取る。
3 マークがウィンクをしたとき，筆者がどのような感情になったのか読み取る。

4 筆者がマークの葬儀で座りこんで泣いたときの感情を読み取る。

TRY5 Deeper Understanding ヒント

Discuss the following with your partner. （次のことについてパートナーと話し合いなさい。）

議題の訳

あなたが感謝したい先生を思い浮かべなさい。彼らはあなたに何をしてくれましたか。

→過去にお世話になった先生で，お礼を言いたい人はだれか考える。中学校，小学校，幼稚園などの先生でもよい。その人がしてくれたことは，What did ～? と聞かれているので過去時制で答えればよい。

TRY6 Retelling ヒント

Content Retelling

本文要約例

筆者はミネソタ州モリスの聖マリア学校で３年生のクラスの**生徒**を**教えていた**。そこに**マーク**という生徒がいた。彼は時折**やんちゃぶり**を見せたが，きちんとした身なりと，生きているだけで幸せというような様子から，そのやんちゃぶりも喜ばしいものに思えた。また，彼はおしゃべりで何度も筆者に叱られたが，その度に「叱ってくれてありがとうございます」と応えた。

ある日，おしゃべりを繰り返すマークに忍耐の限界を迎えた筆者は，「もう一言でもしゃべったら口をテープでふさぎますよ」と彼に言ってしまった。彼はそれでもすぐに話し始めたため，筆者は**罰**を実行しなければならなくなった。筆者は**マスキングテープ**でバツ印を作って彼の口に貼った。筆者が教室の前方に戻ってマークの様子を見たとき，彼がウィンクをしてきた。それで筆者は笑い始めてしまい，彼の口のテープをとってあげた。彼はそこでも「叱ってくれてありがとうございます」と言った。

数年後，筆者が中学校で**数学**を教えるようになっていたとき，マークがまた筆者のクラスにいた。ある日の授業中，新しい勉強内容がうまく理解できず，クラスの生徒たちが**いらいらしている**のを感じた筆者は，その雰囲気を解消するため，各生徒にクラスメートそれぞれの**最もすばらしいところ**を紙に書いて提出するという課題を出した。その後，筆者は生徒ごとにクラスメートが書いたその生徒のよいところを**リスト**にし，各生徒に渡した。そのリストを生徒たちがその後どうしたかはわからなかったが，生徒たちはそれをもらって満足そうだった。

それからまた何年か経ち，休暇から戻った筆者が空港まで両親に車で迎えに来てもらったとき，道中で父親からマークが**ベトナム**で亡くなったことを告げられた。彼の両親は，筆者に翌日の彼の**葬儀**に参加してほしいとのことだった。

マークの葬儀の日，**棺**の中の彼はハンサムで大人っぽく見えた。教会は彼の友人たちでいっぱいだった。最後に１人ずつ棺に聖水を振りかけていき，筆者が最後の１人として棺のところに行くと，棺の付添人をしていた１人が「あなたがマークの数学の先生ですか」と話しかけてきた。そして「マークはあなたのことをたくさん話していました」と言った。

葬儀の後，昼食を食べに行った先で，筆者は**マークの母親と父親**に「見せたいものがある」と言われた。父親は，マークが亡くなったときに身につけていたという，**２枚のすり**

切れた紙を見せた。それはクラスメートが挙げた彼の長所のリストだと，筆者には見ずともわかった。彼の母親は筆者にそのリストについてお礼を言い，彼がそれ**を大事にしていた**のだと言った。すると，**マークのクラスメートたち**が周りに集まり，次に次に自分たちもそのリストを今も持っていることを話し始めた。

筆者は座りこみ，マークと，彼に２度と会うことのできない友人たちを思って泣いた。

Interactive Retelling

Reteller A: You are a math teacher.	Reteller B: You are Mark.
・I taught at Saint Mary's School. ・おしゃべりをしすぎたマークに罰を与えた。 ・クラスに，クラスメートのよいところを紙に書かせる課題を出した。	・I had a happy-to-be-alive attitude. ・授業中におしゃべりをして先生によく叱られた。 ・ベトナムで命を落とした。 ・よいところのリストを大事にとっていた。

Retelling with Your Opinions

マークと彼のクラスメートたちはなぜ自分たちのリストを大事にしていたと思いますか。あなたの意見もまじえて，本文を Retelling しなさい。

意見を伝える表現：

・Words of appreciation from others give us confidence.
（人からの評価のことばは私たちに自身を与える。）

Speaking ヒント

Role play

❶下の写真を見なさい。どんな種類の催しものや活動をあなたは楽しみましたか。下の催しもののうちの１つを選び，パートナーと話をしなさい。

➡学校，クラスの状況や，相手の生徒に応じて話を膨らましやすそうなものを選ぶ。もしくは自分が話題を誘導しやすいものを選ぶ。

❷生徒会のメンバーが上級生に質問をする。１人がインタビュアー役をし，もう一方が上級生役をする。その後，役を入れ替えなさい。

使える表現：

・I devoted most of my high school life to club activities.
（私は高校生活のほとんどを部活動に捧げた。）

・We had the great experience of uniting as a class for ○○ .
（私たちは○○に向けてクラスで一丸となるというすばらしい経験をした。）

Writing ヒント

・単語・熟語チェック

□ episode	名 挿話，エピソード	□ grateful	形 感謝している
□ thankful	形 感謝している		

高校生活を振り返る

❶ブレイン・ストーミング

あなたはだれのことを思い浮かべましたか。あなたはなぜその人に感謝していますか。どんなエピソードが，ほかの人にあなたがその人に感謝している理由を示すでしょうか。書き始める前に概略を考えなさい。また，あなたの話に合ったタイトルもつけなさい。

❷書く

使える表現：

・The person who I am most thankful to is ○○ .
（私が最も感謝をしている人は○○だ。）

・If I hadn't met ○○ , I wouldn't be the person I am today.
（○○に出会っていなければ，今の私はいないだろう。）

Enrich Your Vocabulary ヒント

・単語・熟語チェック

□ **accuracy**	名 正確さ	□ **crude**	形 大雑把な
□ **accurate**	形 (計算などが) 正確な	□ **incorrect**	形 不正確な，間違った
□ **precise**	形 (細部まで) 正確な	□ **inaccurate**	形 不正確な，ずさんな
□ **exhaustive**	形 徹底的な	□ **incomplete**	形 不完全な
□ **punctual**	形 時間通りの	□ **imprecise**	形 不正確な，曖昧な
□ **rough**	形 大まかな	□ **navigation**	名 ナビゲーション
□ **approximate**	形 おおよその	□ **app**	名 アプリ
□ **broad**	形 概略の		

Describe

あなたは次の状況にある。それぞれを上の表現を使って説明しなさい。

例：I found that the movie gave us an incorrect message.
（私はその映画が不正確なメッセージを伝えていると感じた。）
The team captain only gave us a rough explanation of the training plan.
（チームのキャプテンは私たちに，訓練の計画の大まかな説明しかしなかった。）
I tried to use the navigation app on my smart phone to get to a new restaurant, but the information was inaccurate and I could not get there.
（私はスマートフォンのナビゲーションアプリを使って新しいレストランに行きたかったが，情報が不正確でそこに着けなかった。）

Give your opinions

あなたがとても正確だと感じるものを１つ考え，そう思う理由を述べなさい。

例：I find weather forecasts these days are very accurate.
（私は最近の天気予報はとても正確だと感じる。）
They show us the location of rain clouds on an hourly basis.
（それらは雨雲の位置を１時間単位で示してくれる。）

定期テスト予想問題

解答 ➠ p.245

1 日本語の意味に合うように，___に適切な語を入れなさい。

(1) 無料の飲料水がいつでも利用可能だ。
Free drinking water is available __________ all __________.

(2) 私たちは校則にしたがって行動しなければならない。
We have to __________ __________ school rules.

(3) その男は秘密を口走った。
The man __________ __________ the secret.

(4) 彼女は子どもたちにウィンクした。
She __________ __________ her children.

2 次の疑問文が使われる状況を表す英文を，書き出しに続けてつくりなさい。

(1) How much is that camera?
→ I wonder ______________________________.

(2) Can Kate speak Japanese?
→ I don't know ______________________________.

3 日本語に合うように，(　)内の語を並べかえなさい。

(1) 彼女はノートの中から紙を 1 枚引きちぎった。
(a / tore / she / of / from / off / the / piece / notebook / inside / paper).
____.

(2) 私の知らない間に劇場は満席になっていた。
(I / was / the / before / knew / theater / it / ,) full.
____________________________________ full.

(3) 晴れた天気を満喫しにビーチへ向かいましょう。
(to / the / weather / beach / to / sunny / head / enjoy / let's / the).
____.

4 次の英語を日本語に訳しなさい。

(1) She gave me a sideways glance.
(　　　　　　　　　　　　　　　　　　　　)

(2) My grandfather cleared his throat.
(　　　　　　　　　　　　　　　　　　　　)

(3) The stadium was packed with people.
(　　　　　　　　　　　　　　　　　　　　)

(4) He took the cookies from the jar one by one.
(　　　　　　　　　　　　　　　　　　　　)

5 次の英文を読んで，後の問いに答えなさい。

Mark also talked incessantly. I tried to remind him again and again that talking without permission was not acceptable. What impressed me so much, though, was the sincere response ①(I / every / to / misbehaving / had / correct / for / time / him): "Thank you for correcting me, Sister!" ②I didn't know what to make of it at first, but before long I became accustomed to hearing it many times a day.

(1) 下線部①が「私が彼の無作法を正さなければならなかったたびに」という意味になるように，(　)内の語を並べかえなさい。

____

(2) 下線部②の英語を日本語に訳しなさい。
(　　　　　　　　　　　　　　　　　　　　　　　　　)

(3) 筆者がマークに何度も思い出させようとしたことは何か。日本語で答えなさい。
(　　　　　　　　　　　　　　　　　　　　　　　　　)

(4) 次の質問に英語で答えなさい。
How often did Mark say "Thank you for correcting me, Sister!"?

____

6 次の英文を読んで，後の問いに答えなさい。

One Friday, things just didn't feel ①right. We had worked hard on a new concept all week, and ②(that / were / themselves / growing / I / the students / frustrated / with / sensed)—and edgy with one another. ③I had to stop this crankiness before it got out of hand, so I asked them to list the names of the other students in the room on two sheets of paper and to leave a space between each name. Then I told them to think of the nicest thing they could say about each of their classmates and write ④it down.

(1) 下線部①が表す意味を選び，記号で答えなさい。
a. 正確な　　b. 真っすぐな　　c. 速やかな　　d. 正常な　　(　　)

(2) 下線部②が「私は生徒たちが自分自身に不満を抱くようになりつつあることを感じ取った」という意味になるように，(　)内の語句を並べかえなさい。

____

(3) 下線部③の英語を日本語に訳しなさい。
(　　　　　　　　　　　　　　　　　　　　　　　　　)

(4) 下線部④は具体的に何を指すか。日本語で答えなさい。
(　　　　　　　　　　　　　　　　　　　　　　　　　)

Pleasure Reading 1 San Fairy Ann

1〜3

ポイント レイン夫人とバーンズ先生は池について何を話していたか。

I

1 ① At the edge of the duckpond / in the village / of Little Eggham, / Mrs. Lane, / the Doctor's wife, / and Miss Barnes, / the schoolmistress, / were talking / about the pond.//
アヒル池の端っこで / 村の / リトル・エグハムの / レイン夫人 / 医師の妻 / そしてバーンズ先生は / 女性教師 / 話していた / その池について //

② Miss Barnes said, / 'It's a terrible sight!'//
バーンズ先生は言った / 「ひどい光景だわ！」と //

③ 'And smells,' / said Mrs. Lane.//
「そして臭うわ」と / レイン先生は言った //

2 ④ She had come / to England / from France / just after the last war, / and Doctor Lane had married her / in London / a year ago.// ⑤ Before long, / the villagers / in Little Eggham / liked her / as much as they liked him.//
彼女はやってきた / イングランドへ / フランスから / 先の戦争の直後に / そしてレイン医師が彼女と結婚をした / ロンドンで / 1年前に // 間もなくして / 村人たちは / リトル・エグハムの / 彼女を気に入った / 彼らが彼を気に入っていたのと同じくらい //

3 ⑥ Mrs. Lane was saying, / 'How long is it / since the pond was cleared out?'//
レイン夫人は言っていた / 「どのくらい経ちますか / その池が掃除されてから」と //

⑦ 'Not since before the evacuees came / in 1939,' / said Miss Barnes.// ⑧ 'We'd always been careful / so that it wouldn't be a dump / for rubbish.// ⑨ But some of the evacuees were rather rough, / and they threw in anything / they could get hold of.'//
「避難民たちが来たときより前からされていない / 1939年に」と / バーンズ先生は言った // 「私たちはいつも気をつけてきた / それがごみ捨て場にならないように / ガラクタの // しかし避難民の中にはかなり乱暴な人もいた / そして彼らは何でも投げ入れた / 彼らが手につかめた」 //

・単語・熟語チェック

□ **duckpond**	名 アヒル池	□ **evacuee**	名 避難民
□ **schoolmistress**	名 女性教師	□ **dump**	名 ごみ捨て場
□ **pond**	名 池	□ **rubbish**	名 ごみ，ガラクタ
□ **villager**	名 村人	□ **rough**	形 乱暴な
□ ***A* is cleared out**	熟 *A* は掃除される	□ **get hold of *A***	熟 *A* を手につかむ

本文内容チェック 「掃除されておらず，ものが投げ入れられているアヒル池の現状」

1 リトル・エグハム村のアヒル池のほとりで，レイン夫人とバーンズ先生は池がひどい見た目と臭いであると話していた。

2 レイン夫人は戦争後にフランスからイングランドにやってきて，レイン医師と結婚した。リトル・エグハム村の人たちは彼女を気に入っていた。

3 夫人は池がいつから掃除されていないのかとたずね，バーンズ先生は1939年に避難民が来て以来されておらず，避難民の中にはものを投げ入れる人もいると答えた。

読解のカギ

③ **'And smells,' said Mrs. Lane.**
O V S

➡ 直接話法の文。発話内容が文頭に置かれ，後ろの主語と動詞が倒置されている。
➡ 直前の②の発言につなげて話していて，smells の前に主語の it(=the duckpond)が省略されている。

④ **She had come to England from France (just after the last war), and Doctor Lane had married her (in London) (a year ago).**
had come：過去完了形　had married：過去完了形

➡ 過去完了形の2つの文が and でつなげられた文。第1パラグラフで話している時点よりも前の出来事であることを示している。

⑦ **'Not since before the evacuees came in 1939,' said Miss Barnes.**
O V S

➡ ③と同様，倒置が起きた直接話法の文。
➡ 文頭の Not は It has not been cleared out ～の not 以外が省略されて残ったもの。
➡ <since before S+V> は「S が V する前から」という意味。

⑨ **But some of the evacuees were (rather) rough, and they threw in anything {they could get hold of}.'**
S V C S V O
(that)

➡ throw in *A* は「*A* を投げ入れる」。
➡ anything の後ろには目的格の関係代名詞 that が省略されている。(that) they could get hold of が先行詞の anything を修飾している。
➡ get hold of *A* は「*A* を手につかむ」。

問．並べかえなさい。

彼は道を渡る際中，自分の子どもの手をつかんだ。
(hold / his / hand / of / he / child's / got) while crossing the street.
____________________ while crossing the street.

問の解答 **問．** He got hold of his child's hand (while crossing the street.)

4～6

ポイント キャシー・グッドマンはどのような子どもだったか。

4 ①'Not Cathy Goodman, / I hope,' / said Mrs. Lane.// ②The schoolmistress knit her brows.// ③Cathy Goodman was a problem.// ④She didn't fit in.// ⑤She had no parents / and seemed to belong to nobody.// ⑥Ever since she had come / to Little Eggham, / she had got the habit / of being unhappy and unfriendly.//

「キャシー・グッドマンではないことを / 私は願う」と / レイン夫人は言った // その女性教師は眉間（みけん）にしわを寄せた // キャシー・グッドマンは問題児だった // 彼女は溶け込んでいなかった // 彼女には両親がいなかった / そしてだれのものでもないように見えた // 彼女は来てからずっと / リトル・エグハムに / 彼女には習慣がついていた / 不機嫌で不愛想でいる //

5 ⑦'It's a pity / she was put / with Mrs. Vining.// ⑧She doesn't like children much.'//

「気の毒なことだ / 彼女が住まわされたのは / ヴァイニング夫人と一緒に // 彼女は子どもがあまり好きではない」//

⑨'Can it not be changed?' / asked Mrs. Lane.//

「それは変えられないのですか」と / レイン夫人がたずねた //

⑩'Who would take her?'// ⑪Miss Barnes shook her head, / and stared / at the pond / again.// ⑫'Goodness!// ⑬I'd no idea / how much had been thrown / in this pond / until this drought.'//

「だれが彼女を引き取るだろうか」// バーンズ先生は頭を振った / そして見つめた / その池を / 再び // 「なんてこと！// 私にはまったくわからなかった / どれほど投げ入れられていたのか / この池に / 今回の干ばつまで」//

6 ⑭Little Eggham was suffering badly / from the drought.// ⑮The duckpond was showing a number of disagreeable objects.//

リトル・エグハムはひどく悩まされている / その干ばつに // アヒル池は多くの不愉快なものを見せていた //

・単語・熟語チェック

□ **knit *A*'s brows**	熟 眉間にしわを寄せる	□ **pity**	名 気の毒なこと
□ **brow**	名 眉間	□ **stare at *A***	熟 *A* を見つめる
□ **fit in**	熟 溶け込む，なじむ	□ **goodness**	名 なんてこと
□ **habit**	名 習慣，癖	□ **drought**	名 干ばつ
□ **unhappy**	形 不機嫌な	□ **disagreeable**	形 不愉快な
□ **unfriendly**	形 不愛想な		

本文内容チェック 「両親のいない，問題児だったキャシー・グッドマン」

4 レイン夫人は，池にごみを投げ入れたのがキャシー・グッドマンでなければよいが，と言った。キャシーは周りに溶け込まず，いつも不機嫌にしている問題児だった。

5 キャシーはあまり子ども好きではないヴァイニング夫人と住まわされていて，それをどうにかできないのかと言うレイン夫人に，ほかにだれが引き取るのか，とバーンズ先生は答えた。そしてバーンズ先生は池に多くのものが投げ入れられていたことを嘆いた。

6 ひどい干ばつのせいで，池は多くの不愉快なものが見えている状態だった。

読解のカギ

① **'Not Cathy Goodman, I hope,' said Mrs. Lane.**

➡ Notの前にはIt'sが補え，発言内容は「(それが)キャシー・グッドマンでないことを願う」という意味になる。第3パラグラフの「池にものを投げ入れる避難民もいる」という内容とつながり，「その人物がキャシーでなければよいが」と言っている。

② **The schoolmistress knit her brows.**

➡ The schoolmistressはMiss Barnesのこと。

➡ knit *A*'s browsは「眉間にしわを寄せる」。browは目の上の部分のことで，「眉間」だけでなく「眉毛」や「額」を指すこともある。

⑥ **(Ever since she had come to Little Eggham), she had got the habit of being unhappy and unfriendly.**

➡ ここでのeverはsince「〜してから，以来」の≪継続性≫を強調している。

➡ had comeとhad gotは過去完了形。物語が語られている時点より，さらに過去のことに言及している。

➡ the habit of *do*ingは「〜する習慣」。

問. 並べかえなさい。

私は毎日運動をする習慣をつけたい。

(to / day / get / want / I / every / habit / of / the / exercising).

____.

⑨ **'Can it not be changed?' asked Mrs. Lane.**

➡ Can it not be changed?は否定形の疑問文。短縮形を用いる場合，Can't it be 〜?となるが，ここでのように短縮形にしない場合は，主語の後にnotを置く。否定形の疑問文は「〜しないのですか」という意味で，同意を期待する気持ちを表す。

⑩ **'Who would take her?'**

➡ 反語的な意味で使われている疑問文。「だれが彼女を引き取るだろうか(＝だれも引き取らないだろう)」という意味を表す。

⑬ **I'd no idea (how much had been thrown (in this pond) (until this drought)).'**

➡ I'dはI hadの略。このhadは助動詞ではなく，一般動詞haveの過去形。

➡ <have no idea＋how [what, etc.]節>は「〜かまったくわからない」。

➡ had been thrownは受動態の過去完了形。主節の過去時制より前の出来事であることを示している。

問の解答 **問.** I want to get the habit of exercising every day(.)

7～8

ポイント レイン夫人とバーンズ先生は何をすることに決めたか。

7 ① 'It's time / it was cleaned out,' / said Mrs. Lane.//
「そろそろ～ときだ / それが掃除される」と / レイン夫人は言った //

② 'Yes, / but / with labour so short / there are no men / to spare / in the village,' / said Miss Barnes.//
「はい/しかし/ 人手がとても不足しているので / 男性が1人もいない / 割ける / 村に」と / バーンズ先生は言った //

③ 'Well!' / cried Mrs. Lane.//
「それじゃあ！」と / レイン夫人は叫んだ //

④ 'If there are no men, / there are women!// ⑤ I will clean out the pond / myself.'//
「男性が1人もいないなら / 女性がいる！ // 私がその池を掃除しますよ / 自分で」//

⑥ 'When?' / asked Miss Barnes.//
「いつ？」と/ バーンズ先生がたずねた//

⑦ 'After supper,' / said Mrs. Lane.//
「夕食の後に」と / レイン夫人は言った //

⑧ 'I'll help,' / said Miss Barnes.//
「私が手伝いますよ」と / バーンズ先生は言った//

⑨ 'Eight o'clock?'//
「8時？」 //

⑩ 'I'll be here,' / laughed Miss Barnes.//
「私はここに来ますよ」と / バーンズ先生は笑って言った //

8 ⑪ Cathy saw them going home.//
キャシーは彼女たちが家に帰っていくのを見た //

⑫ No one knew / that the pond was the reason / why her little face was such a scowl.//
だれも知らなかった / その池が理由であったと / 彼女の幼い顔がそんなにしかめっ面であったことの //

・単語・熟語チェック

□ **spare**	動 (人手など)を割く	□ **scowl**	名 しかめっ面
□ **supper**	名 夕食		

本文内容チェック **「池を掃除することに決めたレイン夫人とバーンズ先生」**

7 そろそろ池を掃除する時期が来ていると言うレイン夫人に，バーンズ先生は掃除に割ける男手は村にはないと言った。レイン夫人は，それでは自分が掃除すると言い出し，バーンズ先生はそれを手伝うと言った。そして8時に掃除に来ることになった。

8 キャシーは彼女たちが帰るのを見ていた。彼女がしかめっ面をしている理由がその池であることをだれも知らなかった。

読解のカギ

① **'It's time it was cleaned out,' said Mrs. Lane.**

➡ <it's time S+V(過去形)> は「そろそろ S が V するときだ」。現実には起きていないことを仮定するので，現在のことでも仮定法で動詞は過去形にする。

➡ it was の it は the (duck)pond を受けた代名詞。

問1. ____を埋めなさい。

そろそろ私たちは決定を下すときだ。

It's ____________ we ____________ a decision.

② **'Yes, but (with labour so short) there are no men (to spare) (in the village),' said Miss Barnes.**

to spare：to 不定詞の形容詞的用法

➡ but は前文①の Mrs. Lane の発言を受けて「しかし」と言っている。

➡ so short は labour を後ろから修飾している。so を含む句は「とても～なので」と≪原因≫を表し，there are ... in the village が≪結果≫を表している。

➡ to spare は to 不定詞の形容詞的用法。no men を修飾している。

④ **'If there are no men, there are women!**

➡ <if S'+V'(現在形), S+V(現在形)> の形で, 直説法の if を使った文。仮定法と違い，実際にあり得ることを表している。

⑤ **I will clean out the pond myself.'**

➡ clean out *A* / clean *A* out は「*A* を掃除する，きれいにする」。

➡ myself は再帰代名詞。主語の I を強調するために用いられている。

問2. 日本語にしなさい。

John cooked dinner himself tonight.

(　　　　　　　　　　　　　　　　　　　　　　　　　　)

⑪ **Cathy saw them going home.**

➡ see は知覚動詞。<see O+C(現在分詞)> で「O が～しているのを見る」という意味になる。

➡ them は Mrs. Lane と Miss Barnes を指している。

⑫ **No one knew (that the pond was the reason {why her little face was such a scowl}).**

➡ <a reason why S+V> は「S が V する理由」。この why は関係副詞。

問3. 並べかえなさい。

私には彼女がそんなに怒っている理由がわからない。

(the / angry / reason / I / why / see / she / can't / is / so).

____.

問の解答　**問 1.** time, made　**問 2.** ジョンは今夜，自分で夕食を作った。
問 3. I can't see the reason why she is so angry(.)

9 〜 12

ポイント アヒル池に埋まっていた人形は，どのような人形だったか。

Ⅱ

9 ① In the duckpond / was a doll / named San Fairy Ann.// ② She lay / in the
アヒル池の中に / 1体の人形があった / サン・フェアリー・アンと名付けられた // 彼女は横たわっていた / 泥の

mud / under the broken chair / in the middle.// ③ She must have been there /
中に / 壊れた椅子の下で / 真ん中の // 彼女はそこにいたに違いない /

for nearly four years.// ④ She used to be / in a lovely little castle / in France, /
4年近くの間 // 彼女はかつていた / 素敵な小さなお城に / フランスの /

with a lady / as pretty as a fairy.// ⑤ The lady gave the doll / to her daughter / as
淑女と一緒に / 妖精と同じくらいきれいな // その淑女はその人形をあげた / 自分の娘に /

a birthday present.// ⑥ The little girl was seven years old, / and called the doll
誕生日プレゼントとして // その幼い女の子は7歳だった / そしてその人形をセレスティーンと

Célestine / after herself.//
呼んだ / 自身の名前にちなんで //

10 ⑦ She loved the doll / more than any other toy, / and years later / she gave her /
彼女はその人形が大好きだった / ほかのどのおもちゃよりも / そして何年も後に / 彼女は彼女をあげた /

to her little daughter, / who was also called Célestine.// ⑧ Thirty years after / there
自分の幼い娘に / 同じくセレスティーンと呼ばれていた // 30年後 /

was another child / called Célestine, / and she / in her turn / treasured her
別の子どもがいた / セレスティーンと呼ばれる / そして彼女は / 今度は自分の番で / 自分の祖母の

grandmother's doll.//
人形を大事にした //

11 ⑨ Then / the First World War started.// ⑩ One night / the little girl took the doll
そのころ / 第1次世界大戦が始まった // ある夜 / その幼い女の子はその人形を取り出した

out / of her cradle, / saying, / 'We're running away, / but I won't go / without you.'//
/ ゆりかごから / そして言った / 「私たちは逃げようとしている / しかし私は行くつもりはない / あなたを連れずに」と //

12 ⑪ 'Quick, / good girl, / quick!' / called her mother / from below.// ⑫ The
「早く / いい子だから / 早く！」と / 彼女の母親が呼んだ / 下の階から // その

little girl / Célestine / flew down the stairs, / but suddenly she stumbled; / the doll
幼い女の子は / セレスティーン / 階段を飛ぶように降りた / しかし突然，彼女はつまずいた / その人形

fell out / of her arms, / and a servant unfortunately kicked it / into the moat.//
は落ちた / 彼女の腕から / そして召使いが不運にもそれを蹴飛ばした / 堀の中へと //

⑬ 'Célestine!' / cried the child.// ⑭ The last thing / the doll heard / was her little
「セレスティーン！」と / その子どもは叫んだ // 最後のことは / その人形が聞いた / 彼女の幼い所有者が

owner weeping / for her.//
泣いている声だった / 彼女のために //

・単語・熟語チェック

□ **used to be *A* [*do*]** 熟 かつて*A*だった[〜した]

□ **in *A*'s turn** 熟 *A*の番になって

□ take *A* out of *B*	熟 A を B から取り出す	□ moat	名 堀
□ cradle	名 ゆりかご	□ owner	名 所有者
□ servant	名 召使い		

本文内容チェック **「池の中の人形は，かつてフランスの女の子がなくしたものだった」**

9 アヒル池の泥の中に，サン・フェアリー・アンと名付けられた人形が横たわっていた。その人形は，かつてフランスのお城に住む女性が 7 歳の娘に誕生日プレゼントとしてあげたものだった。その子の名前からとって，人形はセレスティーンと呼ばれた。

10 何年も経った後，その子は自分の娘のセレスティーンにその人形をあげた。30 年後にまたセレスティーンという名の別の子が，その人形を大事にする番になった。

11 第 1 次世界大戦が始まり，ある夜，その子は人形と一緒に逃げるところだった。

12 その子が急いで階段を降りたとき，つまずいて人形を落とした。そして，それを召使いが堀の中に蹴飛ばしてしまった。人形が最後に聞いたのはその子が泣く声だった。

読解のカギ

⑦ **She loved the doll more than any other toy, and (years later) she gave her to her little daughter, {who was also called Célestine}.**

(She = she, her = the doll; who → her little daughter)

➡ years later は「何年も後に」。前文⑥の Célestine という女の子が成長して，自分の娘を持つまでになる時間経過を表している。

➡ gave の目的語の her は the doll を受けた代名詞。

➡ who は主格の関係代名詞で，前に「,(コンマ)」があるので非限定用法である。who ... Célestine が先行詞の her little daughter について補足的に説明を加えている。

⑩ **(One night) the little girl took the doll out of her cradle, (saying, 'We're running away, but I won't go without you).'**

➡ saying 以下は分詞構文。「〜して，(そして) …と言った」と訳せる。

問. 並べかえなさい。

彼は座って，テーブルの上に地図を開いた。

(down / he / table / sat / map / the / on / opening / the / ,).

____.

⑭ **The last thing {the doll heard} was her little owner (weeping for her).**

((that) → The last thing; her = the doll)

➡ the doll heard は The last thing を修飾する節である。前に関係代名詞の that が省略されている。

➡ the doll(=S) heard(=V) her little owner(=O) weeping for her(=C) という文の O C の部分を補語にした構造の文である。

➡ for her の her は the doll を受けた代名詞。

問の解答 **問.** He sat down, opening the map on the table(.)

13~16

ポイント 人形はキャシーの手に渡るまで，どのような経緯をたどってきたか。

13 ① The doll Célestine did not know / how long she lay / in the moat.// ② Her next memory was of a man / in a uniform / taking her out / of the moat, / saying, / 'Oh! / Just the thing / for my Kitsy!'//

人形のセレスティーンにはわからなかった / どのくらい彼女が横たわっていたか / 堀の中に // 彼女の次の記憶はある男性についてのものだった / 軍服を着た / 彼女を取り出している / 堀から / 言っている /「おお！/ ぴったりのものだ / 私のキッツィに」と //

14 ③ Next / she remembered the soldier / unpacking her / in a little room / in England.//

次に / 彼女は兵士を覚えていた / 彼女を荷物から出している / 小さな一室で / イングランドの //

④ 'See what Daddy brought you / all the way from France!' / said the man / to his daughter Kitsy.//

「パパがあなたに持ってきたものを見なさい / はるばるフランスから！」と / その男性は言った / 自分の娘のキッツィに //

⑤ 'Oo!' / said the little girl.// ⑥ 'Ain't she lovely!// ⑦ What's her name?'//

「おお！」と / その幼い女の子は言った // 「彼女はかわいいじゃない！ // 彼女の名前は何？」 //

⑧ 'Let's see,' / said the soldier.// ⑨ Not knowing / that her name was Célestine, / he said, / 'Her name's San Fairy Ann.'//

「そうだな」と / その兵士は言った // 知らなかったので / 彼女の名前がセレスティーンであると / 彼は言った / 「彼女の名前はサン・フェアリー・アンだ」と //

⑩ 'What does it mean, / Dad?'//

「それはどういう意味なの / パパ」 //

⑪ 'It means she's a fairy, / and she'll bring you luck.'//

「それは彼女が妖精であるという意味だ / そして彼女はあなたに幸運をもたらすだろう」 //

15 ⑫ Thus the doll became San Fairy Ann / and belonged to Kitsy, / who loved and treasured her / just like the three little French Célestines had.// ⑬ Many years later, / she was given / to Kitsy's only little daughter, / Cathy Goodman.// ⑭ Nobody had loved San Fairy Ann / as much as Cathy Goodman did.//

こうしてその人形はサン・フェアリー・アンになった / そしてキッツィのものになった / 彼女を愛し大事にした / 3人の幼いフランス人のセレスティーンがそうしたのと同じように // 多くの年月が経った後 / 彼女は与えられた / キッツィの唯一の幼い娘に / キャシー・グッドマン // サン・フェアリー・アンを愛した人はいなかった / キャシー・グッドマンが愛したほどに //

16 ⑮ Before the Second World War broke out, / sad things happened / in Cathy's life.// ⑯ She lost her parents, / and all she had / in the world / was San Fairy Ann, / and San Fairy Ann was all the world / to her.//

第2次世界大戦が始まる前に / 悲しいことが起きた / キャシーの人生に // 彼女は両親を亡くした / そして彼女が持っているただ1つのものは / 世界で / サン・フェアリー・アンだった / そしてサン・フェアリー・アンは世界のすべてだった / 彼女にとって //

・単語・熟語チェック

□ **just the (very) thing for *A***	熟 *A* にぴったりのもの	□ **daddy**	名 パパ
□ **unpack**	動 ～を荷物から出す	□ **ain't**	略 = is [am, are] not
		□ **break out**	熟 起こる

本文内容チェック **「フランスから何度も所有者が変わり，キャシーの手に渡った人形」**

13 人形のセレスティーンは自分が堀の中にどれくらいいたのかわからなかったが，彼女の次の記憶は軍服を着た男性に堀から出してもらうところだった。

14 次に彼女が覚えていたのは，イングランドでその兵士が娘のキッツィに彼女を荷物から出して見せているところだった。キッツィは彼に人形の名前をたずねたが，彼はセレスティーンの名前を知らなかったので，サン・フェアリー・アンであると答えた。

15 サン・フェアリー・アンは３人のフランスのセレスティーンと同じくらいにキッツィからも大事にされ，何年も経った後，キッツィの娘のキャシーに贈られた。彼女はだれよりもサン・フェアリー・アンを愛していた。

16 第２次世界大戦が起こる前，キャシーは両親を亡くした。サン・フェアリー・アンが彼女に残された唯一のものであり，彼女の世界のすべてだった。

読解のカギ

② **Her next memory (S) was (V) of a man (C) (in a uniform) (taking her out of the moat), (saying, 'Oh! Just the thing for my Kitsy!')**

➡ <S+be of *A*> は「S は *A* という（内容の）ものである」。

➡ 前置詞句の in a uniform，現在分詞句の taking ... と saying ... は a man を修飾している。

➡ a uniform「制服」は，次の③の文に the soldier とあるので「軍服」のことである。

⑥ **'Ain't she lovely!**

➡ Ain't は Isn't の代わりに用いられている。口語的な表現。

➡ 否定形の疑問文。否定形でも「彼女はかわいい」という肯定の文意になる。文末に疑問符(?)の代わりに感嘆符(!)が用いられ，感動する気持ちを表している。

問. 並べかえなさい。

このレストランは素敵じゃないか！

(restaurant / this / beautiful / isn't)!

____!

⑨ **(Not knowing (that her name was Célestine)), he said, 'Her name's San Fairy Ann.'**

➡ Not knowing ... Célestine は否定形の分詞構文。「～と知らなかったので」，「～と知らずに」などと訳せる。

➡ name's は name is の略。

問の解答 **問.** Isn't this restaurant beautiful(!)

17～19

ポイント キャシーに起きた不運はどのようなことだったか。

Ⅲ

17 ① Just before the Second World War broke out / in 1939, / Cathy was evacuated /
第2次世界大戦が起こる直前に / 1939年に / キャシーは避難させられた /
with other children.// ② She came under the care / of old Mrs. Vining / in Little
ほかの子どもたちと一緒に// 彼女は世話になることになった / 高齢のヴァイニング夫人の / リトル・
Eggham, / and that was bad luck, / because Mrs. Vining had no intentions / of
エグハムで / そしてそれは不運なことだった / なぜならヴァイニング夫人には～気がなかった /
making any child happy.// ③ Still, / Cathy could have found friends / in the village /
子どもを幸せにしようという // それでも / キャシーは友達を見つけられたかもしれない / その村で /
if bad luck hadn't happened / on her / very first day.//
不運が起きていなかったら / 彼女の身に / ちょうど初日に //

18 ④ There was a naughty boy / called Johnny / in the village.// ⑤ When he saw
いたずら好きな男の子がいた / ジョニーと呼ばれる / その村に // 彼はキャシーと
Cathy and her doll, / he went up / to her / and grabbed / at the doll, / saying, /
彼女の人形を見ると / 彼は近づいていった / 彼女に / そしてつかんだ / その人形を / そして言った /
'Give it / to me!'// ⑥ Cathy held San Fairy Ann tighter, / crying, / 'Go away!'//
「それをよこせ / 私に！」と // キャシーはサン・フェアリー・アンをより強く抱き締めた / そして叫んだ / 「あっちへ行け！」と //
⑦ But Johnny snatched the doll out / of her arms / and ran away.// ⑧ Cathy chased
しかしジョニーはその人形をひったくった / 彼女の腕から / そして逃げた // キャシーは彼を追いかけた
him / around the green, / crying, / 'I'll tell the policeman!// ⑨ I'll tell the policeman!'//
/ 緑地中を / 泣き叫びながら / 「私はお巡りさんに言うつもりだ！ // 私はお巡りさんに言うつもりだ！」と //

19 ⑩ Suddenly, / Johnny threw San Fairy Ann far / into the middle / of the pond, /
突然 / ジョニーはサン・フェアリー・アンを放り投げた / 真ん中に / その池の /
and soon the doll sank out of sight.// ⑪ Cathy's screams brought people to their
そしてすぐにその人形は沈んで見えなくなった // キャシーの叫び声で人々が玄関まで出てきた
doors, / but Johnny couldn't explain, / and Cathy wouldn't.// ⑫ She would not
/ しかしジョニーは説明できなかった / そしてキャシーはしようとしなかった // 彼女は自分の傷ついた
show her broken heart / to these strangers.// ⑬ Her pain went deep, / and she
心を見せようとしなかった / この見知らぬ人たちに // 彼女の痛みは深まった / そして
shut her lips.// ⑭ It was why Cathy had never fitted in, / and never tried to.//
彼女は唇を閉じた// それがキャシーが決して溶け込まない理由だった / そしてしようともしなかった //

・単語・熟語チェック

□ **evacuate**	動 ～を避難させる
□ **under the care of *A* / under *A*'s care**	熟 *A*の世話になって
□ **have the [every, no] intention of *do*ing**	熟 ～しようという気がある[明らかにある, ない]
□ **naughty**	形 いたずら好きな
□ **grab at [for] *A***	熟 *A*をつかむ
□ **tight**	副 強く，しっかり
□ **snatch**	動 ～をひったくる
□ **snatch *A* out of *B***	熟 *B*から*A*をひったくる

□ chase	動 ～を追いかける	□ scream	名 叫び声，悲鳴
□ policeman	名 お巡りさん	□ go [run] deep	熟 深まる
□ sink	動 沈む	□ lip	名 唇
□ out of sight	熟 見えなくなって		

本文内容チェック　**「村での初日に人形を池に沈められ，心を閉ざしたキャシー」**

17 第2次世界大戦の直前に避難させられたキャシーは，リトル・エグハムのヴァイニング夫人の世話になった。不運にも，夫人は子どもを幸せにする気のない人だった。それでも初日の不運な出来事がなければ，彼女にも友達ができていたかもしれない。

18 村にはジョニーというといたずら好きな男の子がいた。彼はキャシーの人形を彼女から取りあげて逃げた。キャシーは「お巡りさんに言いつけるからね！」と泣き叫びながら，彼を追いかけ回した。

19 突然，ジョニーは人形を池の真ん中に放り投げ，人形は沈んで見えなくなった。出てきた人たちにジョニーは説明できず，キャシーも説明しなかった。彼女は傷ついた心を見知らぬ彼らに見せようとしなかった。それが彼女が溶け込まない理由だった。

読解のカギ

③ **(Still), Cathy could have found friends in the village (if bad luck hadn't happened on her very first day).**

➡ <if S'＋過去完了形, S＋could have *done*> の形の，仮定法過去完了の文。過去の事実に反する仮定を表している。ここでは if 節が文末に置かれている。

⑤ **(When he saw Cathy and her doll), he went up to her and grabbed at the doll, (saying, 'Give it to me!')**

➡ go up to *A* は「*A* に近づく」。

➡ saying 以下は分詞構文。「～して，(そして) …と言った」と訳せる。

⑪ **Cathy's screams brought people to their doors, but Johnny couldn't explain, and Cathy wouldn't.**

➡ bring *A* to *B* は「*A* を *B* へ連れてくる」。この文のように無生物(Cathy's screams)が S(主語)の場合は，「S(のせい)で *A* が *B* まで来る」などと訳すと自然。

問. 日本語にしなさい。

My current business brought me to Paris.

(　　　　　　　　　　　　　　　　　　　　　　　　　　)

⑭ **It was (why Cathy had never fitted in, and never tried to).**

➡ It は前述の，ジョニーとの出来事で傷つき，口を閉ざすことになった経緯を指す。

➡ <why S＋V> は「S が V する理由」という意味の名詞節になる。why の前に先行詞の the reason が省略されている。

➡ tried to の後には fit in が省略されている。

問の解答　**問.** 私は今の仕事でパリに来た。

20~23

ポイント アヒル池の清掃をキャシーはどのような気持ちで見ていたか。

20 ① At eight o'clock / that evening, / and with double summer time / in July, / there
8時に / その晩の / そしてダブルサマータイムで / 7月の /
were still good hours / of light.// ② Children and grown-ups gathered / round the
まだ十分な時間があった / 昼の // 子どもたちと大人たちは集まった / アヒル池
duckpond.// ③ In the middle / of the pond / stood Mrs. Lane.// ④ Her hands
の周りに // 真ん中に / その池の / レイン夫人が立っていた // 彼女の手は
raked the slime / as she passed her findings / to Miss Barnes.// ⑤ The children
ヘドロをかき分けた / 彼女が見つけたものを渡すのと同時に / バーンズ先生に // 子どもたちは
made rubbish piles, / to be carted away / the following day.//
ごみの山を作った / 荷車で運ばれるように / 翌日に //

21 ⑥ There were all sorts of objects found, / such as a biscuit tin, a cricket ball, a
あらゆる種類のものが見つかった / クッキー缶，クリケットのボール，
kettle, / and even a wooden horse.// ⑦ On the edge / of the crowd / stood Cathy, /
やかんといった / そして木馬まで // 端に / 人ごみの / キャシーが立っていた /
praying / that San Fairy Ann would be found.//
祈りながら / サン・フェアリー・アンが見つけられることを //

22 ⑧ The hunt went on.// ⑨ Nine o'clock chimed.// ⑩ Mothers began to chase
捜索は続いた // 9時の鐘が鳴った // 母親たちが自分の子どもたちを
their children / to bed.// ⑪ Mrs. Vining screamed / to Cathy / to come in, / but
追いやり始めた / ベッドへ // ヴァイニング夫人は叫んだ / キャシーに / 中へ入るよう / しかし
she slipped / behind a bush.// ⑫ When 10 o'clock chimed / there was almost no
彼女は身を滑り込ませた / 茂みの陰に // 10時の鐘が鳴ったとき / ほぼだれも残されていな
one left / but Mrs. Lane and Miss Barnes.//
かった / レイン夫人とバーンズ先生を除いて //

23 ⑬ 'That is all, / I think,' / Mrs. Lane said.// ⑭ 'Oh, go on! / Go on! / Go on!' /
「これで全部だ / 私が思うに」と / レイン夫人は言った // 「ああ，続けて！/ 続けて！ / 続けて！」と /
prayed Cathy / silently, / who was hiding, / but they went home / without finding
キャシーは祈った / 黙って / 隠れていた / しかし彼女たちは家に帰った / サン・フェアリー・アンを
San Fairy Ann.//
見つけることなく //

・単語・熟語チェック

□ double summer time	名 ダブルサマータイム	□ cart	動 ～を荷車で運ぶ
□ double	形 2重の	□ all sorts of *A*s	熟 あらゆる種類の *A*
□ grown-up	名 大人	□ sort	名 種類
□ rake	動 ～をかき分ける	□ biscuit	名（英国で）クッキー
□ slime	名 ヘドロ	□ tin	名 缶
□ pile	名 積み上げたもの	□ kettle	名 やかん

□ chime	動（時計の）鐘がなる		熟 A の後ろに滑り込む［A から抜け出す］
□ slip	動 滑り込む	□ bush	名 茂み
□ slip behind [out of] *A*		□ silently	副 黙って

本文内容チェック　**「池の掃除でサン・フェアリー・アンが見つかることを祈るキャシー」**

20 夜8時に子どもと大人が池の周りに集まった。池の真ん中でレイン夫人は見つけたものをバーンズ先生に渡しながら，ヘドロをかき分けた。子どもはごみを積み上げた。

21 あらゆる種類のものが見つかった。キャシーは，サン・フェアリー・アンが見つかることを，人ごみの端で祈っていた。

22 9時になると，母親たちが子どもたちを寝かせるために家へ帰し始めた。キャシーもヴァイニング夫人に呼ばれたが，茂みに滑り込んで隠れた。10時になると，レイン夫人とバーンズ先生以外にほとんど人は残っていなかった。

23「これで全部だと思う」というレイン夫人に，キャシーは「どうか続けて」と祈った。しかし，レイン夫人たちはサン・フェアリー・アンを見つけることなく帰った。

読解のカギ

⑤ **The children made rubbish piles, (to be carted away (the following day)).**

➡ to 不定詞句の to be ... day の意味上の主語は rubbish piles。

➡ the following day は「翌日に」という意味で，副詞の働きをしている。

⑦ **On the edge of the crowd stood Cathy, (praying (that San Fairy Ann would be found)).**

（On the edge of the crowd：場所を表す前置詞句　stood：V　Cathy：S）

➡ 前置詞句が文頭に出ることで倒置が起き，S と V の順序が逆になっている。

➡ praying 以下は分詞構文。「～と祈りながら」と訳せる。

⑫ **(When 10 o'clock chimed) there was almost no one left (but Mrs. Lane and Miss Barnes).**

➡ <there is [are]＋名詞＋過去分詞> は「(名詞)が～され(てい)る」。「～された(名詞)がいる［ある］」とは訳さず，受動態の訳と同じになる。

➡ but は前置詞で，「～以外」という意味。

問. ＿＿を埋めなさい。

食料はほとんど残されていない。

There ＿＿＿＿＿ little food ＿＿＿＿＿.

⑭ **'Oh, go on! Go on! Go on!' prayed Cathy (silently), {who was hiding}, but they went home (without finding San Fairy Ann).**

（who：主格の関係代名詞 → Cathy）

➡ who was hiding は先行詞の Cathy に説明を加えている非限定用法の関係代名詞節。

➡ without *doing* は「～することなく，～せずに」。

問の解答　**問.** is, left

24～27

ポイント レイン夫人は，池の真ん中で泣きじゃくるキャシーのために何をしたか。

Ⅳ

24 ① It was 12 o'clock.// ② The doctor was asleep.// ③ Mrs. Lane slipped out /
12時のことだった // その医師は眠っていた // レイン夫人は抜け出た /
of bed / just to look / at the moon / on the green.// ④ Then, / she caught her
ベッドから / ちょっと見るために / 月を / 緑地の上の // そのとき / 彼女は息を
breath.// ⑤ What was that / in the middle / of the pond?// ⑥ 'Oh, / my goodness!//
のんだ // あれは何だ / 真ん中の / 池の // 「ああ / 何てこと！ //
⑦ It's a child!'//
それは子どもだ！」 //

25 ⑧ Mrs. Lane was down the stairs / and out of the house / in a flash.// ⑨ Within
レイン夫人は階段を下りた / そして家の外に出た / すぐに // 2分
two minutes, / Mrs. Lane was lifting Cathy out / of the slime.// ⑩ They stood /
経たないうちに / レイン夫人はキャシーを引っ張り出していた / ヘドロから // 彼女たちは立っていた /
holding each other / in the middle / of the pond.//
お互いを抱き締めながら / 真ん中で / 池の //

26 ⑪ 'San Fairy Ann! / San Fairy Ann!' / she sobbed.//
「サン・フェアリー・アン！ / サン・フェアリー・アン！」と / 彼女は泣いた //
⑫ 'Cathy, / what is it?'//
「キャシー / それは何ですか」 //
⑬ 'San Fairy Ann!// ⑭ I want San Fairy Ann!'//
「サン・フェアリー・アン！ // 私はサン・フェアリー・アンが欲しい！」 //
⑮ 'Who is San Fairy Ann?'//
「サン・フェアリー・アンとはだれですか」 //
⑯ 'You didn't find her.// ⑰ You found Bobby's horse, / but not San Fairy Ann.'//
「あなたは彼女を見つけなかった // あなたはボビーの馬を見つけた / しかしサン・フェアリー・アンは見つけなかった」 //
⑱ 'Oh, / she's your doll!' / cried Mrs. Lane.// ⑲ 'It's alright.// ⑳ Stop crying!//
「ああ / 彼女はあなたの人形なのですね！」と / レイン夫人は叫んだ // 「大丈夫ですよ // 泣くのをやめてください！ //
㉑ We'll find her / even if it takes all night,' / and in her own language, / she added, /
私たちで見つけましょう / たとえ一晩中かかっても」 / そして彼女自身の国のことばで / 彼女はつけ加えた /
'*Ça ne fait rien!*' / meaning 'Never mind!'//
「サ・ネ・フェ・リアン！」と / 「気にしないで！」という意味の //

27 ㉒ Cathy stopped sobbing, / and stared.// ㉓ Not caring / about her pyjamas, /
キャシーは泣くのをやめた / そして見つめた // 気にせずに / 自分のパジャマのことは /
Mrs. Lane knelt / in the mud / and started searching / with both hands.// ㉔ She
レイン夫人は膝をついた / 泥の中に / そして探し始めた / 両手で //
searched and searched / until she found something smooth and hard.// ㉕ Was it
彼女は探しに探した / そしてついに彼女はつるつるして硬いものを見つけた // それは

a stone?// ㉖ She picked it up / and held it / in the moonlight.// ㉗ No!//
石だったろうか // 彼女はそれを拾い上げた / そしてそれを掲げた / 月明りに // 「いいや！//

㉘ It wasn't a stone!// ㉙ It was a china head, / with glossy black hair, blue eyes,
それは石ではなかった！ // それは陶器製の頭だった / つやのある黒髪で，青い目の，そして

and a rosy mouth.//
バラ色の口をした //

・単語・熟語チェック

□ **catch *A*'s breath**	熟 息をのむ	□ **pyjama**	名 パジャマ
□ **breath**	名 息	□ **moonlight**	名 月明り
□ **in a flash**	熟 すぐに	□ **glossy**	形 つやのある
□ **Ça ne fait rien.**	表 気にしないで	□ **rosy**	形 バラ色の

本文内容チェック 「キャシーのサン・フェアリー・アンを探してあげるレイン夫人」

24 夜の12時，レイン夫人が月を見ようとベッドから抜け出たとき，池の真ん中に子どもがいるのを目にした。

25 彼女はすぐに外に出て，池の真ん中でキャシーをヘドロから引っ張り上げた。

26 キャシーはサン・フェアリー・アンの名前を呼びながら泣いていた。それが彼女の人形のことだとわかると，レイン夫人は「大丈夫。人形を見つけましょう」と声をかけ，「気にしないで」という意味の「サ・ネ・フェ・リアン」と付け加えて言った。

27 キャシーは泣き止んで見つめていた。レイン夫人は泥の中を探し，つるつるした硬いものを見つけた。それを拾い上げ，月明りにかざすと，陶器製の頭だった。

読解のカギ

② **The doctor was asleep.**

➡ The doctor は第2パラグラフに出てきた Doctor Lane（＝レイン夫人の夫）のこと。

㉑ **We'll find her (even if it takes all night),' and (in her own language), she added, '*Ça ne fait rien!*' (meaning 'Never mind!')**

➡ find her の her は San Fairy Ann を受けた代名詞。

➡ 第2パラグラフでレイン夫人について She had come to England from France とあるので，her own language「彼女自身の（国の）ことば」とはフランス語のこと。

➡ meaning 以下は Ça ne fait rien を修飾する現在分詞句。

㉓ **(Not caring about her pyjamas), Mrs. Lane knelt (in the mud) and started searching (with both hands).**

➡ Not caring about her pyjamas は否定形の分詞構文。「～せずに」と訳せる。

問. ___を埋めなさい。

何をすべきかわからずに，私は医者にアドバイスを求めた。

______ ______ what to do, I asked my doctor for advice.

問の解答 問. Not knowing

28～29

ポイント 人形のサン・フェアリー・アンとレイン夫人にはどのような関係があったか。

28 ① Cathy turned red / and screamed, / 'San Fairy Ann!'// ② At the same time, /
キャシーは赤くなった / そして叫んだ / 「サン・フェアリー・アン！」と // 同時に /

Mrs. Lane turned white, / and shouted, / 'Célestine!'//
レイン夫人は白くなった / そして叫んだ / 「セレスティーン！」と //

29 ③ Mrs. Lane, Cathy, and San Fairy Ann, / which Cathy would not let go of, /
レイン夫人，キャシー，そしてサン・フェアリー・アンは / キャシーが手放そうとしなかった /

all went into the bathroom / together / and the doll was washed.// ④ After they
全員お風呂へ行った / 一緒に / そしてその人形は洗われた // 彼女たちが

had all taken baths, / they sipped hot milk.// ⑤ Mrs. Lane asked Cathy a question.//
全員お風呂に入った後 / 彼女たちは暖かい牛乳を飲んだ // レイン夫人はキャシーに質問をした //

⑥ 'Cathy— / where did you get my Célestine?'//
「キャシー / あなたはどこで私のセレスティーンを手に入れたのですか」 //

⑦ 'She's *not* your Célestine.// ⑧ She's my San Fairy Ann.'//
「彼女はあなたのセレスティーンではない // 彼女は私のサン・フェアリー・アンだ」 //

⑨ 'Yes, / sweetie, / I know.// ⑩ But / when I was a little girl / in France, /
「ええ / かわいこちゃん / わかっています // しかし / 私が小さい女の子だったころ / フランスで /

long ago, / she was mine.// ⑪ Tell me where did you get her?'//
ずっと昔に / 彼女は私のものだった // あなたがどこで彼女を手に入れたのか教えてくれませんか」 //

⑫ 'My grand-daddy brought her / from France / for my mummy.'//
「私のおじいちゃんが彼女を持ってきた / フランスから / 私のママのために」 //

⑬ 'Yes?'//
「そうなの？」 //

⑭ 'He found her / in a castle.'//
「彼は彼女を見つけた / あるお城で」 //

⑮ 'Yes.'//
「そう」 //

⑯ 'My mummy gave her / to me.'//
「私のママは彼女をくれた / 私に」 //

⑰ 'What do you think, / Cathy!// ⑱ My mummy gave her / to me.// ⑲ And
「どう思う /キャシー！ // 私のママは彼女をくれた / 私に // そして

I cried / because I lost her, / just like you.'//
私は泣いた / 私が彼女をなくしたから / ちょうどあなたと同じように」 //

・単語・熟語チェック

□ **let go of *A***	熟 *A* を手放す	□ **sweetie**	名 かわいい子
□ **sip**	動 ～を飲む，すする	□ **mummy**	名 ママ

本文内容チェック　**「レイン夫人がなくした人形だと判明したサン・フェアリー・アン」**

28 キャシーが顔を赤くして「サン・フェアリー・アン！」と叫ぶのと同時に，レイン夫人が白い顔で「セレスティーン！」と叫んだ。

29 レイン夫人とキャシーとサン・フェアリー・アンの３人で一緒にお風呂に入った後，レイン夫人はサン・フェアリー・アンが昔，自分のものだったことを伝え，それをどこで手に入れたのかキャシーにたずねた。彼女は，おじいちゃんがフランスから彼女のママのために持ち帰り，それをママからもらったのだと答えた。

読解のカギ

① **Cathy turned red and screamed, 'San Fairy Ann!'**
　S　V　C　V　O

➡ <turn ＋形容詞> は「～(の状態)になる」。ここでの red は興奮で赤くなった顔の色を表している。

② **(At the same time), Mrs. Lane turned white, and shouted, 'Célestine!'**
　S　V　C　V　O

➡ 前文①と同じ構造で，red と white が対比的に用いられている。white はショックで血の気が引いた顔の色を表している。

③ **Mrs. Lane, Cathy, and San Fairy Ann, {which Cathy would not let go of}, all went into the bathroom together and the doll was washed.**
（which → San Fairy Ann：目的格の関係代名詞）

➡ which Cathy would not let go of は先行詞の San Fairy Ann に説明を加えている非限定用法の関係代名詞節。

➡ all は Mrs. Lane, Cathy, and San Fairy Ann と≪同格≫の関係の代名詞。「～全員」という意味になる。

問. 日本語にしなさい。

Ann, Julia and I all passed the exam.

(　　　　　　　　　　　　　　　　　　　　　　　　)

⑦ **'She's *not* your Célestine.**

➡ not は否定する気持ちを強調するためイタリックになっている。セリフとして強く発音される部分であり，話者であるキャシーの，人形への強い思いが表れている。

⑨ **'Yes, sweetie, I know.**

➡ sweetie は愛情を込めた呼びかけのことば。小さな子ども以外に，恋人に対しても用いられる。

⑰ **'What do you think, Cathy!**

➡ What do you think はこれから言う，驚くようなことの前置きとして使われている。

問の解答　**問.** アンとジュリアと私，全員がその試験に合格した。

30～32

ポイント レイン夫人はキャシーにどうすることを提案したか。

30 ① 'She's *mine*,' / said Cathy.//
「彼女は私のものだ」と / キャシーは言った //

② 'Yes, / she is yours.// ③ She always shall be / until you give her / to *your* little girl / one day.// ④ Tomorrow / I will make her a new dress.'// ⑤ Mrs. Lane went / to a drawer / and took out a lovely little jacket / made of blue-and-white striped silk.//
「ええ / 彼女はあなたのものだ // 彼女はずっとあなたのものになるだろう / あなたが彼女をあげるまで / あなたの娘に / いつか // 明日 / 私が彼女に新しいドレスを作りましょう」 // レイン夫人は行った / 引き出しのところへ / そして美しい小さな上着を取り出した / 青と白のしま模様の絹でできた //

⑥ 'Oh!' / gasped Cathy.//
「わあ！」と / キャシーははっと息をのんだ //

31 ⑦ 'This little jacket,' / said Mrs. Lane, / 'belonged / to my great-grandmother.//
「この小さな上着は」と / レイン夫人は言った / 「持ち物だった / 私のひいおばあさんの //

⑧ It was made / from one / of *her* granny's dresses.// ⑨ Her granny danced / in it / when she was a princess / in a castle / in France.'//
それは作られた / 1着から / 彼女のおばあさんのドレスの中の // 彼女のおばあさんは踊った / それを着て / 彼女がお姫様だったときに / あるお城で / フランスの」//

⑩ 'Oh!'//
「わあ！」//

⑪ 'Tomorrow,' / said Mrs. Lane, / 'we will cut it into a new dress / for San Fairy Ann.'//
「明日」と / レイン夫人は言った / 「私たちでそれを切って新しいドレスにましょう / サン・フェアリー・アンのための」//

32 ⑫ Cathy stared / at her.// ⑬ Suddenly / the scowl disappeared / from her face, / and a smile appeared.// ⑭ Just as suddenly, / Célestine Lane's eyes filled / with tears.// ⑮ She put her arms round the little girl and the doll, / saying, / 'And Cathy— / would you and San Fairy Ann like to stay here and live with me?'//
キャシーは見つめた / 彼女を // 突然 / しかめっ面が消えた / 彼女の顔から / そして笑顔が現れた // 同様に突然 / セレスティーン・レインの目はいっぱいになった / 涙で // 彼女はその幼い女の子とその人形に両腕を回した / そして言った / 「それとね，キャシー / あなたとサン・フェアリー・アンはずっとここにいて，私と暮らしたいと思いますか」と //

⑯ 'Oh!' / gasped Cathy.//
「わあ！」と / キャシーははっと息をのんだ //

・単語・熟語チェック

□ **striped**	形 しま模様の
□ **silk**	名 絹，シルク
□ **gasp**	動 息をのむ
□ **granny**	名 おばあちゃん
□ **princess**	名 王女，お姫様

本文内容チェック **「キャシーに，一緒に暮らすことを提案したレイン夫人」**

30 人形はキャシーがいつかそれを自分の娘にあげるときまで彼女のものだとレイン夫人は言った。そして，絹でできた美しい小さな上着を引き出しから取り出した。

31 レイン夫人は，その上着は彼女の曽祖母のもので，曽祖母の祖母がフランスのお城のお姫様だったときのドレスから作られたものだと言った。そして，レイン夫人はそれを裁断してサン・フェアリー・アンの服にしようと提案した。

32 レイン夫人は，笑顔になったキャシーと人形を抱き締め，自分とここで一緒に暮らしたくはないかと聞いた。キャシーは「わあ！」と言って息をのんだ。

読解のカギ

③ **She always shall be (until you give her to *your* little girl (one day)).**

➡ be の後には，前文②で既出の yours が省略されている。

➡ shall は「～することになるだろう」。主語に対する話し手の≪意思・約束≫を示す。

➡ your は「(人形を娘に贈るのは)今度はキャシーの番」ということを強調するため，イタリックになっている。

⑧ **It was made (from one (of *her* granny's dresses)).**

➡ It は前文⑦の This little jacket を受けた代名詞。

➡ イタリックで強調された *her* は前文⑦の my great-grandmother を受けた代名詞。

⑨ **Her granny danced (in it) (when she was a princess (in a castle) (in France)).'**

➡ in it の in は「～を着て」，it は one of *her* granny's dresses を受けた代名詞。

⑪ **'Tomorrow,' said Mrs. Lane, 'we will cut it (into a new dress) (for San Fairy Ann).'**
（said = V，Mrs. Lane = S）

➡ 直接話法の文。発言内容の間に，倒置された語順の <V+S> が挿入されている。

➡ cut *A* into *B* は「*A* を切って *B* にする」。

➡ it は前文⑦の This little jacket を受けた代名詞。

問. ＿＿を埋めなさい。

私がケーキを 6 つに切りましょう。

I'll ________ the cake ________ six pieces.

⑭ **(Just as suddenly), Célestine Lane's eyes filled (with tears).**

➡ Just as suddenly「同様に突然」の比較対象は前文⑬の内容。「突然，彼女の顔からしかめっ面が消えて笑顔が現れたのと同様に突然，～」という意味になる。

⑮ **She put her arms (round the little girl and the doll), (saying, 'And Cathy—would you and San Fairy Ann like to stay here and live with me?)'**

➡ saying 以下は分詞構文。「そして～と言った」と訳せる。

➡ here は「レイン夫妻の家に」ということ。

問の解答 **問.** cut，into

Comprehension ヒント

A Choose the correct answer. （正しい答えを選びなさい。）

1 第1・2パラグラフにフランスからイングランドに来た人物についての記述がある。
→ 教 p.162, ℓℓ.7～10

2 まず第9～12パラグラフに人形に名前を付け，それをなくしてしまった少女についての記述がある。次に第29パラグラフに，その少女と同一人物についての記述がある。
→ 教 p.163, ℓℓ.12～16, 19～22, p.166, ℓℓ.1～2

3 第29パラグラフにレイン夫人が人形について説明している記述がある。
→ 教 p.166, ℓℓ.1～2

4 第32パラグラフに目に涙があふれていた人物についての記述がある。
→ 教 p.166, ℓ.27

B Answer T (true) or F (false). （正誤を答えなさい。）

1 第1パラグラフに池の状態についての記述がある。 → 教 p.162, ℓℓ.6～7

2 第4パラグラフにキャシーがどのような子だったかについての記述がある。
→ 教 p.162, ℓℓ.19～21

3 第3パラグラフに池にものを投げ入れる人についての記述があり，第6パラグラフに干ばつについての記述がある。 → 教 p.162, ℓℓ.16～17, 27～28

4 第13・14パラグラフに兵士が人形をどのようにして手に入れたのかについての記述がある。 → 教 p.163, ℓℓ.23～26

5 第19パラグラフにジョニーがキャシーの人形を池に投げ入れたときのことについての記述がある。 → 教 p.164, ℓℓ.18～20

6 第21パラグラフに人ごみの端で祈るキャシーについての記述がある。
→ 教 p.164, ℓℓ.29～30

7 第22・23パラグラフにヴァイニング夫人に家に入るように言われたキャシーについての記述がある。 → 教 p.164, ℓℓ.32～33, p.165, ℓℓ.1～2

8 第26・27パラグラフに泣いていたキャシーとそれに対するレイン夫人の行動についての記述がある。 → 教 p.165, ℓℓ.20～23

C Choose your best scene. （最もよかった場面を選びなさい。）
Which is the part you remember the most and why? Discuss it with your partner.
（あなたがいちばん覚えている部分はどこですか，そしてなぜですか。それについてパートナーと話し合いなさい。）

意見を伝える表現：
- The part I remember the most is the scene where S V.
（私がいちばん覚えている部分は，SがVするシーンだ。）
- I can't forget the scene where S V.（私はSがVするシーンが忘れられない。）
- be moved [touched]（感動する）
- sympathize with *A*（*A* に共感する）

定期テスト予想問題

解答 ➡ p.246

1 次の英文を読んで，後の問いに答えなさい。

①In the duckpond was a doll named San Fairy Ann. She lay in the mud under the broken chair in the middle. She must have been there for nearly four years. ②She (　　) (　　) (　　) in a lovely little castle in France, with a lady as pretty as a fairy. The lady gave the doll to her daughter as a birthday present. The little girl was seven years old, and called the doll Célestine after herself.

㋐She loved ㋑the doll more than ㋒any other toy, and years later she gave ③her to her little daughter, who was also called Célestine. Thirty years after there was another child called Célestine, and she ④(　　) her turn treasured her grandmother's doll.

(1) 下線部①の英語を日本語に訳しなさい。
(　　　　　　　　　　　　　　　　　　　　)

(2) 下線部②が「彼女はかつて素敵な小さなお城にいた」という意味になるように，(　)に適切な語を入れなさい。
She ________ ________ ________ in a lovely little castle

(3) 下線部③の代名詞が指しているのは下線部㋐～㋒のうちどれか。記号で答えなさい。　(　　)

(4) 下線部④に入る語を選び，記号で答えなさい。
a. to　b. on　c. in　d. at　(　　)

2 次の英文を読んで，後の問いに答えなさい。

①Just before the Second World War broke out in 1939, Cathy was evacuated with other children. ②She came (　　) the (　　) of old Mrs. Vining in Little Eggham, and that was bad luck, because ③(had / any / Mrs. Vining / intentions / child / of / happy / making / no). Still, Cathy could have found friends in the village if bad luck hadn't happened on her very first day.

(1) 下線部①の英語を日本語に訳しなさい。
(　　　　　　　　　　　　　　　　　　　　)

(2) 下線部②が「彼女は高齢のヴァイニング夫人の世話になることになった」という意味になるように，(　)に適切な語を入れなさい。
She came ________ the ________ of old Mrs. Vining

(3) 下線部③が「ヴァイニング夫人には子どもを幸せにしようという気がなかった」という意味になるように，(　)内の語句を並べかえなさい。

Pleasure Reading 2 An Alien Megastructure?

1〜3

ポイント ボヤジャン博士はどのような特徴の恒星を発見したか。

1 ① "It was hard to believe / that it was real data," / said Yale University astronomer / Dr. Tabetha Boyajian.// ② "We were scratching our heads.// ③ For any idea / that came up / there was always something / that would argue against it."//

「信じるのは難しかった / それが本物のデータであると」と / イェール大学の天文学者は言った / タベサ・ボヤジャン博士 // 「私たちは頭をかきむしっていた // どんな考えに対しても / 思いついた / いつも〜ものがあった / それの反証となる」 //

2 ④ She was talking / about a star / named KIC 8462852 / with a very unusual flickering habit.// ⑤ Something was making the star dim / greatly / every few years, / and she wasn't sure what.// ⑥ Boyajian wrote up a paper / on possible explanations / for the star's strange behavior, / and it was published / recently / in a science journal.// ⑦ But she also sent her data / to fellow astronomer Dr. Jason Wright, / a Pennsylvania State University researcher, / who helped develop a way / to find signs / of unknown civilizations, / wondering what he would make of it.//

彼女は話していた / 恒星について / KIC 8462852 と名付けられた / とても珍しい明滅の特性がある // 何かがその恒星を暗くならせていた / 大幅に / 数年おきに / そして彼女にはそれが何なのか確信がなかった // ボヤジャンは論文を書き上げた / 考えられる説明について / その恒星の奇妙な振る舞いについての / そしてそれは掲載された / 最近 / 科学雑誌に // しかし彼女はデータを送ってもいた / 仲間の天文学者のジェイソン・ライト博士に / ペンシルベニア州立大学の研究者 / 方法を開発する手助けをした / 痕跡を見つけるための / 未知の文明の / 彼はそれをどう考えるだろうかと思って //

3 ⑧ To Wright, / it looked like the kind of star / he and his colleagues had been waiting for.// ⑨ If none of the ordinary reasons / for the star's continuous change / quite seemed to fit, / perhaps an extraordinary one was in order— / aliens.// ⑩ Or, / to be more specific, / something built / by aliens— / a "group of megastructures," / as he told the magazine, / likely with solar panels / to collect energy / from the star.//

ライトにとって / それは〜種類の恒星に見えた / 彼と彼の同僚たちが待ち望んでいた // もし一般的な理由がひとつも〜ないならば / その恒星の継続的な変化に対する / 当てはまると完全に思え(ない) / おそらく特別なものがふさわしいだろう / 宇宙人 // つまり / より具体的に言えば / 建てられた何かが / 宇宙人によって / 「巨大建造物群」 / 彼がその雑誌に語ったように / おそらく太陽光パネルを備えている / エネルギーを集めるための / その恒星から //

・単語・熟語チェック

- □ **astronomer** 名 天文学者
- □ **scratch *A*'s head** 熟 *A* の頭をかきむしる

□ unusual	形 珍しい	□ continuous	形 継続的な
□ flicker	動 明滅する	□ extraordinary	形 特別な
□ dim	動 暗くなる	□ in order	熟 ふさわしい
□ write up *A* / write *A* up	熟 *A* を書き上げる	□ to be more specific	熟 より具体的に言えば
□ behavior	名 振る舞い，特性	□ likely	副 おそらく
□ civilization	名 文明	□ panel	名 パネル，板

本文内容チェック　**「奇妙な明るさの変化を見せる恒星の発見と，その理由の考察」**

1 イェール大学の天文学者のタベサ・ボヤジャン博士は，「そのデータが本物だとは信じがたかった。思い浮かんだどの考えも，うまく証明できなかった」と述べた。

2 彼女が述べたのは，珍しい明滅の特性を持つ KIC 8462852 という恒星についてのことだった。何かがこの恒星を数年おきに暗くするのだが，その何かが彼女にはわからなかった。彼女は，未知の文明の発見方法の開発に携わる，ペンシルベニア州立大学の天文学者のジェイソン・ライト博士にデータを送り，意見を聞こうとした。

3 ライト博士からすると，その恒星の継続的な変化の理由として当てはまるのは宇宙人だった。具体的には，宇宙人によって建てられた何か，おそらく太陽光パネルを備えているであろう「巨大建造物群」だ，と彼は語った。

読解のカギ

③ **(For any idea {that came up}) there was always something {that would argue against it}."**
（that：主格の関係代名詞 ／ that：主格の関係代名詞）

➡ that came up は先行詞 any idea を修飾する関係代名詞節。
➡ that would argue against it は先行詞 something を修飾する関係代名詞節。
➡ argue against *A* は「*A* の反証となる，*A* でないことを示す」。
➡ it は any idea that came up を受けた代名詞。

⑦ **But she also sent her data (to fellow astronomer Dr. Jason Wright, a Pennsylvania State University researcher, {who helped develop a way to find signs of unknown civilizations}), (wondering what he would make of it).**
（who：主格の関係代名詞）

➡ who helped develop a way to find signs of unknown civilizations は先行詞 fellow astronomer ... researcher に説明を加えている非限定用法の関係代名詞節。
➡ wondering 以下は分詞構文。「～だろうかと思って，思ったので」と訳せる。
➡ make *A* of *B* は「*B* について *A* と思う，理解する」。

問．並べかえなさい。
あなたはこの問題についてどう思いますか。
(you / of / do / this / what / make / issue)?
____?

問の解答　**問．**What do you make of this issue(?)

4～6

ポイント ライト博士はKIC 8462852についての仮説をどのように評価しているか。

4 ① "When Boyajian showed me the data, / I was amazed / at how crazy it looked," /
「ボヤジャンが私にそのデータを見せたとき / 私は驚いた / それがいかに異常に見えたかに」と /

Wright said.// ② "Aliens should always be the very last hypothesis / you consider, /
ライトは言った // 「宇宙人は常に本当に最後の仮説であるべきだ / あなたが考慮する /

but this looked like something / you would expect an alien civilization to build."//
しかし，これは～もののように見えた / 宇宙人の文明が建てるだろうとあなたが思う」 //

5 ③ To be sure, / both Boyajian and Wright believe / the possibility / of alien
念のため言うと / ボヤジャンとライトの両者は考えている / 可能性は / 宇宙人の

megastructures / around KIC 8462852 / is very, very low.// ④ It's a valuable
巨大建造物の / KIC 8462852 の周辺にある / とてもとても低いと // それは重要な

hypothesis, / Wright says, / "but we should also approach it carefully."// ⑤ Yet /
仮説だ / ライトは言う / 「しかし，私たちは注意深くそれに取り組むべきでもある」と // しかし/

compared to the great majority / of reports / on seeing signs / of extraterrestrial life, /
大多数と比較して / 報告書のうちの / 痕跡を見たことに関する / 地球外生命体の /

this one is more realistic.//
こちらのもののほうが現実味がある //

6 ⑥ Here's why:// ⑦ KIC 8462852 was discovered / through Planet Hunters, /
理由はこうだ // KIC 8462852 は発見された / プラネット・ハンターズを通じて /

a citizen science program / launched / at Yale University / in 2010.// ⑧ Using data /
市民科学プログラム / 発足された / イェール大学で / 2010 年に // データを使って/

from the Kepler Space Telescope, / volunteers searched through records / of
ケプラー宇宙望遠鏡からの / ボランティアたちが記録を念入りに調べた /

brightness levels / from about 150,000 stars / beyond our solar system.// ⑨ Usually, /
光度レベルの / 約 15 万個の恒星からの / 私たちの太陽系の向こうの // 通常 /

planet hunters are looking / for the significant drops / in brightness / that happen /
惑星ハンターたちは探している / 顕著な低下を / 光度の / 起こる /

when a planet crosses / in front / of its sun.// ⑩ That's how we identify planets /
惑星が横切るときに / 前を / それの恒星の// それが私たちが惑星を特定する方法だ /

now— / brief blockings / of light / as it makes its way / toward Earth.// ⑪ Not a
現在 / 短期間の遮断 / 光の / それが進むときの / 地球に向かって // 存在

presence / but an absence.// ⑫ Already the project has discovered a few planets /
ではなく / 存在しないことだ // すでにそのプロジェクトは数個の惑星を見つけている /

and at least several dozen more planet candidates.//
そして，少なくとも数十個を超える惑星の候補を //

・単語・熟語チェック

□ **amazed**	形 驚かされた	□ **to be sure**	熟 念のために
□ **hypothesis**	名 仮説	□ **extraterrestrial**	形 地球外の

□ hunter	名 ハンター	□ make *A*'s way	熟 (*A* の道を)進む
□ Kepler Space Telescope	名 ケプラー宇宙望遠鏡	□ absence	名 存在しないこと
□ brightness	名 光度	□ candidate	名 候補

本文内容チェック　「KIC 8462852の周辺に宇宙人の巨大建造物があるという仮説の現実味」

4 ボヤジャン博士がデータを見せてくれたとき，その異常さに驚き，宇宙人の文明が建築したと思えるような何かに見えた，とライト博士は言った。

5 ボヤジャン博士もライト博士も，KIC 8462852 の周辺に宇宙人の建造物がある確率は低いと考えている。しかし，地球外生命体を見たという報告よりは現実的である。

6 その理由はこうだ。KIC 8462852 は市民科学プログラムによって発見された。そこでは恒星の前を惑星が横切ったときに起こる明るさの低下を示すデータを探している。このプロジェクトは数個の惑星と，数十個を超える惑星候補を見つけている。

読解のカギ

② **"Aliens should always be the very last hypothesis {(that) you consider}, but this looked like something {(that) you would expect an alien civilization to build}."**

➡ you consider は the very last hypothesis を修飾する節である。前に目的格の関係代名詞 that が省略されている。

➡ you would expect an alien civilization to build は something を修飾する節である。前に目的格の関係代名詞 that が省略されている。

➡ expect *A* to *do* は「*A* が～するだろうと思う」。

問. 日本語にしなさい。

I didn't expect him to become a statesman.

(　　　　　　　　　　　　　　　　　　　　　　　　　　　　　　)

⑥ **Here's why:**

➡ why は前に the reason が省略されていて，「理由」という意味を表す。前文⑤のように言える理由について，ここから説明が始まっている。

⑨ **(Usually), planet hunters are looking for the significant drops (in brightness) {that happen (when a planet crosses in front of its sun)}.**

➡ a drop in *A* は「*A* の低下」。

➡ that happen when a planet crosses in front of its sun は先行詞 the significant drops in brightness を修飾する主格の関係代名詞節。

➡ sun は一般的な恒星を表す。its は a planet を受けた代名詞なので，its sun は「a planet が周りを回っている恒星」ということ。地球にとっての太陽にあたる。

問の解答　**問.** 私は彼が政治家になるとは思わなかった。

7~9

ポイント KIC 8462852はどのような光度の変化を見せ，その原因はどのように考察されたか。

7 ① However, / one finding / from the program / was different / from anything else /
しかし / 1つの発見は / そのプログラムによる / 違っていた / ほかのどれとも /
the scientists had ever seen.// ② Volunteers marked it out as unusual / in 2011, /
科学者たちがそれまで見てきた // ボランティアたちはそれを不自然と見なした / 2011年に /
right after the program started: / a star / whose light curves seemed to dip /
そのプログラムが始まった直後に / 恒星 / その光度曲線が下降するように見えた /
dramatically / at different times.// ③ At one point, / about 800 days / into the survey, /
劇的に / さまざまな時期に // あるときに / 約800日目 / 調査に入って /
the star's brightness dropped / by 15%.// ④ Later, / around day 1,500, / it dropped /
その恒星の光度が低下した / 15% // その後 / 1,500日目くらいに / それは低下した /
by a shocking 22%.// ⑤ Whatever was causing the dips, / it could not have been a
驚くことに22%も // 低下を引き起こしていたものが何であれ / それが惑星である可能性はなか
planet— / even a Jupiter-sized planet, / the biggest / in our solar system, / would
っただろう / 木星サイズの惑星でさえ / 最も大きい / 私たちの太陽系で / この恒星
only dim this star / by 1% / as it traveled across.//
を暗くするのみだろう / 1% / それが横切って動くとき //

8 ⑥ Another natural force must be at work / here.// ⑦ In their paper, / Boyajian
別の自然の力が働いているに違いない / ここでは // 彼女たちの論文の中で / ボヤジャン
and her colleagues went to great lengths / to review and discuss the clearer
と彼女の同僚たちは苦労も惜しまなかった / より明確な説明を検討し，考察するために
explanations / for the unclear display.// ⑧ It wasn't a mistake / caused / by a problem /
/ その不可解な表出に対する // それはミスではなかった / 引き起こされた / 問題によって /
with the telescope or their data analyzers— / they checked their data / with the Kepler
望遠鏡または彼女たちのデータ分析装置の / 彼女たちは自分たちのデータを確認した / ケプラー計画
mission team, / and found no problems / for nearby stars / when they checked their
チームと一緒に / そして何の問題も見つからなかった / 近くの恒星に関して / 彼女たちがそれらの光度曲線を
light curves / against neighboring sources.//
確認したとき / 周辺のデータ元と照らし合わせて //

9 ⑨ It wasn't the star's fault either.// ⑩ Some young stars, / still in the process /
それはその恒星の責任でもなかった // 若い恒星の中には～ものもある / まだ途中段階にあって /
of collecting and gathering mass, / will be surrounded / by a whirl / of orbiting dust,
質量を集めるという / 周りを囲まれる / 渦に / 周囲を回るちり，
rock, and gas / that can blur or block their light.// ⑪ But this star wasn't young, /
岩，そしてガスの / それらの光をぼやけさせたり，遮ったりする可能性がある // しかし，この恒星は若くなかったと /
Boyajian found.// ⑫ Nor did it look like other kinds of stars / that show changes /
ボヤジャンは発見した // そのほかの種類の恒星のようにも見えなかった / 変化を見せる /
in their light.//
それらの光の //

・単語・熟語チェック

□ **mark *A* out as *B***	熟 *A* を *B* と見なす	□ **unclear**	形 はっきりしない
□ **curve**	名 曲線	□ **analyzer**	名 分析装置
□ **dip**	動 低下する	□ **fault**	名（問題などの）責任
□ **dramatically**	副 劇的に	□ **whirl**	名 渦
□ **at work**	熟 働いている	□ **orbit**	動 周囲を回る
□ **go to great [any] lengths to *do***	熟 ～するのに苦労も惜しまない	□ **blur**	動 ～をぼやけさせる

本文内容チェック　**「計測ミスでも恒星自体の問題でもない, KIC 8462852 の光度低下」**

7 2011年，プログラム開始直後に発見された異例な恒星は，異なった時期に光度曲線が急激に下降した。調査の約800日目に15%，1,500日目ごろに22%もの明るさの低下を見せた。木星でも1%しか暗くしないので，原因は惑星であるはずがなかった。

8 ボヤジャン博士たちは，その不可解に見える現象に説明をつけるために苦労を惜しまなかった。近くの恒星の光度曲線を確認したところ何の問題もなかったので，望遠鏡や分析装置でのミスではなかった。

9 その恒星自体に問題があるわけでもなかった。若い恒星なら，光を遮る可能性のある，ちり，岩，ガスなどに囲まれていることもあるが，この恒星は若くないとわかった。また，光度が変化する類いの恒星であるようにも見えなかった。

読解のカギ

② **Volunteers marked it out as unusual (in 2011), (right after the program started): a star {whose light curves seemed to dip dramatically (at different times)}.**

（a star ← whose：所有格の関係代名詞）

➡ it は前文①の one finding を指し，「:(コロン)」以降はそれの具体的説明。

➡ whose light curves ... at different times は先行詞 a star を修飾する関係代名詞節。

➡ light curves「光度曲線」とは，天体の明るさと時間の変化を表したグラフのこと。

問. 日本語にしなさい。

Do you know any books whose story is based on Japanese culture?

(　　　　　　　　　　　　　　　　　　　　　　　　　　)

⑧ **It wasn't a mistake (caused (by a problem (with the telescope or their data analyzers)))—they checked their data with the Kepler mission team, ...**

➡ caused ... analyzers は a mistake を修飾する過去分詞句。

⑫ **Nor did it look like other kinds of stars {that show changes (in their light)}.**

（did it look：倒置の語順／other kinds of stars ← that：主格の関係代名詞）

➡ nor は「(そして)～でもない」。文頭に置かれ，倒置が起きている。

➡ it は前文⑪の this star を受けた代名詞。

➡ that show changes in their light は other kinds of stars を修飾する関係代名詞節。

問の解答　**問.** ストーリーが日本の文化に基づいている本を何か知っていますか。

10～13

ポイント 論文はKIC 8462852の異常な振る舞いの原因は何だと結論づけたか。

10 ① Something must be blocking the star's light / from the outside, / the paper
何かがその恒星の光を遮っているに違いない / 外側から / その論文は
concluded— / maybe great crashes / in the asteroid belt, / maybe a giant collision /
結論づけた / 大きな衝突かもしれない / 小惑星帯での / 巨大な衝突かもしれない /
in the planetary system / that ejected debris / into the solar system, / maybe small
惑星系での / 破片を放出した / 恒星系に / 小さな赤ちゃん
baby planets / covered / in a dirty cloud / of dust.// ② But every explanation was
惑星かもしれない / 覆われた / 汚れた雲に / ちりの // しかし，どの説明も欠けていた
lacking / in some way, / with the exception / of one:// ③ Perhaps / a family / of
/ 何かしらの点で / 例外を除いて / 1つの // おそらく / 一群が /
comets / orbiting KIC 8462852 / had been disturbed / by the movement / of another
彗星の / KIC 8462852 の周りを回る / 乱された / 運動によって / 別の近くの
nearby star.// ④ That would have sent chunks / of ice / and rock / flying inward, /
恒星の // それは塊を放っただろう / 氷の / そして岩を / 内側へ飛ぶ /
explaining both the dips and their timings.//
そしてそれは低下とそのタイミングの両方の説明になる //

11 ⑤ It would be an extraordinary coincidence / for that / to have happened / at
並外れた偶然の一致だろう / それが / 起きたのは /
exactly the right moment / for humans / to catch it / on a telescope / that's only
絶好の瞬間に / 人間が / それをとらえるべき / 望遠鏡で / 設置されて
been set up / since 2009.// ⑥ That's a narrow band / of time, / from a universal
いるにすぎない / 2009 年から // それは狭い幅である / 時間の / 宇宙的な視点
point of view.//
から見て //

12 ⑦ Then again, / KIC 8462852 itself is extraordinary.// ⑧ Of the 150,000 or so
改めて考えると / KIC 8462852 はそれ自体が並外れている // 15 万個以上の恒星の中で
stars / within view / of the Kepler Telescope, / it is the only one / to flicker and dim /
/ 視野内の / ケプラー望遠鏡の / それが唯一のものだ / 明滅し，暗くなる /
in this unusual way.//
このような異常なやり方で //

13 ⑨ Boyajian's paper only looks / at the "natural" explanations / for this situation, /
ボヤジャンの論文は目を向けているだけだ / 「自然な」説明に / この状況への /
but she's open / to looking / at unnatural ones, / which is where Wright and his
しかし彼女は積極的だ / 目を向けることに / 不自然なものに / そこではライトと彼の
"group of megastructures" theory come in.//
「巨大建造物群」説が登場する //

・単語・熟語チェック

□ crash	名 衝突	□ exception	名 例外
□ asteroid	名 小惑星	□ comet	名 彗星, ほうき星
□ collision	名 衝突	□ disturb	動 ～を乱す, 邪魔する
□ planetary	形 惑星の	□ chunk	名 塊
□ eject	動 ～を放出する	□ inward	副 内側に
□ debris	名 破片, 残骸	□ coincidence	名 偶然の一致
□ dirty	形 汚い	□ unnatural	形 不自然な

本文内容チェック　「KIC 8462852 の光の遮断に説明をつけるための仮説」

10 論文は，何かがこの KIC 8462852 の光を遮っていると結論づけた。何かとは，惑星の衝突で放出された破片や，ちりで覆われた赤ちゃん惑星が考えられたが，それらの説明では不足があった。しかし，この恒星の周りを回る彗星の一群が別の恒星の運動により乱され，それにより氷や岩の塊が放たれた，とすると説明がつく。

11 人間が望遠鏡でとらえたまさにその瞬間に，その現象が起きたのは並外れた偶然の一致だろう。

12 KIC 8462852 自体も並外れている。ケプラー望遠鏡の視野内の 15 万個以上の恒星の中で，このような異常な明滅の仕方を見せるのは KIC 8462852 だけだからだ。

13 ボヤジャン博士は「自然な」説明だけでなく，不自然に思えるような説明にも積極的で，そこでライト博士たちの「巨大建造物群」説が登場する。

読解のカギ

④ **That would have sent chunks of ice and rock flying inward, (explaining both the dips and their timings).**

➡ That は前文③で述べられている出来事の内容を指している。

➡ would have *done*「～しただろう」は過去のことについての仮定を表す。

➡ explaining 以下は分詞構文。「(～して)そしてそれは…」と訳せる。

⑤ **It would be an extraordinary coincidence (for that) (to have happened at**
形式主語　　　　　　　　　　　　　　　to 不定詞の意味上の主語　　　　　真の主語
exactly the right moment (for humans) (to catch it on a telescope {that's only been set up since 2009})).

➡ <it is ～＋for *A*＋to 不定詞> は「*A* が…するのは～だ」。形式主語構文の文。

➡ the right moment for *A* to *do* は「*A* が～すべき絶好の瞬間[タイミング]」。

➡ that's は that has の省略形で，that は主格の関係代名詞。関係代名詞節の that's only been set up since 2009 が先行詞 a telescope を修飾している。

問. 並べかえなさい。

ここが，私たちが調査結果を発表すべき絶好のタイミングだ。

(the / research findings / us / moment / this / our / for / right / to / present / is).

―――――――――――――――――――――――――――――――――――――――.

問の解答　問. This is the right moment for us to present our research findings(.)

14～15

ポイント 「巨大建造物群」説では，どのような建造物の存在が仮定されているか。

14 ① Scientists— / at least, / the ones / who like to develop theories / about these things— / have long said / that an advanced alien civilization would be marked / by its ability / to harness the energy / from its sun / (rather than manually collecting its planet's resources / like us primitive humans).// ② They imagine something / like a Dyson Sphere, / a hypothetical megastructure / first proposed / by physicist Freeman Dyson / that would orbit or even cover a star, / capturing its power / and putting it to use.//

科学者たちは / 少なくとも / 人たち / 理論を展開するのが好きな / これらのことについて / 長らく言ってきた / 高度な宇宙人文明は特徴づけられるだろうと / その能力に / エネルギーを取り込む / 自身の恒星から / (手動で自身の惑星の資源を集めることよりも / 原始的な人類である私たちのように) // 彼らは～ものを想像する / ダイソン球のような / 仮説上の巨大建造物 / 最初に提唱された / 物理学者のフリーマン・ダイソンによって / 恒星の周りを回る，または恒星を覆ってしまう / そしてそれのパワーをつかまえる / そしてそれを利用する //

15 ③ Obviously, / a Dyson Sphere has never been spotted / in real life, / though they're common / in science fiction.// ④ But / if one were to exist, / it wouldn't look like a metal ball / around the sun— / it would probably comprise a chain / of smaller satellites / or space habitats, / something / that would block its star's light / as strangely and irregularly / as the light of KIC 8462852 has been blocked.// ⑤ That's why researchers / who are interested / in finding alien life / are so excited / about the finding.//

もちろん / ダイソン球は一度も発見されたことがない / 現実では / それらはおなじみだが / SFでは // しかし / もしそれが存在することになるなら / それは鉄の玉のような見た目ではないだろう / 恒星を取り巻く / それはおそらく連なったものからなるだろう / 小さめの人工衛星の / または宇宙植民地(の) / 何か / 自身の恒星の光を遮断する / 同じように奇妙で不規則に / KIC 8462852の光が遮断されたのと // だからこそ研究者たちは / 興味を持っている / 宇宙の生命を見つけることに / それほど興奮している / その発見に //

・単語・熟語チェック

□ **harness**	動 ～を取り込む	□ **put *A* to use**	熟 *A*を利用する
□ **manually**	副 手動で，人力で	□ **fiction**	名 空想，フィクション
□ **primitive**	形 原始的な	□ **satellite**	名 人工衛星
□ **hypothetical**	形 仮説上の	□ **irregularly**	副 不規則に

本文内容チェック 「仮説上の巨大建造物であるダイソン球」

14 高度な宇宙人文明は，恒星からのエネルギーを利用する技術を持つものだろうと言われている。科学者たちは仮説上の巨大建造物であるダイソン球のようなものを想像している。それは，恒星の周りを回る，またはそれを覆うことで恒星のエネルギーをとらえ，利用するためのものである。

15 ダイソン球がもし現実にあるとしたら，それはおそらく小さな人工衛星や宇宙植民地が連なったようなものだろう。つまり，KIC 8462852 の光の遮断と同じように，不規則に恒星の光を遮断するものからなっているということだ。

読解のカギ

① **Scientists—(at least), the ones {who like to develop theories (about these things)}—have long said (that an advanced alien civilization would be marked by its ability (to harness the energy (from its sun)) (rather than manually collecting its planet's resources like us primitive humans)).**

S　主格の関係代名詞　V(現在完了形)　O(that 節)　us = primitive humans

➡「—(ダッシュ)」で挟まれた部分は Scientists に対する具体的な説明。
➡ ones は scientists の代わりに用いられている。
➡ who like to develop ... these things は先行詞 the ones を修飾する関係代名詞節。
➡ 3 つの its は an advanced alien civilization を受けた，所有格の代名詞。its sun は an advanced alien civilization がある惑星系の中心の恒星(太陽にあたるもの)のこと。its planet は an advanced alien civilization が存在する惑星のこと。
➡ us と primitive humans は≪同格≫の関係。

④ **But (if one were to exist), it wouldn't look like a metal ball (around the sun)—it would probably comprise a chain (of smaller satellites or space habitats), something {that would block its star's light (as strangely and irregularly as the light of KIC 8462852 has been blocked)}.**

主格の関係代名詞

➡ one は a Dyson Sphere の代わりに用いられている。
➡ be to *do* は「～することになっている」。ここでは if 節に組み込まれ，「もし～することになるなら」という意味を表している。
➡ 2 つの it はどちらも one(=a Dyson Sphere)を受けた代名詞。
➡ a chain of *A* は「*A* が連なったもの，一連の *A*」。
➡ something 以下は a chain of smaller satellites or space habitats の具体的な説明。
➡ that would block ... has been blocked は something を修飾する関係代名詞節。
➡ its star は it(=a Dyson Sphere)が囲む恒星のこと。
➡ <as ～ as S+V> は「S が V するのと同じくらい～」。

問．並べかえなさい。

彼女は私が自転車で走れるのと同じくらい速く走れる。
(fast / I / can / as / bike / run / she / ride / as / a / can).

______________________________.

問の解答　**問．** She can run as fast as I can ride a bike(.)

16～18

ポイント ボヤジャン博士たちは現在，何に取り組んでいるか。

16 ① Boyajian, Wright, / and Andrew Siemion, / the director / of the Search for
ボヤジャン，ライト / そしてアンドリュー・シーミオンは / 所長 /
Extraterrestrial Intelligence Research Center / at the University of California,
地球外知的生命体探査研究センターの / カリフォルニア大学バークレー
Berkeley, / are now working on getting access / to massive radio dishes / they can
校の / 現在，利用しようと取り組んでいる / 巨大電波アンテナを / 彼女たちが
point at the star / in search of the kinds of radio waves / usually emitted / by
その恒星に向けることができる / ～種類の電波を探すために / 通常発せられる /
technology.// ② If they find them— / well, / that would be very big and very, very
科学技術によって // もし彼女たちがそれらを見つけたら / そう / それはとても大きな，そしてとてもとても思いもつかない
unlikely news.//
ニュースになるだろう //

17 ③ Of course, / the star / in question / is about 1,481 light-years away / from
もちろん / その恒星は / 問題となっている / 約 1,481 光年離れている / 地球
Earth.// ④ This means / that even if aliens did create a giant solar panel system /
から // このことは意味する / たとえ宇宙人が巨大な太陽光パネルシステムを実際に作ったとしても /
out there, / they did so / in the sixth century, / while we were emptying chamber
そこに / 彼らはそれを行った / 6 世紀に / 私たちが尿瓶（しびん）の中身を捨てているときに
pots / out of second-story windows / and fighting off the first bubonic plague
/ 2 階の窓から外に / そして最初の腺ペストの大流行に打ち勝とうとしている
pandemic.//
（ときに） //

18 ⑤ Quite a bit has changed / on Earth / since then.// ⑥ Who knows what could
かなり多くのことが変化した / 地球上で / そのとき以降 // だれが何が起こり得たかを
have happened / around KIC 8462852 / in nearly 1,500 years?//
知るだろうか / KIC 8462852 の周辺で / 1,500 年近くの間に //

・単語・熟語チェック

- ☐ **director** 名 所長
- ☐ **intelligence** 名 知性
- ☐ **get [gain] access to *A*** 熟 *A* を利用する
- ☐ **point *A* at *B*** 熟 *A* を *B* に向ける
- ☐ **in search of *A*** 熟 *A* を探して
- ☐ **emit** 動 ～を発する，出す
- ☐ **unlikely** 形 思いもつかない
- ☐ ***A* in question** 熟 問題の *A*
- ☐ **chamber pot** 名 尿瓶
- ☐ **chamber** 名 寝室，私室
- ☐ **bubonic plague** 名 腺ペスト
- ☐ **pandemic** 名 大流行
- ☐ **quite a bit** 熟 かなりの量

本文内容チェック **「科学技術が存在する証拠となる電波の探索」**

16 ボヤジャン博士，ライト博士と，地球外知的生命体探査研究センター所長のシーミ

オン氏は，この恒星に向けることができる巨大アンテナを使い，科学技術が発する電波を探そうとしている。

17 その恒星は地球から約 1,481 光年離れているため，たとえそこで宇宙人が巨大太陽光パネルを実際に作っていたとしても，それは 6 世紀の時代のことなのだ。

18 その時代以降，地球上では多くの変化が起きた。その 1,500 年近くの間に KIC 8462852 の周囲で起こり得たことなど，だれにわかるというのか。

読解のカギ

① **Boyajian, Wright, and Andrew Siemion, the director (of the Search for Extraterrestrial Intelligence Research Center) (at the University of California, Berkeley), are now working on getting access (to massive radio dishes {they can point at the star (in search of the kinds of radio waves (usually emitted by technology))}).**

(which[that])

➡ dish は「(おわん型の)アンテナ，パラボラアンテナ」を意味する。

➡ dishes の後ろには目的格の関係代名詞 which [that] が省略されている。(which [that]) they can ... technology が先行詞 massive radio dishes を修飾している。

➡ the star「その恒星」は KIC 8462852 のことを指している。

➡ usually emitted by technology は radio waves を修飾する過去分詞句。

④ **This means (that (even if aliens did create a giant solar panel system (out there)), they did so (in the sixth century), (while we were emptying chamber pots out of second-story windows and fighting off the first bubonic plague pandemic)).**

➡ This は前文③の内容を指している。

➡ did create は，助動詞の do を用いて created を強調した形。

➡ so は前述の create a giant solar panel system out there という動作を表している。

➡ fight off *A* は「*A*(病気など)に打ち勝つ」。

問. 並べかえなさい。

彼は本当にサッカー部に入りたいと思っていた。

(want / team / join / he / the / to / soccer / did).

____.

⑥ **Who knows (what could have happened (around KIC 8462852) (in nearly 1,500 years))?**

➡ 反語的な意味で使われている疑問文。「だれが～を知るだろうか(＝だれも～を知らないだろう」という意味を表す。

➡ in nearly 1,500 years「1,500 年近くの間に」は，前文④で述べている 6 世紀の時代から現在までの期間のこと。

問の解答 **問.** He did want to join the soccer team(.)

Comprehension ヒント

A Choose the correct answer. （正しい答えを選びなさい。）

1 第1パラグラフでボヤジャン博士たちが頭をかきむしったときの状況について語られている。 → 教 p.168 左段, ℓℓ.4〜7

2 第4パラグラフにライト博士の仮説についての記述がある。 → 教 p.168 右段, ℓ.18〜教 p.169 左段, ℓ.4

3 第10パラグラフにボヤジャン博士たちの論文が結論づけた内容についての記述がある。 → 教 p.170 左段, ℓℓ.5〜13

4 第10パラグラフにKIC 8462852の奇妙な光度の低下の説明になる仮説についての記述がある。 → 教 p.170 左段, ℓℓ.15〜21

B Answer T (true) or F (false). （正誤を答えなさい。）

1 第2・3パラグラフにライト博士が問題の恒星のデータを見たときに思ったことについての記述がある。 → 教 p.168 左段, ℓ.17〜右段, ℓ.7

2 第3パラグラフに恒星の変化に対する一般的な理由についての記述がある。 → 教 p.168 右段, ℓℓ.7〜11

3 第5パラグラフにボヤジャン博士とライト博士が宇宙人の巨大建造物の可能性についてどう考えているかの記述がある。 → 教 p.169 左段, ℓℓ.5〜8

4 第6パラグラフに惑星を見つける方法についての記述がある。 → 教 p.169 左段, ℓℓ.23〜29

5 第7パラグラフに問題の恒星の不自然な光度曲線の低下についての記述がある。 → 教 p.169 左段, ℓ.34〜右段, ℓ.7

6 第9パラグラフに，ちりや岩，ガスに囲まれた若い恒星の光の遮断についての記述がある。 → 教 p.169 右段, ℓ.31〜教 p.170 左段, ℓ.1

7 第12パラグラフにケプラー望遠鏡の視野の中で異常な明滅の仕方をしていた恒星についての記述がある。 → 教 p.170 左段, ℓℓ.30〜33

8 第14パラグラフにダイソン球とは何なのかについての記述がある。 → 教 p.170 右段, ℓℓ.14〜19

C Choose your best scene. （最もよかった場面を選びなさい。）
Which part helps you believe or not believe in the alien hypothesis and why? Discuss it with your partner. （あなたに宇宙人仮説を信じる，または信じないと思わせる部分はどこですか，そしてなぜですか。それについてパートナーと話し合いなさい。）

意見を伝える表現：
- convince me that 〜（私に〜ということを納得させる）
- it seems [doesn't seem] possible that 〜
  （〜ということはあり得そうだ［あり得なそうだ］）
- The part that discusses ○○ is convincing.
  （○○について論じる部分が説得力がある。）

定期テスト予想問題

解答 ➡ p.247

1 次の英文を読んで，後の問いに答えなさい。

①(natural / work / another / be / at / force / must) here. In their paper, Boyajian and her colleagues ②(　　) (　　) great (　　) to review and discuss the clearer explanations for the unclear display. ③It wasn't a mistake caused by a problem with the telescope or their data analyzers—they checked their data with the Kepler mission team, and found no problems for nearby stars when they checked ④their light curves against neighboring sources.

(1) 下線部①が「ここでは別の自然の力が働いているに違いない」という意味になるように，(　)内の語を並べかえなさい。

______________________________ here.

(2) 下線部②が「～を検討し，考察するのに苦労も惜しまなかった」という意味になるように，(　)に適切な語を入れなさい。

__________ __________ great __________ to review and discuss

(3) 下線部③の英語を日本語に訳しなさい。

(　　　　　　　　　　　　　　　　　　　　　　　　)

(4) 下線部④の代名詞が受けている語句は何か。英語で抜き出しなさい。

____

2 次の英文を読んで，後の問いに答えなさい。

Boyajian, Wright, and Andrew Siemion, the director of the Search for Extraterrestrial Intelligence Research Center at the University of California, Berkeley, are now working on getting access ①(　　) massive radio dishes they can point ②(　　) the star ③(　　) search ④(　　) the kinds of radio waves usually emitted by technology. If they find ⑤them—well, that would be very big and very, very unlikely news.

(1) 下線部①②③④に入れるのに適切な語を下から1つずつ選び，書きなさい。

[of / in / to / at]

① __________ ② __________ ③ __________ ④ __________

(2) 下線部⑤が具体的に表すものは何か。日本語で答えなさい。

(　　　　　　　　　　　　　　　　　　　　　　　　)

(3) 次の質問に英語で答えなさい。

Who is the director of the Search for Extraterrestrial Intelligence Research Center at the University of California, Berkeley?

____

Pleasure Reading **3**

Sapiens—The Cognitive Revolution:
How We Parted from Chimpanzees

From *Sapiens* by Yuval Noah Harari. Copyright © 2015 by Yuval Noah Harari. Used by permission of HarperCollins Publishers.

1 〜 2

◆ポイント 200万年前の旧人類はどのような存在だったか。

An Animal of No Significance
取るに足らない動物

1 ① There were humans / long before there was history.//
人類は存在していた / 歴史が存在するずっと前に //
② Animals / much
動物は / 現代の

like modern humans / first appeared / about 2.5 million years ago.//
人類によく似た / 最初に現れた / 約250万年前に //
③ But / for
しかし/

countless generations / they did not stand out / from the countless other creatures /
数えきれないほどの世代の間/ それらは傑出することはなかった / 無数のほかの生物より /

that lived / on the planet.//
生きていた / 地球上で //

2 ④ On a hike / in East Africa / two million years ago, / you might well have come
ハイキングをしたら / 東アフリカで / 200万年前に / あなたはおなじみの

across familiar human characters: / caring mothers / holding their babies / and
人物像にたぶん出くわしただろう / 世話をしている母親 / 自身の赤ん坊を抱いている /そして

groups / of children / playing / in the mud; / youths / with changeable feelings /
集団 / 子どもの /遊んでいる/ 泥の中で / 若者 / 感情の変わりやすい /

challenging the head / of society / and tired elders / who just wanted to be left in
長に挑戦している / 共同体の / そして疲れた年配者 / ただ静かにさせておいてほしい

peace; / males / with a lot of muscle / trying to impress the local beauty / and wise
/ 男性 / 筋肉隆々の / その土地の美人によい印象を残そうとしている / そして賢い

old chiefs / who had already seen it all.//
年配の首長 / すでにすべてを見てきた //
⑤ These archaic humans loved, played,
これらの旧人類は愛し, 遊び,

formed close friendships, / and competed / for social positions and power— / but so
親密な友情関係を築いた / そして争った / 社会的な地位と権力を求めて / しかし

did chimpanzees, baboons, and elephants.//
チンパンジー, ヒヒ, ゾウもまたそうだった //
⑥ There was nothing special / about
特別なことは何もなかった / 人類に

humans.//
関して //
⑦ Nobody, / least of all humans themselves, / had ever imagined / that
だれも / 特に人間自身は / 想像することはなかった /

their descendants would one day walk / on the moon, / break the atom apart, /
彼らの子孫がいつか歩くことを / 月の上を / 原子を分裂させる(ことを) /

read the genetic code, / and write history books.//
遺伝子情報を読み取る(ことを) / そして歴史書を書く(ことを) //
⑧ The most important thing /
最も重要なことは /

to know / about ancient humans / is that they were insignificant animals / that had
知るべき / 旧人類について / 彼らが取るに足らない動物だったことだ / 影響を
no more impact / on their environment / than gorillas, flies, or jellyfish.//
及ぼさない / 自分たちの環境に / ゴリラ，ハエ，クラゲと同じように //

・単語・熟語チェック

□ **Homo sapiens**	名 ホモ・サピエンス	□ **baboon**	名 ヒヒ
□ **chimpanzee**	名 チンパンジー	□ **descendant**	名 子孫
□ **countless**	形 無数の	□ **atom**	名 原子
□ **stand out from *A***	熟 *A* より傑出する	□ **genetic code**	名 遺伝子情報
□ **creature**	名 生物	□ **genetic**	形 遺伝子の
□ **changeable**	形 変わりやすい	□ **insignificant**	形 取るに足らない
□ **in peace**	熟 静かに	□ **impact**	名 影響
□ **archaic**	形 古代の		

本文内容チェック　**「ほかの動物と変わらない，取るに足らない存在だった旧人類」**

1 現代の人類によく似た動物は約 250 万年前に現れたが，それから長い間ほかの動物より秀でる存在ではなかった。

2 200 万年前の旧人類は，私たちにもなじみ深い暮らしをしていた。しかし，ほかの動物と比べて人類に特別なところはなかった。だれも彼らの子孫が月を歩き，原子を分裂させ，遺伝子情報を読み取り，歴史書を書くことなど想像していなかった。彼らはほかの動物と同様に，環境に影響を及ぼさない，取るに足らない存在だった。

読解のカギ

④ **..., you might well have come across familiar human characters: caring mothers ... and wise old chiefs {who had already seen it all}.**

（wise old chiefs ← who：主格の関係代名詞）

➡ might well have *done* は「たぶん～しただろう」。
➡「:(コロン)」以下は，familiar human characters の具体例。
➡ who had already seen it all は先行詞 wise old chiefs を修飾する関係代名詞節。
➡ have seen it all は「(世の中の)すべてを見てきている」。経験豊富で，世間をよく知っているということを表している。it は漠然とした状況を指す。

問. 並べかえなさい。

彼は私のお金を全然返してくれなかった。たぶん全部使ったのだろう。
He never paid my money back; (spent / well / have / it / he / all / might).
He never paid my money back; ______________________________.

⑧ **... had no more impact on their environment than gorillas, flies, or jellyfish.**

➡ no more ～ than *A* は「*A* と同じように～ない」。than が「～と同じように」の意味になるのは，前の no が than の「～より」の意味も打ち消しているからである。

問の解答　**問.** (He never paid my money back;) he might well have spent it all(.)

3～4

ポイント ホモ・サピエンスに起きた認知革命とはどのようなものだったか。

The Cognitive Revolution
認知革命

3 ① But then, / beginning about 70,000 years ago, / *Homo sapiens*, / one of the
しかしその後 / 約7万年前を始まりとして / ホモ・サピエンスは / 人類
human species, / started doing very special things.// ② Around that date / *Sapiens*
の種の1つ / とても特別なことをするようになった // そのころ / サピエンスの
bands left Africa.// ③ They drove the Neanderthals and all other human species /
一群はアフリカを離れた // 彼らはネアンデルタール人とほかのすべての人類を追いやった /
not only from the Middle East, / but from the face / of the Earth.// ④ Within a
中東からだけでなく / 表面からも / 地球の //
remarkably short period, / *Sapiens* reached Europe and East Asia.// ⑤ About
驚くほど短い期間で / サピエンスはヨーロッパと東アジアに到達した //
45,000 years ago, / they somehow crossed the open sea / and landed / in Australia— /
約4万5千年前に / 彼らは何らかの方法で外洋を渡り / そして上陸した / オーストラリアに /
a continent / that had been unknown / to humans / until then.// ⑥ The period / from
大陸 / 知られていなかった / 人類に / そのときまで// 時代に /
about 70,000 years ago / to about 30,000 years ago / saw the invention / of boats,
約7万年前から / 約3万年前までの / 発明があった / 船,
oil lamps, bows and arrows, and needles / (essential / for sewing warm clothing).//
オイルランプ，弓矢，そして針の / （不可欠な / 暖かい衣服を縫うのに） //
⑦ The first objects / that can surely be called art / date / from this era, / as does
最初のものは / 確実に芸術と呼べる / 始まる / この時代から / 最初の
the first clear evidence / for religion, commerce, and social classes.//
明確な証拠も同様である / 宗教，商業，そして社会階級の //

4 ⑧ Most researchers believe / that these unprecedented achievements were the
ほとんどの研究者は考える / これらの前例のない成果は産物であると
product / of a revolution / in *Sapiens*' cognitive ability— / the Cognitive Revolution, /
/ 革命の / サピエンスの認知能力における / 認知革命 /
so to speak, / in which new ways of thinking and communicating emerged / between
いわば / その中で新しい思考方法とコミュニケーション方法が出現した /
70,000 and 30,000 years ago.//
7万年から3万年前の間に //

・単語・熟語チェック

□ **Neanderthal**	名 ネアンデルタール人	□ **religion**	名 宗教
□ **continent**	名 大陸	□ **commerce**	名 商業
□ **surely**	副 確実に	□ **unprecedented**	形 前例のない
□ **date from** ***A***	熟 *A* から始まる	□ **revolution**	名 革命

□ **so to speak**　熟 いわば　　□ **emerge**　動 出現する

本文内容チェック　**「新しい思考法，コミュニケーション方法を生んだ認知革命」**

3 ホモ・サピエンスは約7万年前からアフリカを出て，地球上のほかの人類を追いやった。約4万5千年前にはオーストラリア大陸に上陸した。約7万年から3万年前までの間に，彼らは船，オイルランプ，弓矢，針，芸術，商業，社会階級を発明した。

4 これらは，新しい思考法やコミュニケーション方法を生み出した認知革命の産物であると考えられている。

読解のカギ

⑤ **(About 45,000 years ago), they somehow crossed the open sea and landed (in Australia)—a continent {that had been unknown (to humans) (until then)}.**

主格の関係代名詞

➡「—(ダッシュ)」以下で，Australia を詳しく言いかえている。

➡ that had ... until then は先行詞 a continent を修飾する関係代名詞節。

➡ then は About 45,000 years ago を指す。

⑥ **The period from about 70,000 years ago to about 30,000 years ago saw the invention of boats, oil lamps, bows and arrows, and needles (essential for sewing warm clothing).**

➡ see は「(時代などを S にとり) (S に)～が起きる，行われる」。

➡「(　)」で囲まれた部分は，needles を補足的に修飾している。

⑦ **The first objects {that can surely be called art} date from this era, as does the first clear evidence (for religion, commerce, and social classes).**

主格の関係代名詞

➡ that can surely be called art は先行詞 The first objects を修飾する関係代名詞節。

➡ <as do＋S> は「(前述の行為を受け)S も同様である[同様に～する]」という意味。

問. ____を埋めなさい。

彼女の学校は4月に始まる，私の学校も同様だ。

Her school starts in April, ______ ______ mine.

⑧ **Most researchers believe (that these unprecedented achievements were the product (of a revolution in *Sapiens*' cognitive ability)—the Cognitive Revolution, (so to speak), {in which new ways (of thinking and communicating) emerged (between 70,000 and 30,000 years ago)}).**

<前置詞＋関係代名詞>

➡「—(ダッシュ)」以下では，a revolution in *Sapiens*' cognitive ability を so to speak「いわば」と言いかえている。

➡ in which ... years ago は先行詞 the Cognitive Revolution を修飾する関係代名詞節。

問の解答　**問.** as does

5～6

ポイント 人間のコミュニケーション方法としての言語は，どのような点が特別なのか。

Animal vs. Human Communication
動物対人類のコミュニケーション

5 ① Every animal knows / how to communicate.// ② Even insects, / such as bees and ants, / know / how to tell one another / of the whereabouts / of food.//
どんな動物も知っている / コミュニケーションの仕方を // 昆虫でさえ / ハチやアリといった / 知っている / お互いに伝える方法を / ありかのことを / 食べ物の //

③ Many animals, / including all ape and monkey species, / also use vocal signs / like humans do.// ④ A parrot can say anything / Albert Einstein could say, / as well as copying the sounds / of phones ringing, doors closing, and bells ringing.//
多くの動物 / すべての類人猿やサルの種族を含む / ～も声の合図を使う / 人間がするように // オウムは～ことは何でも言える / アルバート・アインシュタインが言えた / 音をまねするだけでなく / 鳴る電話，閉まるドア，鳴るベルの //

⑤ Whatever advantage Einstein had / over a parrot, / it wasn't vocal.// ⑥ What, / then, / is so special / about our way / of communication, / human language?//
アインシュタインの勝る点が何であったとしても / オウムに / それは声によるものではなかった // 何が / それでは / それほど特別なのか / 私たちの方法について / コミュニケーションの / 人間の言語 //

6 ⑦ The most common answer is / that our language is amazingly flexible.//
最も一般的な答えは / 私たちの言語は驚くほどに柔軟であるということだ //

⑧ We can connect a limited number of sounds / and signs / to produce an infinite number of sentences, / each with a distinct meaning.// ⑨ We can thereby take in, store, and communicate / a surprisingly great amount of information / about the surrounding world.//
私たちは限られた数の音を結びつけることができる / 記号と / 無限の文を生み出すために / それぞれがまったく異なる意味を持つ // 私たちはそれによって理解し，蓄積し，そして伝達することができる / 驚くほど大量の情報を / 取り巻く世界についての //

・単語・熟語チェック

□ **insect**	名 昆虫	□ **infinite**	形 無限の
□ **whereabouts**	名 ありか，所在	□ **distinct**	形 まったく異なる
□ **vocal**	形 声による	□ **thereby**	副 それにより
□ **parrot**	名 オウム	□ **take in *A* / take *A* in**	熟 *A* を理解する

本文内容チェック 「人間の言語が持つ柔軟性」

5 動物や昆虫同士もコミュニケーションをとる。類人猿やサルも人間のように声で合図する。オウムはアインシュタインが言ったことを言うことができるので，アインシュタインのオウムに勝る点が何だったとしても，それは声によるものではなかった。では，人間のコミュニケーション方法である言語の何がそんなに特別なのか。

6 最も一般的な答えはその柔軟性だ。人間は，限られた音と記号を組み合わせることで，取り巻く世界についての多くの情報を理解し，蓄積し，伝えることができる。

読解のカギ

② **Even insects, (such as bees and ants), know (how to tell one another (of the whereabouts of food)).**

➡ such as bees and ants は insects の具体例を挙げている。

➡ tell *A* of *B* は「*A* に *B* のことを伝える」。

④ **A parrot can say anything {Albert Einstein could say}, (as well as copying the sounds of phones ringing, doors closing, and bells ringing).**

(that)

➡ Albert Einstein could say は anything を修飾する節である。前に関係代名詞の that が省略されている。

➡ as well as *do*ing は「～するだけでなく」。

問1. ＿＿を埋めなさい。

彼女は熟練した執筆家であるだけでなく，すばらしい音楽家だ。

She is a great musician, as ＿＿＿＿＿＿ as ＿＿＿＿＿＿ a skilled writer.

⑤ **Whatever advantage Einstein had over a parrot, it wasn't vocal.**

➡ have an advantage over *A* は「*A* に勝る点がある」。

⑥ **What, (then), is so special (about our way of communication, human language?)**

(our way of communication = human language)

➡ human language は our way of communication と≪同格≫の関係。

⑧ **We can connect a limited number of sounds and signs (to produce an infinite number of sentences, each with a distinct meaning).**

➡ connect *A* and *B* は「*A* と *B* を結びつける」。

➡ to produce ... は to 不定詞の副詞的用法。

⑨ **We can (thereby) take in, store, and communicate a surprisingly great amount of information (about the surrounding world).**

(We: S　can: 助動詞　take in: V①　store: V②　communicate: V③　a surprisingly great amount of information (about the surrounding world): O)

➡ can に続く動詞が 3 つ並列されている。a surprisingly great amount of information about the surrounding world は 3 つの動詞の共通の目的語。

➡ take in *A* は「*A* を理解する」。

問2. 日本語にしなさい。

It will take time for you to take in this new concept.

(　　　　　　　　　　　　　　　　　　　　　　　　)

問の解答　**問 1.** well, being　**問 2.** あなたがこの新しい概念を理解するのには時間がかかるだろう。

7

ポイント 人間の言語が特別であるとする，2つ目の説はどのようなものか。

7 ① The second theory agrees / that our unique language evolved / as a means /
2つ目の説は同意する / 私たち固有の言語は進化したということに / 手段として /

of sharing information / about the world.// ② But / the most important information /
情報共有の / 世界に関する // しかし / 最も重要な情報は /

that needed to be shared / was about humans, / not about animals / to watch out for /
共有される必要があった / 人についてだった / 動物についてではなく / 警戒すべき /

such as lions or animals / for food / such as bison.// ③ Our language evolved / as a
ライオンや動物といった / 食糧になる / バイソンといった // 私たちの言語は進化した / 方法

way / of gossiping.// ④ According to this theory / *Homo sapiens* is primarily a social
として / 噂話をするための // この説に照らし合わせると / ホモ・サピエンスは主に社会的な動物

animal.// ⑤ Social cooperation is our key / to survival and reproduction.// ⑥ It is
である // 社会的な協力が私たちの鍵である / 生存と繁殖の //

not enough / for individual men and women / to know the whereabouts / of animals /
十分ではない / 個々の男性と女性が / 居場所を知ることは / 動物の /

to escape from / and those / to hunt.// ⑦ It's much more important / for them /
逃げるべき / そして動物(の) / 狩るべき // もっとずっと重要である / 彼らが /

to know / who in their band hates whom, / who loves whom, / who is honest, / and
知ることが / 彼らの集団の中でだれがだれを嫌っているのか / だれがだれを愛しているのか / だれが正直なのか /

who is a liar.//
そしてだれが嘘つきなのか //

・単語・熟語チェック

□ **watch out for *A***	熟 *A*を警戒する	□ **cooperation**	名 協力
□ **bison**	名 バイソン	□ **survival**	名 生存，生き残ること
□ **gossip**	動 噂話をする	□ **honest**	形 正直な
□ **primarily**	副 主に	□ **liar**	名 嘘つき

本文内容チェック **「仲間内の人に関する情報を伝達するために進化した，人間の言語」**

7 2つ目の説は，人間の言語は外界に関する情報を共有する手段として進化したという意見に賛同している。しかし，共有される必要があるとされた最も重要な情報は人間に関するもので，警戒すべき動物や食糧となる動物に関するものではなかった。動物の居場所よりも，集団の中のだれがだれを嫌いなのか，好きなのか，だれが正直者なのか，嘘つきなのか，ということのほうがずっと重要なのだ。

読解のカギ

① **The second theory agrees (that our unique language evolved (as a means of sharing information (about the world))).**

➡ The second theory「2つ目の説」とは，第5パラグラフの「人間の言語について何がそんなに特別なのか」という問いに対して，「2つ目の答えとなる説」という意味である。

➡ means は「手段」という意味で，単数形と複数形で形が変わらない。

② **But the most important information {that needed to be shared} was (about humans), not (about animals (to watch out for) (such as lions) or animals (for food) (such as bison)).**

主格の関係代名詞　　to 不定詞の形容詞的用法

➡ that needed to be shared は the most important information を修飾する関係代名詞節。

➡ about humans と about animals ... as bison の2つの前置詞句が文の補語になっている。2つ目は not が前に置かれて否定されている。

➡ to watch out for は直前の animals を修飾する，形容詞的用法の to 不定詞句。

➡ watch out for *A* は「*A* を警戒する」。

➡ such as lions は animals to watch out for の具体例を挙げている。

➡ for food は直前の animals を修飾している。

➡ such as bison は animals for food の具体例を挙げている。

➡ bison「バイソン」は単数形と複数形で形が変わらない。ここでの bison は複数形。

問．並べかえなさい。

私たちは旅行中，天候の変化に警戒した。

(for / out / changes / weather / watched / in / the / we) during our trip.

____ during our trip.

⑥ **It is not enough (for individual men and women) (to know the whereabouts (of animals (to escape from) and those (to hunt))).**

形式主語　to 不定詞の意味上の主語　真の主語(to 不定詞句)　to 不定詞の形容詞的用法　to 不定詞の形容詞的用法

➡ <it is ～＋for *A*＋to 不定詞>「*A* が…するのは～だ」の形の文。

➡ to escape from は直前の animals を修飾する，形容詞的用法の to 不定詞句。

➡ to hunt は直前の those を修飾する，形容詞的用法の to 不定詞句。those は animals の代わりに用いられている。

⑦ **It's much more important (for them) (to know (who in their band hates whom), (who loves whom), (who is honest), and (who is a liar)).**

形式主語　to 不定詞の意味上の主語　真の主語(to 不定詞句)

➡ 前文⑥と同様，<it is ～＋for *A*＋to 不定詞>「*A* が…するのは～だ」の形の文。比較級の much more は⑥の内容との比較を表している。

➡ them は前文⑥の individual men and women を受けた代名詞。

➡ know の目的語が who ... の形で4つ並列されている。

問の解答　**問．**We watched out for changes in the weather (during our trip.)

8〜9

ポイント 人間の言語の真に独特な特徴とはどのような点か。

The Appearance of Fiction
虚構の登場

8 ① Most likely, / both the gossip theory and that watching-out-for-lions theory
おそらく / 噂話説とそのライオン警戒説は両方とも筋が通っている
are reasonable.// ② Yet / the truly unique feature / of our language / is not its
// しかし/ 本当に独特な特徴は / 私たちの言語の / その能力
ability / to transmit information / about men and lions.// ③ Rather, / it's the ability /
ではない/ 情報を伝達する / 男性とライオンについての// それどころか/ それは能力である/
to transmit information / about things / that do not exist / at all.// ④ As far as we
情報を伝達する / 物事について / 存在しない /まったく// 私たちが知る限り
know, / only *Sapiens* can talk / about entire categories of things / that they have
では / サピエンスのみが話すことができる / あらゆる種類の物事について / 彼らが見たことも,
never seen, touched, or smelled.// ⑤ But why is this important?//
触ったことも，嗅いだこともない // しかし，なぜこれが重要なことなのだろうか //

9 ⑥ Fiction has enabled us not merely to imagine things, / but to do so *as a group*.//
虚構は私たちが単に物事を想像することを可能にしただけでなく / 「集団として」そうすること(を可能にした) //
⑦ We can put together common myths / such as the creation story / in the Bible, /
私たちは共通の神話を編さんすることができる / 創世のお話といった / 聖書の中の /
the myths / of Australian Aborigines, / and the nationalist myths / of modern
神話 / オーストラリアのアボリジニの / そして国家主義の神話 / 近代国家の
states.// ⑧ Such myths give *Sapiens* the unprecedented ability / to cooperate flexibly /
// これらのような神話はサピエンスに前例のない能力を授けた / 柔軟に協力する /
in large numbers.// ⑨ Ants and bees can also work together / in huge numbers, /
大人数で // アリやハチもまた一緒になって働くことができる / 大勢で /
but they do so / in a very rigid way / and only with close relatives.// ⑩ Wolves and
しかし，彼らはそれを行う / 非常に融通の利かないやり方で / そして近親者とのみ // オオカミや
chimpanzees cooperate / far more flexibly / than ants, / but they can do so / only
チンパンジーは協力する / はるかに柔軟に / アリよりも / しかし，彼らはそれができる /
with small numbers of other individuals / that they know intimately.// ⑪ *Sapiens*
少数のほかの個体とのみ / 自分たちがよく見知った // サピエンスは
can cooperate / in very flexible ways / with countless numbers of strangers.//
協力することができる / 非常に柔軟なやり方で / 数えきれないほどの数の見知らぬ人たちと //

・単語・熟語チェック

□ **transmit**	動 〜を伝達する	□ **bible**	名 聖書
□ **put together *A* / put *A* together**	熟 *A* を編さんする	□ **Aborigine**	名 アボリジニ
		□ **nationalist**	形 国家主義の
□ **myth**	名 神話	□ **cooperate**	動 協力する

□ flexibly	副 柔軟に	□ relative	名 近親者，親戚
□ in large [huge] numbers	熟 大勢で	□ intimately	副 親密に

本文内容チェック　「集団で虚構を共有し，柔軟に協力することを可能にする人間の言語」

8 本当に独特な人間の言語の特徴は，人間やライオンに関する情報を伝達する能力ではない。存在しないものを伝達する能力だ。しかし，なぜそれが重要なのだろうか。

9 人間は，虚構のおかげで集団として物事を想像することができるにようになった。共通の神話を作り上げることで，サピエンスは大勢で協力することができるのだ。アリやハチは大勢で協力できるが，近親者としか協力できない。オオカミやチンパンジーは柔軟に協力できるが，少数の親しい個体としか協力できない。サピエンスは，数えきれないほど大勢の見知らぬ人たちと，非常に柔軟に協力できるのだ。

読解のカギ

⑥ **Fiction has enabled us (not merely) to imagine things, but (to do so (*as a group*)).**

➡ enable *A* to *do* は「*A* が～するのを可能にする」。ここでは not merely が to *do* の前に挿入されている。後ろの but ... と呼応して，「単に～だけでなく…」という意味を表す。

➡ do so は imagine things という行為を指している。

➡ as a group は重要な点としてイタリックで強調されている。

⑨ **Ants and bees can also work (together) (in huge numbers), but they do so (in a very rigid way) and (only with close relatives).**

➡ in huge numbers は「大勢で」。

➡ do so は work together という行為を指している。

➡ in a very rigid way と only with close relatives は，ともに do so を修飾している。

➡ only with close relatives「近親者とのみ」は，アリやハチの女王が生んだ子どもたち同士の関係を指している。

問. ＿＿を埋めなさい。

観光客がこのお祭りに大勢来た。

Tourists came to this festival ＿＿＿＿ huge ＿＿＿＿.

⑩ **Wolves and chimpanzees cooperate (far more flexibly) (than ants), but they can do so (only with small numbers of other individuals {that they know intimately}).**

（{that ... → small numbers of other individuals を修飾：目的格の関係代名詞）

➡ do so は cooperate far more flexibly than ants という行為を指している。

➡ that they know intimately は small numbers of other individuals を修飾する関係代名詞節。

問の解答　**問.** in, numbers

10

ポイント ホモ・サピエンスが形成する安定した集団には，どのような限界があるか。

10 ① In the wake of the Cognitive Revolution, / gossip helped *Homo sapiens* /
認知革命の結果 / 噂話はホモ・サピエンスが～助長した /

to form larger and more stable bands.// ② But even gossip has its limits.//
より大きく，より安定した集団を形成するのを // しかし噂話にも限界がある //

③ Sociological research has shown / that the maximum "natural" size / of a group /
社会学的な研究は示した / 「自然な」最大規模は / 集団の /

bonded / by gossip / is about 150 individuals.// ④ Most people can neither
結ばれる / 噂話によって / 約150人である // ほとんどの人は～を深く知る

intimately know, / nor gossip effectively enough about, / more than 150 human
こともできず / 十分効果的なまでに～について噂話をすることもできない / 150人以上の人間

beings.// ⑤ Even today, / the critical threshold / in human groups / falls somewhere /
// 現在でも / 臨界閾値(いきち)は / 人間の集団の / どこかに落ち着く /

around this magic number.// ⑥ Below this threshold, / communities, businesses,
この魔法の数字の近辺の // この閾値以下で / コミュニティー，企業，

social networks, and military units can continue to be as they are / based mostly on
社会的ネットワーク，そして軍事部隊はそれらの姿のままあり続けることができる / 主に

intimate relationships and the spreading / of gossip.//
密接な関係と伝播(でんぱ)に基づいて / 噂話の //

・単語・熟語チェック

□ **in the wake of *A***	熟 *A*の結果	□ **effectively**	副 効果的に
□ **stable**	形 安定した	□ **threshold**	名 閾値，限界値
□ **sociological**	形 社会学的な		

本文内容チェック **「噂話により結び付けられる集団の規模の限界」**

10 認知革命の結果，噂話がホモ・サピエンスがより大きく，安定した集団を形成するのを助長した。しかし，噂話にも限界があり，噂話により結束が保てる集団の最大規模は約150人である。この人数以内であれば，親密な関係と噂話が伝播する作用に基づいて，集団はその形を維持できる。

読解のカギ

① **(In the wake of the Cognitive Revolution), gossip helped *Homo sapiens* (to form larger and more stable bands).**

➡ in the wake of *A* は「*A*の結果，*A*に続いて」。wake には「(船や人が)通った跡」という意味がある。

問1. ＿＿を埋めなさい。

感染病の大流行の結果，より多くの人が在宅で仕事をするようになった。

In the ＿＿＿＿＿ of the pandemic, more people began working from home.

③ **Sociological research has shown (that the maximum "natural" size (of a group (bonded by gossip)) is about 150 individuals).**

S: Sociological research / 助動詞＋V: has shown / O(that 節): (that ...) / (S'): the maximum "natural" size (of a group (bonded by gossip)) / (V'): is / (C'): about 150 individuals

➡ bonded by gossip は a group を修飾する過去分詞句。

④ **Most people can neither (intimately) know, nor gossip (effectively enough) about, more than 150 human beings.**

S: Most people / 助動詞: can / V①: know / V②: gossip / know と about の O: more than 150 human beings

➡ neither *A* nor *B* は「*A* も *B* も～ない」。ここでの *A* と *B* は，動詞の know と gossip。

➡ more than 150 human beings は know と about の共通の目的語。

問2. 並べかえなさい。

私は今日，働くつもりも出かけるつもりもない。

(neither / out / I / work / nor / go / will) today.

______________________________ today.

⑤ **(Even today), the critical threshold (in human groups) falls (somewhere (around this magic number)).**

S: the critical threshold (in human groups) / V: falls / C: (somewhere (around this magic number))

➡ the critical threshold は「臨界閾値」。特定の変化が起こる境目となる数値。ここでは前文④で述べている，人の集団が噂話による結束を保てる限界の人数である「150人」を指している。

➡ fall は「(ある範囲に)入る，置かれる」。ここでは「(数値が)(ある範囲に)落ち着く」というような意味になる。

➡ around this magic number は somewhere を修飾している。

➡ this magic number は前文④の 150 という数を指している。

⑥ **(Below this threshold), communities, businesses, social networks, and military units can continue (to be as they are) (based mostly on intimate relationships and the spreading of gossip).**

S: communities, businesses, social networks, and military units / 助動詞＋V: can continue / O(to 不定詞): (to be as they are)

➡ this threshold は the critical threshold，つまり「150 人」という数のこと。

➡ continue to *do* は「～し続ける」。

➡ as S are [is] は「そのままの S で」。ここではコミュニティーなどの集団が，そのまま集団の形をとっていられる状態を指している。

➡ based on *A* は「*A* に基づいて」。

問の解答 **問 1.** wake　**問 2.** I will neither work nor go out (today.)

11～13

ポイント 極めて大きな人数の集団をまとめるため，人類はどのような手段を使ってきたか。

Crossing the Critical Threshold
臨界閾値（いきち）を超えて

11 ① How did *Homo sapiens* manage to cross this critical threshold— / eventually
ホモ・サピエンスはどのようにしてこの臨界閾値を超えることを遂げたのか / そして最終的に

founding cities / with a population / of tens of thousands, / and empires / ruling
都市を築いた(のか) / 人口を持つ / 何万人もの / そして帝国を /

hundreds of millions?// ② The key was probably the appearance / of fiction.//
何億人もの人を統治する // 鍵はおそらく登場であった / 虚構の //

③ Large numbers of strangers can cooperate well / by believing / in common myths.//
大勢の見知らぬ人たちがうまく協力できる / 信じることによって / 共通の神話を //

12 ④ Any large-scale human cooperation— / whether a modern state, a medieval
どのような大規模な人間の協力も / 近代国家であれ，中世の教会であれ，

church, an ancient city, or an archaic tribe— / is rooted / in common myths / that
古代の都市であれ，または古代の部族であれ / 根ざしている / 共通の神話に / 存在

exist / only in the collective imagination / of group members.// ⑤ Most religions are
する / 集合的想像の中にのみ / 集団の構成員たちの // ほとんどの宗教は根ざし

rooted / in common religious myths.// ⑥ Two people / believing in the same god /
ている / 共通の宗教神話に // 2人の人は / 同じ神を信じている /

who have never met / can nevertheless work together / to collect money / to build
一度も会ったことがない / それでも協力できる / お金を集めるために / 病院を建てる

a hospital / because they both share the common myth.// ⑦ Judicial systems are
ための / なぜなら彼ら両方が共通の神話を共有しているからだ // 司法制度は根ざしている

rooted / in common legal myths.// ⑧ Two lawyers / who have never met / can
/ 共通の法的な神話に // 2人の弁護士が / 一度も会ったことがない /

nevertheless combine efforts / to defend a complete stranger / because they both
それでも力を合わせることができる / 完全に見知らぬ人を弁護するために / なぜなら彼ら両方が

believe / in the existence / of laws, justice, human rights— / and the money / paid
信じるからだ / 存在を / 法律，正義，人権の / そしてお金を /支払わ

out / in fees.// ⑨ Yet none of these things exists / outside the stories / that cultures
れる / 手数料で // しかし，これらのうちひとつも存在していない / 物語の外には / 文明社会が

create and pass down / to one another.//
創作し，受け継がせる / お互いに //

13 ⑩ Ever since the Cognitive Revolution, / *Sapiens* have thus been living / in a
認知革命以来ずっと / サピエンスはこのように生きてきた /

double reality.// ⑪ On the one hand is the objective reality / of rivers, trees, and
2重の現実の中で // 一方には実在する現実がある / 川，木そしてライオン

lions, / and on the other hand is the imagined reality / of gods, nations, and laws.//
といった/ もう一方には想像上の現実がある / 神，国家，そして法律といった //

・単語・熟語チェック

□ **medieval**	形 中世の
□ **tribe**	名 部族
□ **be rooted in *A***	熟 *A* に根ざしている
□ **rooted**	形 根ざした
□ **collective**	形 集合的な
□ **nevertheless**	副 それでも(なお)
□ **judicial**	形 司法の
□ **legal**	形 法律の
□ **defend**	動 ～を弁護する
□ **existence**	名 存在
□ **justice**	名 正義
□ ***A* is paid out**	熟 *A* は支払われる
□ **fee**	名 手数料，料金
□ **pass *A* down to *B***	熟 *A* を *B* に受け継がせる
□ **on the one hand ~, and on the other hand ...**	熟 一方では～，もう一方では…
□ **objective**	形 実在の，客観的な

本文内容チェック　**「共通の神話を作り，信じることで巨大な集団を作り上げた人類」**

11 ホモ・サピエンスはどのように集団の限界値を超え，何億人をも統治する帝国まで築くに至ったのか。その鍵はおそらく虚構，つまり共通の神話を信じることだった。

12 近代国家，中世の教会，古代の都市や部族のどれもが，構成員の集合的想像の中にのみ存在する，共通の神話に根ざしたものである。同じ神を信じる，会ったこともない2人が協力して病院を建てる資金を集められるのは，同じ神話を共有するからだ。会ったこともない弁護士2人がまったく見知らぬ人を協力して弁護できるのは，法律，正義，人権が存在するという神話を信じるからだ。しかし，これらは文明社会が創り出す物語の外にはひとつも存在しないものだ。

13 このように，サピエンスは認知革命以降，川・木・ライオンなどの実在する現実と，神・国・法律といった想像上の現実という，2重の現実の中で生きてきた。

読解のカギ

⑨ **Yet none of these things exists outside the stories {that cultures create and pass down to one another}.**

（the stories ← that：目的格の関係代名詞）

➡ these things は前文④⑤⑥⑦⑧で述べられている色々な神話を指している。

➡ 関係代名詞節の that cultures create and pass down to one another が先行詞 the stories を修飾し，「文明社会が創作し，互いに引き継がせる物語」という意味になる。これは神話というものの本質を表している。

⑪ **(On the one hand) is [V] the objective reality (of rivers, trees, and lions) [S], and (on the other hand) is [V] the imagined reality (of gods, nations, and laws) [S].**

➡ on the one hand ～, and on the other hand ... は「一方では～，もう一方では…」。続く文が倒置で <V+S> の語順になっている。

問. 日本語にしなさい。

On the one hand, I want to go shopping, and on the other hand, I need to finish my homework.

(　　　　　　　　　　　　　　　　　　　　)

問の解答　**問.** 一方では私は買い物に行きたい，もう一方では私は宿題を終わらせる必要がある。

14

ポイント 想像上の現実を作り出すことで，人類はさらに何をすることが可能になったか。

Bypassing the Genome
ゲノムを迂回(うかい)して

14 ① The ability / to create an imagined reality / out of words / enabled large
能力は / 想像上の現実を作り出す / ことばから / 大勢の見知らぬ
numbers of strangers / to cooperate effectively, / but it also did something more.//
人たちが～を可能にした / 効率的に協力すること / しかし，それはさらなる何かもなした //
② Since large-scale human cooperation is based / on myths, / the way / people
大規模な人間の協力は基づいているので / 神話に / やり方は / 人々が
cooperate / can be altered / by changing the myths— / by telling different stories.//
協力する / 変えられ得る / 神話を変えることによって / 異なる物語を伝えることによって //
③ Under the right situations, / myths can change rapidly.// ④ In 1789 / the French
適切な状況下では / 神話は急速に変化し得る // 1789年に /
population changed almost overnight, / from believing / in the myth / of the divine
フランスの人々はほぼ一夜にして変化した / 信じることから / 神話を / 王権神授説の
right of kings / to believing / in the myth / of the power / of the people.//
/ 信じることへと / 神話を / 力の / 民衆の //
⑤ Consequently, / ever since the Cognitive Revolution / *Homo sapiens* has been
結果として / 認知革命以降ずっと / ホモ・サピエンスはその行動を
able to adjust its behavior rapidly / according to changing needs.//
迅速に順応させることができている / 変化する必要性に応じて //

・単語・熟語チェック

□ **bypass**	動 ～を迂回する	□ **overnight**	副 一夜にして
□ **genome**	名 ゲノム	□ **divine**	形 神(から)の
□ **alter**	動 ～を変える	□ **consequently**	副 結果として

本文内容チェック **「集団のあり方を必要に応じて迅速に順応させる能力を得た人類」**

14 想像上の現実を作り出す能力のおかげで，大勢の他人同士が効果的に協力し合えるようになったが，その能力がもたらしたものはこれだけではない。人間同士の協力は神話に基づくため，その神話を変えることで協力の仕方も変えられるのだ。1789年のフランスで，一夜にして王権神授説から民衆の力へと信じる対象が変わったように，神話は急速に変化することもある。結果として，認知革命以降，ホモ・サピエンスは変化する必要性に応じて，迅速に順応できている。

読解のカギ

① **The ability (to create an imagined reality (out of words)) enabled large numbers of strangers (to cooperate effectively), but it (also) did something more.**
（S: The ability (to create an imagined reality (out of words))　V: enabled　O: large numbers of strangers / S: it　V: did　O: something more）

➡ create *A* out of *B* は「*A* を *B* から作り出す」。
➡ enable *A* to *do* は「*A* が〜できるようにする」。
➡ it は The ability to create an imagined reality out of words を受けた代名詞。

問1. 日本語にしなさい。

The designer created a beautiful dress out of recycled materials.
(　　　　　　　　　　　　　　　　　　　　　　　　)

② **(Since large-scale human cooperation is based on myths), the way (people cooperate) can be altered (by changing the myths)—(by telling different stories).**

➡ ここでの since は接続詞。「〜するので」という意味で用いられている。
➡ be based on *A* は「*A* に基づいている」。
➡ <the way S+V> は「S が V する方法，やり方」。この the way は関係副詞の how と同じ働きをする。
➡「—(ダッシュ)」を挟んで，by changing the myths を by telling different stories と言いかえている。

問2. ＿＿を埋めなさい。

この理論は最新の研究に基づいている。
This theory is ＿＿＿＿＿ ＿＿＿＿＿ the latest study.

④ **(In 1789) the French population changed (almost overnight), (from believing in the myth of the divine right of kings) (to believing in the myth of the power of the people).**
（S: the French population　V: changed）

➡ change from *A* to *B* は「*A* から *B* に変化する」。
➡ the divine right of kings「王権神授説」とは，国王の権力は神から授けられたもので人民の逆らえるものではない，という思想のこと。the power of the people「民衆の力」とは民主主義的な思想を指す。1789「1789 年」とはフランス革命が起こった年で，この文はそのときの様子を説明している。

⑤ **Consequently, (ever since the Cognitive Revolution) *Homo sapiens* has been able to adjust its behavior rapidly (according to changing needs).**

➡ ここでの since は「〜以降」という意味の前置詞。ever がその意味を強調している。
➡ its は *Homo sapiens* を受けた，所有格の代名詞。

問の解答　**問 1.** そのデザイナーはリサイクルされた素材から美しいドレスを作り出した。　**問 2.** based on

15〜16

ポイント チンパンジーと人間の真の違いは何か。

15 ① Male chimpanzees cannot gather / in a political meeting / to abolish the office / of "boss male" / and declare that / from here on out / all chimpanzees are to be treated / as equals.// ② Such great changes / in behavior / would occur / only if something changed / in the chimpanzees' DNA.//

オスのチンパンジーは集まることができない / 政治的会合に / 地位を廃止するために / 「ボスのオス」の / そして宣言する(ことができない) / 今後は / すべてのチンパンジーが扱われなくてはいけないと / 対等に // そのような大きな変化は / 行動の / 起きるだろう / 何かが変わった場合にのみ / チンパンジーのDNAの中で //

16 ③ If you tried to gather together thousands of chimpanzees / into Tiananmen Square, Wall Street, the Vatican, / or the headquarters / of the United Nations, / the result would be chaos.// ④ By contrast, / *Sapiens* regularly gather / by the thousands / in such places.// ⑤ Together, / they create orderly patterns— / such as trade networks and political institutions— / that they could never have created / in isolation.// ⑥ The real difference / between people and chimpanzees / is the mythical glue / that unifies large numbers of individuals, families, and groups.// ⑦ This glue has made us the masters of creation.//

もしあなたが何千匹ものチンパンジーを集めようとしたら / 天安門広場，ウォール街，バチカン宮殿に / または本部(に) / 国際連合の / その結果は大混乱になるだろう // 対照的に / サピエンスは定期的に集まる / 何千という単位で / そのような場所で // 協力して / 彼らは秩序だった様式を作り出す / 交易ネットワークや政治機関といった / 彼らが決して生み出したはずがない / 単独では // 真の違いは / 人とチンパンジーの / 神話の接着剤である / 非常に多くの個人，家族，集団を結びつける // この接着剤は私たちを創造の達人にした //

・単語・熟語チェック

□ **declare**	動	～を宣言する
□ **from here on out**	熟	今後は
□ **gather together *A* into *B* / gather *A* together into *B***	熟	*A*を*B*に集める
□ **Tiananmen Square**	名	天安門広場
□ **headquarters**	名	本部
□ **chaos**	名	大混乱，カオス
□ **orderly**	形	秩序だった
□ **pattern**	名	様式，パターン
□ **institution**	名	機関
□ **in isolation**	熟	単独で
□ **isolation**	名	単独，孤立
□ **mythical**	形	神話の

本文内容チェック **「多数の個人や集団を結びつけることを可能にした，神話という接着剤」**

15 チンパンジーには政治的集会を開き，すべてのチンパンジーの平等を宣言することはできない。そのような行動への変化は，チンパンジーのDNAに変化が起きたときに初めて起きるだろう。

16 もし，何千匹ものチンパンジーを1か所に集めたとしたら大混乱になるだろう。それに対し，サピエンスは定期的に何千という数で集まり，協力し，交易ネットワークや政治機関を生み出す。人間とチンパンジーの真の違いは，集団を結びつける，神話という接着材なのである。

読解のカギ

① **Male chimpanzees cannot gather (in a political meeting) (to abolish the office of "boss male" and declare (that (from here on out) all chimpanzees are to be treated as equals)).**

➡ office は「地位，役職」という意味で用いられている。

➡ <declare＋that 節> は「～であると宣言する」。

➡ be to *do* は「～しなくてはいけない」。

➡ as equals は「対等に」。ここでの equal は名詞で，「同等なもの[人]」という意味。

問. 日本語にしなさい。

They declared that they had discovered a new species of butterfly.

(　　　　　　　　　　　　　　　　　　　　　　　　　)

④ **(By contrast), *Sapiens* regularly gather (by the thousands) (in such places).**

➡ by contrast は「対照的に」。前文③と対比している。

➡ <by＋the＋単位を表す名詞> は「～単位で」。

➡ such places は前文③の Tiananmen Square, Wall Street, the Vatican, or the headquarters of the United Nations を指す。

⑤ **(Together), they create orderly patterns—(such as trade networks and political institutions)—{that they could never have created (in isolation)}.**

目的格の関係代名詞

➡「―(ダッシュ)」で挟んだ such as ... で orderly patterns の具体例を挙げている。

➡ that they could never have created in isolation は先行詞 orderly patterns ... institutions を修飾する関係代名詞節。

➡ could not have *done* は「～したはずがない」という意味。過去のことへの≪推量≫を表す。ここでは not の代わりに never が用いられ，否定の意味が強調されている。

⑥ **The real difference (between people and chimpanzees) is the mythical glue {that unifies large numbers of individuals, families, and groups}.**

主格の関係代名詞

➡ that unifies large numbers of individuals, families, and groups は先行詞 the mythical glue を修飾する関係代名詞節。

➡ large numbers of *A* は「非常に多くの *A*」。*A* には複数名詞が入る。

問の解答 **問.** 彼らはチョウの新種を発見したと宣言した。

Comprehension ヒント

A Choose the correct answer. （正しい答えを選びなさい。）

1 第2パラグラフに，愛し，遊び，親密な友情関係を築き，社会的な地位と権力のために争った生き物についての記述がある。 → 教 p.174, ℓℓ.10〜12

2 第8・9パラグラフにサピエンスが集団で柔軟に協力するのに重要な能力についての記述がある。 → 教 p.176, ℓℓ.4〜6, 16〜19

3 第10パラグラフに親密な関係に関する閾値（いきち）がどんなことに適用できるかについての記述がある。 → 教 p.176, ℓℓ.31〜33

4 第13パラグラフに2重の現実の中で生きることについての記述がある。 → 教 p.177, ℓℓ.16〜19

B Answer T (true) or F (false). （正誤を答えなさい。）

1 第1パラグラフに約250万年前の人類についての記述がある。 → 教 p.174, ℓℓ.1〜4

2 第2パラグラフに古代の人類が取るに足らない存在だったことについての記述がある。 → 教 p.174, ℓℓ.15〜17

3 第3パラグラフにサピエンスの一群がアフリカを離れ，ヨーロッパと東アジアに到達したときについての記述がある。 → 教 p.174, ℓℓ.19〜22

4 第3パラグラフにサピエンスの短期間での移動について，第4パラグラフにそういった功績をあげられた理由についての記述がある。 → 教 p.174, ℓℓ.21〜22, 29〜32

5 第6パラグラフに私たちが大量の情報を伝達できる理由についての記述がある。 → 教 p.175, ℓℓ.8〜12

6 第10パラグラフに噂話のおかげで可能になったことについての記述がある。 → 教 p.176, ℓℓ.25〜26

7 第11パラグラフに虚構のおかげで可能になったことについての記述がある。 → 教 p.177, ℓℓ.3〜4

8 第16パラグラフにチンパンジーとサピエンスが大勢で集合することについての記述がある。 → 教 p.178, ℓℓ.20〜23

C Choose your best scene. （最もよかった場面を選びなさい。）
Which part do you remember the most and why? Discuss it with your partner.
（あなたはどの部分をいちばん覚えていますか，それはなぜですか。それについてパートナーと話し合いなさい。）

意見を伝える表現：

- The part I remember the most is the part where it says that 〜 .
  （私がいちばん覚えている部分は，〜と書いてある部分だ。）
- This is the first time I learned that 〜 .
  （私は今回初めて〜ということを知った。）
- be very interesting [surprising] to me
  （私にとってとても興味深い[意外だ]）

定期テスト予想問題

解答 ➡ p.248

1 次の英文を読んで，後の問いに答えなさい。

Every animal knows how to communicate. Even insects, such as bees and ants, ①(tell / the whereabouts / one / food / know / to / another / how / of / of). ②Many animals, including all ape and monkey species, also use vocal signs like humans do. A parrot can say anything Albert Einstein could say, ③as well as copying the sounds of phones ringing, doors closing, and bells ringing. ④(　　) (　　) Einstein had (　　) a parrot, it wasn't vocal. What, then, is so special about our way of communication, human language?

(1) 下線部①が「食べ物のありかのことをお互いに伝える方法を知っている」という意味になるように，(　)内の語句を並べかえなさい。

____

(2) 下線部②の英語を日本語に訳しなさい。
(　　　　　　　　　　　　　　　　)

(3) 下線部③の英語を日本語に訳しなさい。
(　　　　　　　　　　　　　　　　)

(4) 下線部④が「アインシュタインのオウムに勝る点が何であったとしても」という意味になるように，(　)に適切な語を入れなさい。
________ ________ Einstein had ________ a parrot

2 次の英文を読んで，後の問いに答えなさい。

①The most common answer is that our language is amazingly flexible. ②(of / limited / number / signs / connect / sounds / can / and / a / we) to produce an infinite number of sentences, each with a distinct meaning. ③We can thereby take in, store, and communicate a surprisingly great amount of information about the surrounding world.

(1) 下線部①の英語を日本語に訳しなさい。
(　　　　　　　　　　　　　　　　)

(2) 下線部②が「私たちは限られた数の音と記号を結びつけることができる」という意味になるように，(　)内の語を並べかえなさい。

____

(3) 下線部③の英語を日本語に訳しなさい。
(　　　　　　　　　　　　　　　　)

Speed Reading **Lesson 1 Green Energy Beats Coal for the First Time in 135 Years**

1 ① For the first time / in over 135 years, / the US got more energy / from
初めて　　　　　／この135年以上の間で　／アメリカはもっと多くの　　　　／
　　　　　　　　　　　　　　　　　　　　　　　エネルギーを得た

renewable sources / like solar, wind, and water energy, / than it did / from coal.//
再生可能なエネルギー　／　太陽光，風力，水力のような　　　／それが得た　／石炭から　//
源から　　　　　　　　　　　　　　　　　　　　　　　　　　よりも

② That's a big change, / and it may be the beginning / of the end / for coal.//　③ Coal
それは大きな変化である／そしてそれは始まりかもしれない／終わりの／石炭に　//　石炭は
　　　　　　　　　　　　　　　　　　　　　　　　　　　　　とっての

is a fuel / that creates severe environmental damage.//　④ But since the 1800s, /
燃料である/　　　深刻な環境被害を生む　　　　//　　　しかし，1800年代以降　/

it has been one of the leading fuels / used / to power vehicles and factories, heat
それは主要な燃料の1つであった　　　／使われる/　　乗り物や工場を動かし，家や職場を

homes and offices, and create electricity.//　⑤ The last time / a renewable power
温め，電力を作るために　　　　　　　　　//　　最後に〜のは　／　再生可能なエネルギー

source was more commonly used / than coal / was back / in the 1880s, / when wood
源のほうが広く使われた　　　　　／石炭より／さかのぼった/　1880年代に　／そのころは

was the more common fuel.//
木材がもっと一般的な燃料だった　//

2 ⑥ But the use / of coal / has been falling rapidly / in recent years.//　⑦ For six
しかし，使用は／石炭の／　急速に減少してきている　／　　近年　　//　　　6年

years running, / the amount / of coal / burned / in the US / has dropped.//　⑧ In 2020, /
連続て　　　　／　　量は　　／石炭の／燃やされた/アメリカで／　減少した　//　2020年に/

it dropped again / by 15%.//　⑨ Hundreds of coal-burning plants have been closed /
それは再び減少した／　15%　//　　　何百もの石炭を燃やす発電所が閉鎖された　　　/

in the US / over 10 years.//　⑩ At least / 13 were scheduled to be closed / in 2021.//
アメリカで／　10年間で　//　　少なくとも/13か所が閉鎖されることが予定された／2021年に//

⑪ The same pattern can be seen / in countries / around the world.//
　　　　同じパターンが見られる　　／　国々で　／　　世界中の　　//

3 ⑫ But not all of the coal energy is being replaced / by renewables.//　⑬ Most
しかし，すべての石炭エネルギーが置きかわられている　／　再生可能なものに　//　それの
わけではない

of it is being replaced / by natural gas.//　⑭ Though natural gas is better / for the
ほとんどは置きかわられて　／　天然ガスに　　／　天然ガスのほうがよいとは言え　／
いる

environment / than coal, / it has very negative effects / on the environment, / too.//
環境に　　　／石炭より／　それはとても悪い影響を及ぼす　／　　環境に　　　／〜も
　　　　　　　　　　　　　　　　　　　　　　　　　　　　　　　　　　　　　　また

⑮ To improve the world's climate / by 2050, / much of this natural gas energy will
　　世界の気候を改善するためには　／2050年／　この天然ガスエネルギーもまた大半が置きかえ
　　　　　　　　　　　　　　　　　　　まてに

also need to be replaced / with renewables.//
られる必要があるだろう　／　再生可能なものに　//

・単語チェック

□ coal	名 石炭	□ schedule	動 ～の予定を組む
□ severe	形 深刻な	□ pattern	名 パターン
□ environmental	形 環境の	□ climate	名 気候

本文内容チェック

1 この135年以上の間で初めて，アメリカが再生可能なエネルギー源から得たエネルギー量が，石炭から得た量を超えた。石炭は環境に深刻な影響を及ぼすにもかかわらず，1800年代以降，動力源や暖房，発電などに使われる主要な燃料の1つだった。最後に再生可能エネルギーが石炭よりも広く使われていた時代は，木材が一般的な燃料だった1880年代にまでさかのぼる。

2 しかし近年，アメリカで使われる石炭の量は減少し続けている。何百もの石炭火力発電所が閉鎖されており，世界中の国々でも同じ傾向が見られる。

3 とはいえ，石炭エネルギーがすべて再生可能なものに置きかえられているわけではなく，ほとんどは天然ガスに置きかえられている。天然ガスは石炭よりは環境によいが，悪影響を及ぼすことに変わりはないため，世界の気候を2050年までに改善するには，この天然ガスエネルギーも再生可能なものに置きかえる必要がある。

読解のカギ

① **(For the first time (in over 135 years)), the US got more energy (from renewable sources like ... and water energy), (than it did (from coal)).**

➡ for the first time in *A* は「*A*(の期間)で初めて，*A*ぶりに」。

➡ it は the US を受けた代名詞。

➡ did は got energy の代わりに用いられている。

⑤ **(The last time (a renewable power source was more commonly used than coal)) was back in the 1880s, {when wood was the more common fuel}.**

➡ <the last time S+V> は「最後にSがVしたとき」という意味の名詞節になる。

➡ back は「さかのぼって」という意味の副詞。

➡ when は関係副詞で，前に「,(コンマ)」があるので非限定用法である。関係副詞節の when wood was the more common fuel が先行詞 the 1880s に説明を加えている。「～，(そして)そのころ…」と訳せる。

Qヒント Answer T(true) or F(false).（正誤を答えなさい。）

1. (→本文①) 135年ぶりにアメリカのエネルギー事情に何が起きたと書かれているか。
2. (→本文⑤) 再生可能エネルギーが石炭よりも広く使われていた最後の時代はいつか。
3. (→本文⑦⑧) アメリカで燃やされた石炭の量が6年連続で減少したのはいつのことか。
4. (→本文⑨) どれほどの期間で何百という石炭火力発電所が閉鎖されたと書かれているか。
5. (→本文⑭) 天然ガスの環境への影響の大きさについてどう書かれているか。

Speed Reading Lesson 2 How Can We Save Endangered Species?

1 ① In the modern world, / many animals die from causes / that are not natural.//
現代の世界では / 多くの動物たちが原因により死んでいる / 自然のものではない //

② Consider the species / living in the rainforest.// ③ Every day, / more and more
種について考えてみよう / 熱帯雨林に住んでいる // 毎日 / ますます多くの

areas of rainforests / are cut down or burned, / and all of the animals living there /
熱帯雨林の地域が / 切り倒されたり焼かれたりしている / そしてそこに住んでいるすべての動物たちが /

lose their habitat.//
生息場所を失っている //

2 ④ The rainforest is not the only place / where animals are losing their homes
熱帯雨林だけが場所ではない / 動物たちが家を失い死にかけている

and dying.// ⑤ Around cities, / animals are facing similar situations.// ⑥ As
// 都市の周辺で / 動物たちは同じような状況に直面している //

cities grow, / humans move into the natural areas / surrounding them.// ⑦ This
都市が発展するにつれ / 人間たちは自然地域に移っていく / 彼らを取り囲んでいる // これは

means / that animals living near humans / must move to other areas.// ⑧ Those
意味する / 人間の近くに住んでいる動物たちは / ほかの地域に移らなければならないということを // そういった

animals— / or in some cases / those species— / which are not able to adapt or to
動物たちは / もしくは，場合によっては / そういった種は / 新しい家に適応できなかったり，

find new homes / eventually die.//
それを見つけられなかったりする / 最終的に死んでしまう //

3 ⑨ In recent years, / efforts have been made / to protect certain lands / in order
近年では / 努力がなされている / 特定の土地を保護しようとする /

to avoid killing plant and animal species / native to areas.// ⑩ State and national
植物や動物の種を殺すことを避けるために / 地域固有の // 州立及び国立公園が

parks, / along with special areas for birds and wildlife, / have been created / to
/ 鳥や野生生物のための特別地域とともに / 作られている /

protect the natural homes / of endangered species.// ⑪ Also, / wildlife management
自然の生息地を保護するために / 絶滅危惧種の // また / 野生生物管理

programs have helped bring back some species / from almost certain extinction.//
プログラムがいくつかの種を取り戻す手助けとなっている / ほぼ絶滅確定の状態から //

⑫ For example, / about 50 years ago, / the North American bald eagle was at
例えば / 約50年前 / 北米ハクトウワシは深刻な絶滅の

serious risk of extinction / because farmers used a chemical / called DDT / to kill
危機にあった / 農家たちが化学製品を使ったので / DDTと呼ばれる / 昆虫を

insects, / which also hurt the bald eagle population.// ⑬ Farmers stopped using
殺すために / それがハクトウワシの個体数にも悪影響を与えた // 農家たちはDDTを使用するの

DDT, / and the bald eagle is no longer endangered today.//
をやめた / そしてハクトウワシは今日(こんにち)ではもはや危機に瀕(ひん)してはいない //

4 ⑭ Although protected lands have been created / and wildlife management
保護された土地が作られたにもかかわらず / そして野生生物管理プログラムが
programs keep an eye / on highly endangered species, / scientists are not yet sure /
注意を払う(にもかかわらず) / 絶滅が非常に危惧される種に / 科学者たちはまだわかっていない /
if these efforts are enough.// ⑮ Is it possible to save all the plants and animals /
これらの努力が十分かどうか // 植物や動物をすべて救うことは可能なのか /
that are endangered today, / or is it already too late?//
今日絶滅が危惧されている / それとももう遅すぎるだろうか //

・単語チェック

□ **adapt**	動 適応する	□ **bald eagle**	名 ハクトウワシ
□ **wildlife**	名 野生生物	□ **chemical**	名 化学薬品
□ **management**	名 管理	□ **insect**	名 昆虫

本文内容チェック

1 現代の世界では，多くの動物が自然以外の原因によって死んでいる。熱帯雨林はどんどん伐採，焼却されていて，そこに住む動物たちは生息場所を失っている。

2 都市周辺でも動物は生息場所を失っている。都市が発展するにつれて人間が自然地域にまで入りこむと，動物はそのほかの場所へ移らなければならない。それらの動物は新しい場所を探し，適応できなければ死んでしまう。

3 近年，地域固有の動植物を保護する取り組みが行われている。野生生物を管理する活動は，絶滅がほぼ確実だった種の復活を助けている。例えば，約50年前に殺虫剤のDDTによって深刻な危機にあったハクトウワシは，農家がDDTの使用をやめたことによって今はもう絶滅の危険はない。

4 科学者たちはこれらの取り組みが十分なものかどうかは明らかにしておらず，今絶滅が危ぶまれているすべての動植物を救えるのかはわからない。

読解のカギ

⑮ **Is it possible (to save all the plants and animals {that are endangered today}), or is it already too late?**
it：形式主語　to save：真の主語(to 不定詞句)　that：主格の関係代名詞(→ all the plants and animals)

➡ Is の後の it は形式主語で，to 不定詞句が真の主語。
➡ that ... today は先行詞 all ... animals を修飾する関係代名詞節。

Qヒント Answer T(true) or F(false). (正誤を答えなさい。)

1. (→本文③) 第1パラグラフから，動物が住む熱帯雨林の環境の変化を読み取る。
2. (→本文④⑤) 第2パラグラフから，動物が住む都市近郊の環境の変化を読み取る。
3. (→本文⑥⑦⑧) 都市近郊で住む場所を失った動物たちはどのような運命をたどるか。
4. (→本文⑪⑫⑬) 第3パラグラフ後半から，野生生物管理プログラムの実例を読み取る。
5. (→本文⑭) 科学者たちは野生生物管理プログラムをどのように評価しているか。

Speed Reading Lesson 3 Less Sleep and More Time for You

1 ① So many people wake up, / rush to get ready, / grab a cup of coffee, / and rush
非常に多くの人が目覚める / 慌てて準備をする / コーヒーを飲む / そしてドア
out the door / to work.// ② After working all day, / they return home, / tired.//
から飛び出す / 仕事へと // 一日中働いた後 / 彼らは家に戻る / 疲れて//
③ There is actually no time / for anything else.// ④ As a solution / to the tiredness, /
本当に時間がない / ほかのことのための // 解決策として / その疲れへの /
people often think, / "I'd better get as much sleep as I can."// ⑤ So, / your free
人々は考えることが多い / 「私はできるだけ多くの睡眠をとったほうがよい」と // そのため / あなたの自由時間
time is spent sleeping.//
は眠ることに費やされる //

2 ⑥ However, / a little less sleep / and a little more time / for you / might be just
しかし / 少し少なめの睡眠が / そして少し多めの時間(が) / 自分のための / まさにあなたが必要とする
what you need.// ⑦ An hour or two / that is reserved / just for you— / before your
ものなのかもしれない // 1，2時間は / 確保された / あなたのためだけに / あなたの
day begins— / is an amazing way / to improve your life.// ⑧ I usually get up /
1日が始まる前の / 驚くべき方法である / あなたの生活を向上させる // 私はいつも起きる /
between three and four / in the morning.// ⑨ After a quiet cup of coffee, / I usually
3時から4時の間に / 朝の // 心安らぐコーヒーの後 / 私はいつも
spend some time / for meditation.// ⑩ After that, / I will usually read a chapter or
少し時間を使う / 瞑想(めいそう)に // その後 / 私はいつも1，2章読む
two / in whatever book / I'm enjoying.//
/ どのような本の中からでも / 私が楽しんでいる//

3 ⑪ Many people have told me / that this one shift / in their routine / was the
多くの人が私に～と教えてくれた / この1つのずれが / 日課の中の / 唯一
single most important change / they have ever made / in their lives.// ⑫ For the
にして最も重要な変化だった / 彼らが今まで起こした / 自分たちの人生で// 今まで
first time ever, / they are able to take part / in those quiet activities / they never
で初めて / 彼らは参加することができる / それらの心安らぐ活動に / 彼らが時間を
found the time / to do.// ⑬ All of a sudden, / people are able to enjoy a book, /
見つけられなかった / 行うための // 突如として / 人々は本を楽しむことができる /
calm down / through meditation, / and appreciate the sunrise.// ⑭ The fulfillment /
気を静める(ことができる) / 瞑想を通して / そして日の出を拝む(ことができる)// 充実感は /
you experience / more than makes up for any sleep / you miss out on.//
あなたが体感する / 睡眠の埋め合わせをするどころではない / あなたがとり損なう //

・単語チェック

□ **tiredness**	名 疲れ，疲労	□ **meditation**	名 瞑想
□ **reserve**	動 ～を確保する	□ **chapter**	名 章

□ **shift**	名 ずれ，変化	□ **fulfillment**	名 充実感
□ **routine**	名 日課，ルーティーン		

本文内容チェック

1 多くの人が朝起き，慌ただしく仕事へ出かけ，疲れて家に帰って来るという生活を送っている。彼らにほかのことに時間を使う余裕はない。この疲れを解消するため，人は睡眠時間を長くしようと考え，自由時間を睡眠にあてる。

2 しかし，あなたに必要なのは，むしろ睡眠時間を減らし，自分の時間を増やすことかもしれない。1日が始まる前に1，2時間を確保することで生活は驚くほど向上する。早朝に起き，静かにコーヒーを飲み，瞑想した後，本を1，2章読むのだ。

3 多くの人が，このように日課をずらすことが人生で最も重要な変化だったと言った。今まで時間が見つけられずにできなかった，心が安らげるような活動ができるようになり，失った睡眠を補って余りある充実感を得ることができるのだ。

読解のカギ

② **(After working all day), they return home, (tired).**

➡ tired は前に being が省略された分詞構文。「疲れて～」と訳せる。

⑩ **..., I will usually read a chapter or two (in whatever book I'm enjoying).**

➡ whatever は複合関係代名詞の形容詞用法で，名詞 book を修飾している。<whatever ＋名詞＋S＋V> は「S が V するどのような～でも」という意味になる。

⑭ **The fulfillment {you experience} (more than) makes up for any sleep {you miss out on}.**

(which[that])　(that)

➡ you experience は The fulfillment を修飾する節。前に目的格の関係代名詞 which [that] が省略されている。

➡ more than は「～どころではなく，～以上で」という意味で，副詞的に後の動詞を修飾している。

➡ make up for *A* は「*A* の埋め合わせをする」。

➡ you miss out on は any sleep を修飾する節。前に目的格の関係代名詞 that が省略されている。

➡ miss out on *A* は「*A* をとり損なう，失う」。

Qヒント Answer T(true) or F(false). (正誤を答えなさい。)

1. (→本文④) 疲労への解決策として，人は何をしたほうがよいと考えることが多いか。
2. (→本文⑥) 自分の時間と睡眠時間のどちらを増やす必要がありそうと書かれているか。
3. (→本文⑦～⑩) 自分の時間を作るために何をすることが提案されているか。
4. (→本文⑪) 早い時間から1日の活動を始める習慣について，多くの人はどう言ったか。
5. (→本文⑭) 睡眠時間と早起きして得られる充実感のどちらが重要と書かれているか。

Speed Reading Lesson 4 Elephants Never Forget

1 ① Shirley and Jenny had not seen each other / for more than two decades, / but
シャーリーとジェニーはお互いに会っていなかった / 20年以上 /
when the old friends were brought together / for a surprise meeting, / the moment
しかし，その旧友たちが引き合わされたとき / 突然の会合のために / その瞬間は
was really unexpected.// ② First Shirley started shouting loudly, / then Jenny.//
本当に予想外だった // 最初にシャーリーが大声で叫び始めた / その後にジェニーが //
③ Carol, / who witnessed the moment, / described the sounds / as "roars."//
キャロルは/ その瞬間を目撃した / その音を表現した /「うなり声」と //

2 ④ Jenny and Shirley weren't long-lost girlfriends.// ⑤ They were retired circus
ジェニーとシャーリーは生き別れの女友達ではなかった // 彼女たちは引退したサーカスの
elephants / who had worked together / for a short time / and then had been
ゾウだった / 一緒に働いていた / 短い期間 / そしてその後引き
separated.// ⑥ Now, / they were side by side again / at an animal sanctuary / and
離された // 今 / 彼女たちは再び隣に並び合っていた / 動物保護区で /そして
looked really happy.// ⑦ "They were trying to climb in / with each other / and
本当に幸せそうに見えた // 「彼女たちは登って入ろうとしていた / お互いに /そして
touching / through the bars," / wrote Carol Buckley, / founder / of the sanctuary, /
触れようと / 棒を抜けて」と / キャロル・バックレーは書いた / 設立者 / その保護区の /
at the time.// ⑧ "I have never experienced anything even close / to this depth /
当時 // 「私は今まで近いものさえ経験したことがない / この深さに /
of emotion," / she said.//
感情の」と / 彼女は言った //

3 ⑨ Not only do elephants have better long-term memories / than other four-footed
ゾウはより優れた長期記憶力を持っているだけでなく / ほかの4足動物より
animals, / an elephant's brain— / around 4,700 g— / is the largest / among all land
/ ゾウの脳は / 約4,700グラムの / 最も大きい / すべての地上の
animals.// ⑩ Some elephants remember injuries and hold grudges / against whoever
動物の中で// ゾウの中にはけがを覚えていて恨みを抱くものもいる / 彼らを傷つける
hurts them.// ⑪ They recognize their reflections / in a mirror, / suggesting /
だれに対しても // 彼らは自分の反射を認識する / 鏡の中の / それは示唆する /
that they are aware / of themselves, / and some even know / their trainers / by sight /
彼らが認識していることを / 自分たち自身を / そしてわかるものすらいる / 自分たちの訓練士のことが / 目で見て /
after being separated / for years.// ⑫ In terms of intelligence, / pachyderms are up
引き離された後 / 何年間も // 知能の面では / 厚皮動物は匹敵する
there / with dolphins, apes, and people, / perhaps because inside their brains sit 257
/ イルカ，類人猿，そして人間に / おそらく彼らの脳の中に2,570億個のニューロン
billion neurons, / about three times the number / found / within the human brain.//
があるから / 約3倍の数 / 見つかっている / 人間の脳の中に //

・単語チェック

□ **witness**	動 ～を目撃する	□ **grudge**	名 恨み
□ **roar**	名 うなり声	□ **intelligence**	名 知能
□ **circus**	名 サーカス	□ **pachyderm**	名 厚皮動物
□ **sanctuary**	名 保護区	□ **interval**	名 間隔

本文内容チェック

1 シャーリーとジェニーが20年以上ぶりに会ったとき，まずシャーリーが大きな声で叫び，それに続いてジェニーも叫んだ。それはうなり声のようだったという。

2 ジェニーとシャーリーは，かつてサーカスで一緒に働いていたゾウで，退職し，今は動物保護区で隣同士暮らしていた。保護区の設立者のキャロル・バックレーは，このゾウたちがお互いに触れ合おうとする姿を見たことがあり，それ程に深い感情は今まで経験したことがないと言った。

3 ゾウは長期記憶に優れており，地上の動物の中で最大の脳を持つ。ゾウは，自分を傷つけた者への恨みを覚えていたり，鏡に映る自分を認識したり，何年も離れていた訓練士の姿がわかったりもする。ゾウは脳内に人間の3倍の数にあたる2,570億個ものニューロンを持ち，知能の面ではイルカや類人猿，人間と同レベルである。

読解のカギ

⑨ **Not only do elephants have better long-term memories (than other four-footed animals), an elephant's brain—around 4,700 g—is the largest ... .**
（do elephants have: <do＋主語＋動詞>(疑問文の語順)）

➡ not only という否定語を含む表現が文頭に置かれることで倒置が起き，後ろが疑問文の語順になっている。not only *A*, but *B* の but が省略された形。

➡「—(ダッシュ)」で挟まれた部分は an elephant's brain についての補足説明。

⑪ **They recognize their reflections (in a mirror), (suggesting that they are aware of themselves), and some even know their trainers (by sight) (after being separated for years).**

➡ reflection「反射」は，ここでは「鏡に映った姿」を表している。

➡ suggesting ... themselves は独立分詞構文。分詞の意味上の主語は，主節の主語 They ではなく，主節の表す内容である。「～，(そして)それは…を示唆する」と訳せる。

➡ be aware of *A* は「*A* を認識している」。

Qヒント Answer T(true) or F(false).（正誤を答えなさい。）

1. (→本文④⑤) 第2パラグラフでシャーリーとジェニーの具体的な説明がされている。
2. (→本文①②) 2頭のゾウ(＝シャーリーとジェニー)が再会したときの様子を読み取る。
3. (→本文⑨) 脳の大きさについて，ゾウと地上のほかの動物とでどう比較されているか。
4. (→本文⑪) ゾウが鏡に映る自分を認識できているかについて，どう書かれているか。
5. (→本文⑫) 知能の面でゾウは何に匹敵すると書かれているか。

Speed Reading Lesson 5 How Virtual Reality Is Trying to Solve Discrimination

1 ① If you heard / one of your colleagues making a racist remark, / would you challenge it / or let it pass?// ② This situation is one of many / that a company provides / in its training program / to try to solve racial discrimination / in the workplace.// ③ Using virtual reality (VR) devices, / employees have virtual experiences / of watching a scene of discrimination occur / and are asked / how they would respond.//

もしあなたが聞いたら / あなたの同僚の1人が人種差別主義者的な意見を言うのを /あなたはそれに異を唱えるだろうか / またはそれを流すだろうか // この状況は多くのものの1つである / ある企業が提供する / そこの訓練プログラムの中で / 人種差別の解決を試みるための / 職場内での // 仮想現実(VR)装置を使って / 従業員たちは仮想体験をする / 差別が行われる状況が発生するのを見るという /そしてたずねられる/ 彼らがどう反応するか //

2 ④ The company's founder is a woman / from two different races / who has been subjected / to both racial and sexual discrimination / in the workplace.// ⑤ She wants people / who haven't had these experiences / to understand / how it feels.// ⑥ She says, / "I realized / how effective it is to give you a first-person experience / of what it's like / for somebody to get upset and try to keep their distance / every time you walk by them, / or what it's like / for somebody to yell words / at you / on the street."//

その企業の創設者は女性である / 2つの異なる人種をルーツに持つ / さらされてきた / 人種差別と性差別の両方に / 職場内で // 彼女は～人々に…ほしいと思っている / これらの経験をしたことのない / 理解して / それがどのような感じか // 彼女は言う /「私は気づいた/ 1人称視点の体験をさせることがいかに効果的かということに / どういう感じかという / だれかが取り乱し，そして距離をとろうとすることが / あなたが彼らの横を通るたびに / またはどういう感じか / だれかが怒鳴ってことばをぶつけることが / あなたに向けて / 道端で」と //

3 ⑦ According to a report / on companies, / if they have a more diverse staff / or if more than 30 percent of women / in the company / are in a high position, / the companies tend to be more successful.// ⑧ However, / research says, / nearly a third / of adults / surveyed / in the US and a couple of European countries / have experienced or witnessed / racial discrimination / in the workplace.// ⑨ That kind of environment can make it harder / for companies to keep ethnic minorities / as employees.//

報告によると / 企業に関する / より多様性に富んだ職員がそれらにいれば / または30%以上の女性が / 企業内の / 高い職位にいれば / 企業はより大きく成功する傾向がある // しかし / 調査は示している / 3分の1近くが/ 成人の / 調査された / アメリカとヨーロッパの2，3か国で / 経験，または目撃したことがあると / 人種差別を / 職場内で // そういった類いの環境はより困難にする場合がある / 企業が民族的少数派の人たちを引き留めておくのを / 従業員として //

・単語チェック

□ virtual	形 仮想の	□ workplace	名 職場
□ discrimination	名 差別	□ sexual	形 性に関する
□ racist	形 人種差別主義者の	□ upset	形 取り乱した
□ remark	名 意見	□ ethnic	形 民族上の
□ racial	形 人種の	□ whether	接 〜かどうか

本文内容チェック

1 もし職場で人種差別的な発言を耳にしたら，あなたはそれに異を唱えるだろうか，それとも聞き流すだろうか。ある企業では，社員にVR装置を使って差別が行われる現場を体験させ，反応を問うという人種差別解消のためのプログラムが行われている。

2 その企業の創設者は2つの人種的ルーツを持つ女性で，人種差別も性差別も職場で経験してきた。彼女は，そのような経験のない人に，自分がだれかの近くを通るたびに距離をとられることや，だれかに道端で怒鳴りつけられることがどういう感じかを，1人称視点で経験してもらうことがどれほど効果的かということに気づいた。

3 多様性豊かな職員がいたり，30％以上の女性が高い役職についていたりする企業は成功する傾向があると報告されている。しかし，アメリカやヨーロッパの2，3か国では成人の3分の1が人種差別を経験，または目撃したことがあるという調査結果がある。これでは民族的少数派の人たちを会社に引き留めておくことは難しいだろう。

読解のカギ

③ **(Using virtual reality (VR) devices), employees [S] have [V] virtual experiences [O] (of watching a scene of discrimination occur) and are asked [V(受動態)] (how they would respond) [O(ask O_1 O_2 の O_2)].**

➡ Using virtual reality (VR) devices は分詞構文。「〜を使って」と訳せる。

➡ watching a scene of discrimination occur は <watch＋O＋動詞の原形>「Oが〜するのを見る」の動名詞形。a scene of discrimination がO，occur は動詞の原形。

⑨ **That kind of environment can make it harder (for companies) (to keep ethnic minorities as employees).**

➡ That kind of environment は前文⑧で挙げられている国の環境を指している。

➡ it は形式目的語で，真の目的語は後ろのto不定詞句である。

Qヒント Answer T(true) or F(false).（正誤を答えなさい。）

1. (→本文②③) 訓練プログラムの主な目的は何かを読み取る。
2. (→本文⑥) 第2パラグラフに訓練プログラムで体験することの具体例が書かれている。
3. (→本文④⑤) 企業創設者の女性が，だれに何をしてほしいと思っているか読み取る。
4. (→本文③⑤⑥) VRを使った訓練プログラムは何を理解するためのものなのか読み取る。
5. (→本文⑦) どういった特徴の企業が成功する傾向にあると書かれているか。

Speed Reading Lesson 6 Beatrice's Goat

1 ① People owe their success to many factors.// ② In the case of Beatrice, / a new
人々の成功は多くの要因のおかげである // ビアトリスの場合 /
graduate of a college / in the US, / the factor was a goat.//
大学の新卒業生 / アメリカの / その要因はヤギだった //

2 ③The story begins / in the countryside / of western Uganda, / where Beatrice
話は始まる / 田舎で / ウガンダ西部の / ビアトリスは
was born and raised.// ④ As a girl, / she had a strong desire for an education, / but
そこで生まれ育った // 少女のころ / 彼女は教育を受けたいという強い欲求を持っていた /
it seemed hopeless.// ⑤ Her parents were farmers / who didn't have enough
しかし，それは望みがないようだった // 彼女の両親は農民だった / 十分なお金のない
money / to send her to school.// ⑥ She was to become one more African woman /
/ 彼女を学校に行かせるのに // 彼女はもう１人のアフリカ人女性になるところだった /
who could not read or write.//
文字の読み書きができない //

3 ⑦ At that time, / the children of a community church in Connecticut / wanted to
当時 / コネティカット州のコミュニティー教会の子どもたちが / 役立ててくれる
give money to a good cause.// ⑧ They decided to buy goats for African people /
ところにお金を提供したがっていた // 彼らはアフリカの人々のためにヤギを買うことに決めた /
through an international NGO in Arkansas, USA, / which helps farming families /
アメリカ合衆国アーカンソー州にある国際 NGO を通して / 農民の家族を手助けしている /
suffering from poverty.//
貧困に苦しんでいる //

4 ⑨ One of the goats / bought by the church / went to Beatrice's parents.// ⑩ The
ヤギのうちの１匹が / 教会に買われた / ビアトリスの両親のもとに行った //
children of her family drank the goat's milk / and sold the milk they didn't drink for
彼女の家族の子どもたちがそのヤギの乳を飲んだ / そして彼らが飲まなかった乳を売って副収入
extra money.// ⑪ Beatrice's parents collected the money / made from the milk /
を得た // ビアトリスの両親はお金を集めた / 乳で稼いだ /
and decided to send their daughter to school.// ⑫ She was so happy / that she
そして彼らの娘を学校に行かせることに決めた // 彼女はとてもうれしかったので / 熱心に
studied hard / and rose to be the best student in the school.// ⑬Beatrice was
勉強した / そして学校の最優秀生にまでのぼりつめた // ビアトリスはとても
such a good student / that she won a scholarship, / not only to Uganda's best girls'
よい生徒だったので / 奨学金を獲得した / ウガンダの最高レベルの女子高に行くための
high school, / but also to that college in Connecticut.//
(奨学金)だけでなく / コネティカット州の大学に行くための(奨学金)も //

5 ⑭ Foreign aid doesn't always work.// ⑮ Many things can go wrong, / but
海外援助は常にうまくいくとは限らない // 多くのことが間違った方向に行くこともある /

when there's a good model in place, / they often go right.// ⑯ That's why / people
しかし，適したところによいお手本がいれば／ ことはたいていよい方向に進む // そういうわけで /
in western Uganda recently held a special party / to celebrate the first local person /
ウガンダ西部の人々は最近特別なパーティーを開いた / 初めての地元の人物を祝福するため /
to earn a college degree in the US.//
アメリカで大学の学位を取得した //

・単語チェック

□ **goat**	名 ヤギ	□ **poverty**	名 貧困
□ **owe**	動 ～のおかげをこうむる	□ **scholarship**	名 奨学金
□ **countryside**	名 田舎	□ **afford**	動（経済的）余裕がある

本文内容チェック

1 人の成功は多くの要因のおかげであるが，アメリカの大学を卒業するビアトリスにとって，その要因はヤギだった。

2 ビアトリスはウガンダ西部の田舎で生まれ育ち，教育を受けたいと強く思っていたが，彼女の両親には彼女を学校へ行かせるお金がなかった。

3 一方で，コネティカット州の教会が，困窮した農家を援助するNGOを通じて，アフリカの人たちのためにヤギを購入することを決めた。

4 そのヤギのうちの1頭がビアトリスの両親に届き，彼らの家族の子どもが飲んで余ったヤギのミルクを売ることで彼らはお金を得た。両親が集めたそのお金で彼女を学校へ行かせると，彼女は勉強に励み，ウガンダで一番の女子高だけでなく，コネティカット州の大学への奨学金も得た。

5 海外援助はいつもうまくいくとは限らないが，模範となる人がきちんといればうまくいくことが多い。そういうわけで，アメリカで学位を取った初めての地元出身者を祝うため，ウガンダ西部の人々は最近パーティーを開いたのだ。

読解のカギ

⑯ **That's why people in western Uganda recently held a special party (to celebrate the first local person (to earn a college degree in the US)).**

to 不定詞の形容詞的用法

➡ That is why ～は「そういうわけで～」。why は関係副詞。
➡ to earn 以下は直前の名詞 the first local person を修飾している。

Qヒント Answer T(true) or F(false).（正誤を答えなさい。）

1. (→本文②，⑦～⑬) ヤギが送られた結果，ビアトリスに何が起きたかを読み取る。
2. (→本文④⑤) 第2パラグラフから，子どものころのビアトリスの気持ちを読み取る。
3. (→本文⑦⑧⑨) 第3・4パラグラフから，ヤギがビアトリスの家に来た経緯を読み取る。
4. (→本文⑩⑪) 第4パラグラフに，余ったミルクを売って得たお金について記述がある。
5. (→本文⑯) 第5パラグラフに，ウガンダ西部の人たちが祝ったことについて記述がある。

Speed Reading Lesson 7 Why Do Chameleons Change Their Colors?

1 ① Did you ever just wish you could disappear?// ② Perhaps you forgot to read /
あなたは消えることができたらとただ願ったことがあるだろうか // おそらくあなたは読むのを忘れた /

all of your homework assignment / and the teacher calls on you.// ③ Wouldn't it
自分の宿題の課題の全部を / そして先生はあなたを指名している // すばらしくはない

be great / if you could make yourself look like a desk or a chair?//
だろうか / あなたが自分を机か椅子に見えるようにすることができたら //

2 ④ You probably already know / that there are some types of lizards— / called
おそらくあなたはすでに知っている / ある種類のトカゲがいることを / カメレ

chameleons— / that can change their color.// ⑤ Have you ever wondered why— /
オンと呼ばれる / 自分の色を変えられる // あなたはなぜだろうと思ったことはあるだろうか /

and how— / they can do this?// ⑥ Chameleons come in many colors, / such as
そしてどうやってと / 彼らにこれができるのは // カメレオンには多くの色が存在する / ピンク,

pink, blue, orange, red, yellow, green, and turquoise.// ⑦ They can be found / in
青，オレンジ，赤，黄色，緑，ターコイズ色などの // 彼らは見つかる /

Africa, Europe, Asia, and North America.// ⑧ There are about 160 different species /
アフリカ，ヨーロッパ，アジア，北アメリカで // 約 160 の異なる種が存在する /

of chameleons, / and they can live / in both rainforests and deserts.//
カメレオンの / そして彼らは生きていける / 熱帯雨林と砂漠の両方で //

3 ⑨ Many people believe / chameleons change colors / to change their appearances /
多くの人が信じている / カメレオンは色を変えると / 自身の見た目を変えるために /

and hide / from predators.// ⑩ However, / chameleons are very fast— / many
そして隠れる（ために）/ 捕食者から // しかし / カメレオンはとても素早い / 多くは

can run / up to 21 miles per hour— / and can avoid most predators / quite easily.//
走れる / 1時間に 21 マイルまで / そしてほとんどの捕食者を回避できる / いとも簡単に //

⑪ Changing their appearances is thus only a secondary reason / why most chameleons
自身の見た目を変えることは，したがって，2次的な理由にすぎない / ほとんどのカメレオンが

change colors.//
色を変えることの //

4 ⑫ So, / why would they want to change colors?// ⑬ Scientists believe / that
それでは / なぜ彼らは色を変えたがるのだろう // 科学者たちは考えている /

chameleons change colors / to reflect their moods.// ⑭ By doing so, / they send
カメレオンは色を変えるのだと / 彼らの気分を反映するように // そうすることで / 彼らは社会

social signals / to other chameleons.// ⑮ For example, / darker colors tend to
的な信号を送る / ほかのカメレオンたちへ // 例えば / 暗めの色はカメレオンが怒っていること

mean a chameleon is angry.// ⑯ Lighter colors might be used / to attract mates.//
を意味する傾向がある // 明るめの色は使われるのかもしれない / つがう相手を引きつけるために //

⑰ Some chameleons also change colors / to help their bodies get accustomed / to
また，色を変えるカメレオンもいる / 自身の体が慣れるのを助けるために /

changes / in temperature or light.// ⑱ For example, / a chameleon / that gets cold /
変化に / 気温や光の // 例えば / カメレオンは / 冷たくなっている /

might change / to a darker color / to take in more heat / and warm its body.//
変わるかもしれない / 暗めの色に / もっと多くの熱を取り入れるために / そして自分の体を温める(ために) //

・単語チェック

□ **appearance**	名 見た目	□ **mate**	名 つがいの片方
□ **mile**	名 マイル	□ **anger**	名 怒り

本文内容チェック

1 課題を読んでおくのを忘れた日に授業で指名されたときなど，机か椅子に化けて消えてしまいたいと願ったことはないだろうか。

2 カメレオンについては知っているかもしれないが，彼らがなぜ，どうやって体の色を変えられるか不思議に思ったことはないだろうか。

3 カメレオンは捕食者から逃げるために色を変え，見た目を変えていると考える人が多いが，彼らはとても素早いので捕食者から容易に逃げることができる。つまり，見た目を変えることは，彼らが色を変える２次的な理由にすぎないのだ。

4 科学者たちは，カメレオンの色の変化は気分を反映させたものだと考えている。それは社会的な信号として使われ，怒っているときには暗い色になる傾向がある。つがう相手を引きつけるときには明るい色になるのかもしれない。また，体が冷えたときに暗い色になり，熱を多く取り入れようとするかもしれない。

読解のカギ

④ You probably already know (that there are some types of lizards—called chameleons—{that can change their color}).

主格の関係代名詞（that → some types of lizards）

➡ called chameleons は some types of lizards を修飾していて，関係代名詞節とその先行詞の間に挿入された形になっている。

➡ that can 以下は関係代名詞節で，先行詞 some types of lizards を修飾している。

⑤ Have you ever wondered why—and how—they can do this?

➡ <wonder why [how] S+V> は「なぜ[どうやって]S は V するのだろうと思う」。

➡ this は前文④で述べている changing their color を意味する。

Qヒント Answer T(true) or F(false). （正誤を答えなさい。）

1. (→本文④) 色を変えられるトカゲの種類についてどう書かれているか。
2. (→本文⑧) カメレオンが住める場所についてどのように書かれているか。
3. (→本文⑨⑩⑪) 色を変える理由として，敵から逃れることはどう考えられているか。
4. (→本文⑮) 暗い色になるとき，カメレオンはどういう気分を示しているか。
5. (→本文⑱) 体が冷えたときのカメレオンの色はどのように変化するか。

Speed Reading Lesson 8 How Healthy Are Meatless Burgers?

1 ① Plant-based burgers are not a novel concept.// ② However, / new products /
植物由来のバーガーは目新しいコンセプトではない // しかし / 新しい製品が /

designed / to taste like meat / are now being marketed / to vegetarians / and meat-
設計された / 肉のような味がするように / 今売り出されている / 菜食主義者に向けて / そして肉を

eaters as well.// ③ Eating these burgers is presented / as a strategy / to save the
食べる人にも（向けて） // これらのバーガーを食べることは提示される / 戦略として / 地球を救う

Earth / and eating meat / as an old concept.// ④ Some brands also offer up their
ための / そして肉を食べることは / 古い価値観として // 自分たちの製品を提供するブランド

products / as nutritious alternatives / to animal protein.//
もある / 栄養代替品として / 動物性タンパク質の //

2 ⑤ The protein / of these newer plant-based burgers / has been created / to
タンパク質は / これらのより新しい植物由来のバーガーの / 作られた /

compete / with beef and chicken.// ⑥ For example, / one such burger derives its
競合するために / 牛肉や鶏肉と // 例えば / そうしたバーガーの1つはそれのタンパク質

protein / mainly from soy / and another / from peas and beans.//
を得る / 主に大豆から /そして別のものは/ エンドウ豆やそのほかの豆から //

3 ⑦ Some products also add vitamins and minerals / found in animal proteins— /
いくつかの製品はビタミンやミネラルも加える / 動物性タンパク質の中に見られる /

like vitamin B12 and zinc— / in amounts / equal to / (and in some cases, / greater
ビタミンB12や亜鉛のような / 量の分だけ / ～と等しい / （そして場合によっては / ～より

than) / both red meat and chicken.// ⑧ This is good news / for vegetarians, / because
多い） / 赤身肉と鶏肉の両方 // これはよい知らせだ / 菜食主義者にとって / なぜなら

these substances are typically harder / to come by / when relying only on foods /
これらの物質は特に難しいため / ありつくのが / 食べ物にのみ頼っていると /

from the plant kingdom.// ⑨ Vitamin B12, / for example, / is found / mainly in
植物界からの // ビタミンB12は / 例えば / 見られる / 主に動物性

animal sources, / and strict vegetarians must get it / from other sources.//
の栄養源の中に / そして厳格な菜食主義者はそれを得なければならない / ほかの栄養源から //

・単語チェック

□ **concept**	名 コンセプト，概念	□ **vitamin**	名 ビタミン
□ **strategy**	名 戦略	□ **zinc**	名 亜鉛
□ **nutritious**	形 栄養の（ある）	□ **kingdom**	名 ～界
□ **pea**	名 エンドウ豆		

本文内容チェック

1 現在，肉のような味のする植物由来のバーガーが，菜食主義者だけでなく肉を食べる人向けにも売り出されている。このようなバーガーを食べることは地球を救う方法として提示され，肉を食べることはもはや古いとされている。動物性タンパク質の代わりになる栄養食品を提供するブランドもある。

2 そのようなバーガーは牛肉や鶏肉と競えるものとして生み出され，大豆やエンドウ豆などの豆類由来のタンパク質を使ったものもある。

3 動物性タンパク質が含むようなビタミンB12や亜鉛などを添加した製品もある。植物のみからこれらを摂取するのは難しいため，これは菜食主義者にとって朗報である。

読解のカギ

③ **Eating these burgers is presented (as a strategy (to save the Earth)) and eating meat (as an old concept).**

➡ to save the Earth は to 不定詞の形容詞的用法で，a strategy を修飾している。

➡ as an old concept の前には is presented が省略されている。

⑥ **(For example), one such burger derives its protein (mainly from soy) and another (from peas and beans).**

➡ one と another が呼応して，one ～ and another ...「1つは～で，別のものは…」という意味を表している。

➡ derive *A* from *B* は「*B* から *A* を得る」。

➡ from peas and beans の前には derives its protein が省略されている。

⑦ **Some products also add vitamins and minerals (found in animal proteins)—like vitamin B12 and zinc—in amounts equal to (and in some cases, greater than) both red meat and chicken.**

➡ found in animal proteins は vitamins and minerals を修飾する過去分詞句。

➡「—(ダッシュ)」で挟まれた部分は vitamins and minerals found in animal proteins の補足説明をしている。

⑧ **This is good news for vegetarians, (because these substances are typically harder to come by (when relying only on foods from the plant kingdom)).**

➡ come by *A* は「(何とか)*A* を手に入れる，*A* にありつく」。

➡ when *do*ing は「～していると」。*do*ing の前に <S+be 動詞> が省略されている。

➡ the plant kingdom「植物界」は自然界を3つに分類したときの1区分。ほかの2つは the animal kingdom「動物界」と the mineral kingdom「鉱物界」。

Qヒント Answer T(true) or F(false).（正誤を答えなさい。）

1. (→本文②) 肉の味に似せたバーガーはだれ向けに売り出されているか。
2. (→本文④) 動物性タンパク質に関するどのような製品が作られているか。
3. (→本文⑤⑥) 第2パラグラフに新しい植物由来のバーガーの材料について書かれている。
4. (→本文⑦) いくつかの製品には何が加えられていると書かれているか。
5. (→本文⑧⑨) 菜食主義者にとって摂取が難しいものは何か。

Speed Reading Lesson 9 Life's Choice

1 ① Michael was the kind of person you love to hate.// ② He was always in a good
マイケルは憎らしいけど好きになる類いの人物だった // 彼はいつも機嫌がよかった

mood / and always had something positive to say.// ③ When someone asked him /
/ そしていつも前向きなことを言っていた // だれかが彼にたずねると /

how he was doing, / he would reply, / "If I were any better, / I would be twins!"//
彼の調子はどうかと / 彼は答えたものだった / 「もっとよければ / 私は双子になっているだろう！」と //

④ He also made other people feel good / about things / they had to do.// ⑤ If an
彼は他人を気分よくもさせた / ものごとについて / 彼らがしなければならなかった // もし

employee was having a bad day, / Michael was there / telling the employee / how to
ある従業員がついていない日を過ごしていたら / マイケルはそこに行った / それからその従業員に教えた / どう

look at the positive side / of the situation.//
やって肯定的な側面を見るかを / 状況の //

2 ⑥ His attitude really interested me, / so one day / I went up to Michael / and
彼の振る舞いは本当に私の興味を引いた / なので，ある日 / 私はマイケルのところに行った / そして

asked him, / "I don't get it!// ⑦ You can't be a positive person / all of the time.//
彼にたずねた / 「わからない！ // あなたは前向きな人でいられるはずがない / いつも //

⑧ How do you do it?"//
どうやってそれをしているんだ」と //

3 ⑨ Michael replied, / "Each morning / I wake up and say to myself, / 'You have
マイケルは答えた / 「毎朝 / 私は起きて自分に言い聞かせる / 『あなたには

two choices / today.// ⑩ You can choose to be / in a good mood, / or you can choose
2つの選択肢がある / 今日 // あなたはいることを選べる / 機嫌よく / またはいることを

to be / in a bad mood.'// ⑪ I choose to be / in a good mood.// ⑫ Each time something
選べる / 機嫌悪く』と // 私はいることを選ぶ / 機嫌よく // 何か悪いことが起こる

bad happens, / I can choose to be a victim, / or I can choose to learn / from it.//
たびに / 私は被害者になることを選択できる / または学ぶことを選択できる / それから //

⑬ I choose to learn / from it.// ⑭ Every time someone comes to me complaining, /
私は学ぶことを選ぶ / それから // だれかが私のところにやってきて文句を言うときはいつも /

I can choose to accept their complaining, / or I can point out the positive side / of life."//
私は彼らが文句を言うのを受け入れることを選択できる / または私は肯定的な側面を指摘することができる / 人生の」と //

4 ⑮ "Yeah, / right, / but it's not that easy," / I argued.// ⑯ "Yes, / it is," / Michael
「ああ / そうか / でもそれはそんなに簡単じゃない」と / 私は主張した // 「いや / 簡単だ」と / マイケルは

said.// ⑰ "Life is all about choices.// ⑱ When you cut away all the unnecessary
言った // 「人生とは選択の問題だ // 大事ではないものをすべて切り捨てると

things, / every situation is a choice.// ⑲ You choose / how you react / to situations.//
/ すべての状況は選択だ // あなたは選択する / 自分がどう反応するか / 状況に対して //

⑳ You choose / how people affect your mood.// ㉑ You choose to be / in a good mood /
あなたは選択する / 人々があなたの機嫌にどのように影響を及ぼすか // あなたはいることを選択する / 機嫌よく /

or a bad mood.// ㉒ The bottom line is this: / it's your choice / how you live your life."//
または機嫌悪く //　肝心なのはこういうことだ /あなたの選択なのだ/ あなたがどう自分の人生を生きるかは」//

5 ㉓ I reflected on what Michael said.// ㉔ Soon after that, / I left my company /
私はマイケルの言ったことを顧みた //　それから間もなくして/　私は会社を去った /

to start my own business.// ㉕ I often think about him / when I make a choice /
自分自身の事業を始めるために //　私はよく彼について考える /　私が選択をするとき /

about life / instead of reacting / to it.//
人生について/　反応をする代わりに /それに//

・単語チェック

□ **twin**	名 双子	□ **complain**	動 文句を言う
□ **attitude**	名 振る舞い	□ **react**	動 反応する

本文内容チェック

1 マイケルは憎たらしいところも好かれるような男で，いつも上機嫌で前向きなことを言っていた。ついていない従業員がいれば，状況のよい側面を見る方法を教えた。

2 私は彼にどうやったらいつも前向きでいられるのかたずねた。

3 彼は，自分が機嫌よくいるか悪くいるか，何か悪いことが起きたときに被害者になるか，それともそこから学ぶか，不満を言う人がいたらそれを受け入れるか，それとも人生のよい面を示してあげるか，それらは自分の選択次第であるのだと答えた。

4 私は「それは簡単ではない」と主張した。彼は，それは簡単なことで，人生とは選択がすべてであり，どう生きるかはあなたの選択次第なのだと言った。

5 私は人生についての選択をするときに彼のことをよく思い出す。

読解のカギ

㉒ **The bottom line is this: it's your choice (how you live your life)."**

➡ bottom line は「本質，肝心なこと」。

➡「:(コロン)」の後ろで，直前の this の内容を説明している。

➡ it は形式主語で，真の主語は how の導く疑問詞節。

㉕ **I often think about him (when I make a choice ... instead of reacting to it).**

➡ instead of *A* は「*A* の代わりに」。ここでは reacting という動名詞が *A* にきている。

➡ react「反応する」は人生の選択肢を「選ぶ」ことと対比して用いられている。

Qヒント Answer T(true) or F(false). (正誤を答えなさい。)

1. (→本文②) マイケルはどのような人だと書かれているか。
2. (→本文⑤) マイケルは，ついていない日の従業員にどうするよう教えたか。
3. (→本文⑩) マイケルは，自分の機嫌はどのように決まると考えているか。
4. (→本文⑰㉒) 第4パラグラフから，マイケルの人生についての信条を読み取る。
5. (→本文㉓㉕) マイケルのことばを思い返して，筆者は何をしたか。

Speed Reading Lesson 10 The Last Call

1 ①The other day, / I suddenly got a phone call / from the wife of a friend, Mr. A.//
先日 / 私に突然電話がかかってきた / 友人であるAさんの奥さんから //

② It was a very strange phone call.// ③ I know his wife quite well, but she just said, /
それはとても奇妙な電話だった // 私は彼の奥さんをとてもよく知っていたのだが，彼女は言うだけだった /

“Here's my husband,” / and passed the phone to him.// ④ Then I heard a voice
「夫に代わります」と / そして彼に電話を渡した // その後～と言う声が聞こえた

say, / “Hello.// ⑤ I haven't heard from you / for a while.”// ⑥ It was a very weak
/「もしもし// 私はあなたから連絡をもらっていない / しばらくの間」// それはとても弱い声

voice, / nothing like Mr. A's usual voice.//
だった / Aさんのいつもの声とは別物のような //

⑦ “My time has come.// ⑧ I am calling / because I wanted to say good-bye.”//
「いよいよだよ // 私は電話している / お別れを言いたかったから」 //

⑨ “What's wrong?”//
「どうしたんですか」//

⑩ “I have terminal cancer.”//
「私は末期がんなんだ」 //

2 ⑪ For a moment / I couldn't say anything.// ⑫ I tried to figure out what to do, /
一瞬 / 私は何も言うことができなかった // 私は何をすべきか考え出そうとした /

but no answer came to mind.// ⑬ Finally, / I decided to go and visit him.//
しかし，何の答えも頭に浮かんでこなかった // 最終的に / 私は彼を訪ねに行くことを決心した //

3 ⑭ I arrived at the hospital, / not knowing what to say.// ⑮ When I opened the
私は病院に到着した / 何を言うべきかわからないまま // 私が彼の部屋の

door to his room, / Mr. A, / painfully thin, / broke into a smile.// ⑯ I silently went
ドアを開くと / Aさんが / 痛々しくやせ細った / 笑みを浮かべた // 私は静かに彼の

to his side / and held out my hand to grasp his.// ⑰ He gathered all his strength /
そばに行った / そして彼の手を握るために手を差し出した // 彼はすべての力をかき集めた /

to grasp mine back.// ⑱ Even without saying anything, / we both knew how the
私の手を握り返すために // たとえ何も言わなくても / 私たちは2人とも相手がどう

other was feeling.// ⑲ I spoke with him / of the times I recalled spending with
感じているのかわかっていた // 私は彼と話した / 思い出す限りの彼と過ごしたときのことを

him.// ⑳ Tears rolled down his cheeks.//
// 涙が彼の頬を伝った //

4 ㉑After a while / I couldn't stand it any longer, / and after thanking him for
しばらくして / 私はそれ以上耐えられなくなった / そして彼に電話をくれたことの

calling me, / I left the room.// ㉒ His wife followed me out of the room / and said, /
礼を言って / 私は部屋を出た // 彼の奥さんが部屋から私について出てきた /そして言った/

“My husband is truly grateful to you.// ㉓ There were only three people he
「夫はあなたにとても感謝しています // 彼が電話したのはたった3人だけだったん

called."// ㉔ Soon after that, / he passed away.//
です」と //　　それから間もなく / 彼は亡くなった //
　　　　　　　　　　　して

5 ㉕ I spent that night thinking, / wondering if I were to die now, whom I would
　　私は考えながらその夜を過ごした / 　　もし私が今死ぬとしたら死の床からだれに電話を

call from my deathbed.//
かけるだろうかと　　　　//

・単語チェック

□ terminal	形 末期の		□ strength	名 力, 強さ
□ painfully	副 痛々しいほど		□ deathbed	名 死の床

📖 本文内容チェック

1 先日，友人のAさんの奥さんから突然電話があり，彼女は「夫に代わります」とだけ言って電話を代わった。Aさんの声はいつもとまったく違って弱々しく，彼は別れのあいさつのために電話をしたことと，自身が末期がんであることを告げた。

2 私は少しの間何も言えず，何をすべきか考えても答えは何も浮かばなかった。最終的に，私は彼を訪ねることにした。

3 私が何を言えばいいかわからぬまま病院に着き，Aさんの部屋のドアを開けると，やせ細った彼は笑顔を見せた。私が彼の手を握ると，全力で握り返してくれた。私は一緒に過ごしたときの思い出を彼と話した。彼の頬には涙が流れた。

4 しばらくして私は耐え切れなくなり，電話をくれたことにお礼を言い，部屋を出た。彼の奥さんは，彼が私に心から感謝していて，電話をしたのはたった3人だけだったと私に言った。それから間もなくして，彼は亡くなった。

5 私はその夜，もし私が今死ぬとしたら，だれに電話をかけるだろうかと考えていた。

🎵 読解のカギ
　　　　　　　　　　　　　　　 ┌── 目的格の関係代名詞（which[that]）の省略
　　　　　　　　　　　　　　　 ↓
⑲ **I spoke with him of the times {I recalled spending with him}.**

- → speak with *A* of *B* で「*A* と *B* について話す」。
- → I recalled 以下は先行詞 the times を修飾する節。
- → recall *do*ing で「〜したことを思い出す」。
- → spend *A*（時間）with *B* で「*B* と一緒に *A*（時間）を過ごす」。ここでは *A* にあたる the times が関係詞節の先行詞となっている。

Qヒント　Answer T(true) or F(false). （正誤を答えなさい。）

1. （→本文⑤）Aさんのせりふから，筆者とずっと連絡を取り合っていたかどうか読み取る。
2. （→本文③）筆者はAさんの奥さんと以前に会ったことがあるか。
3. （→本文⑦⑧⑩）Aさんは筆者に電話で何を伝えたか。
4. （→本文⑮⑯⑰㉒）Aさんは病院で筆者に会ったとき，どのような反応を示したか。
5. （→本文㉔）Aさんはいつ亡くなったか。

Lesson 1　定期テスト予想問題　解答　pp.16~17

1 (1) do　(2) written　(3) which

2 (1) suited　(2) catch, with　(3) make, decision　(4) In [By] contrast

3 (1) この本は私には少しも面白くなかった。
(2) 人々が連絡するのに手紙に頼っていた時代があった。
(3) このチームには，平均 25 歳と，若いメンバーが多い。

4 (1) Not a single cookie was left (in the box.)
(2) There is no hope that it will stop raining (today.)
(3) The map made it possible for her to go back home(.)

5 (1) 何年もの間，私は毎年少なくとも 10 万キロは世界中を飛行機で移動してきた
(2) イタリア料理食材店への車での移動とウィニペグから東京への飛行機での移動
(3) living

6 (1) Energy intensity
(2) 満員の乗客がいる便で最新の航空機の設計であれば，それらは 1.5 MJ/p-km 未満でそれをすることができる。　(3) b　(4) 1 MJ/p-km (is required).

解説

1 (1) 動詞 want を強調する助動詞を選ぶ。現在時制で 1 人称単数なので do が適切。(2)「～された」と受け身の意味で直前の a book を修飾する過去分詞が適切。(3) 節を先行詞とする非限定用法の関係代名詞 which が適切。

3 (1) not even remotely ～は「少しも～ない」という意味。
(2) <a time＋when S＋V> は「S が V するとき[時代]」という意味。
(3) with an average of *A* は「平均して *A* で」という意味。

4 (1)「1 つの *A* も～ない」は not a single *A*。
(2)「S が V する望み」は <a hope＋that S＋V>。
(3)「(主語のおかげで)*A* が～できる」は make it possible for *A* to *do*。

5 (1) 現在完了形の継続用法の文。at least は「少なくとも」という意味。
(2) 直後の「―(ダッシュ)」に挟まれた部分が下線部の具体的内容。
(3) 現在分詞にして直前の many people を修飾すると文意が通る。

6 (1) that は前述の Energy intensity を指している。
(2) with は「～であれば」と≪条件≫を表す。
(3) 直後が名詞句 this fact なので前置詞が入る。despite「～にもかかわらず」を入れると文意が通る。
(4) 質問文は「都市を走るのに 2 人の乗客が車に乗っていたら，どれくらいのエネルギーが必要か」という意味。本文 3 文目に「(乗客 1 人に)もう 1 人追加したら 1MJ/p-km」とある。

Lesson 2 定期テスト予想問題 解答 pp.30~31

1 (1) According to (2) no longer (3) aware of (4) Despite

2 (1) (It) was a nice T-shirt that she gave me yesterday(.)
(2) (He was) kind enough to carry my bags(.)
(3) Mary may well attend the meeting(.)

3 (1) あなたの自転車を修理するには2，3日かかるだろう。
(2) これらの活動は通りの浄化に役立つ。
(3) 彼女は新しい携帯電話に慣れていない。

4 (1) We had a snowfall of as much as thirty centimeters(.)
(2) I will have known him for ten years (next year.)
(3) The supermarket offers a host of fresh vegetables(.)

5 (1) would have vanished
(2) the numbers of which had already declined
(3) それは地球上で最も愛されている種の1つの消滅を引き起こす危険がある
(4) パーム油畑の劇的な増加

6 (1) それを世界の注目の的にしたのは，地球温暖化と戦うパーム油の可能性だ
(2) ② which ③ who (3) d

解説

1 (1)「*A* によると」は according to *A*。 (2)「もはや〜ではない」は no longer。 (3)「*A* に気づいている」はbe aware of *A*。 (4)「*A* にもかかわらず」はdespite *A*。

2 (1) it is 〜 that ... の強調構文を使う。 (2) <so＋形容詞＋that S＋V> を <形容詞＋enough to *do*>「〜するのに十分…」の形に書きかえる。 (3) it is likely that 〜を may well *do*「おそらく〜するだろう」で書きかえる。

3 (1) a couple of *A* は「2，3の *A*」。 (2) help (to) *do* は「〜するのに役立つ」。 (3) be used to *A* は「*A* に慣れている」。

4 (1)「*A* もの（量の）」は，as much as *A* 。 (2) 未来のある時点までの状態の継続は，未来完了形 <will have＋過去分詞> で表す。 (3)「多くの *A*」は a host of *A*。

5 (1) 未来のある時点までに完了することは，未来完了形 <will have＋過去分詞> で表す。ここでは主節が過去時制なので，will を would にする。 (2) 先行詞 wild orangutans について「その数は〜」と説明を加えるので，コンマ以下を <〜 of which> の非限定用法で表す。 (3) risk *do*ing は「〜する危険を冒す」，bring about *A* は「*A* を引き起こす」。 (4) 3文目と4文目をよく読む。

6 (1) it is 〜 that ... の強調構文。「…するのは〜だ」と訳す。 (2) いずれも非限定用法の関係代名詞を使う。②は先行詞が人以外なのでwhich。③は人なのでwho。 (3) 文脈より，「したがって」を表す thus が適切。

Lesson 3 定期テスト予想問題 解答 pp.44~45

1 (1) average (2) their low (3) lack (4) deprived

2 (1) They have been working for 14 hours straight(.)

(2) Each customer is allowed to purchase tickets to a maximum of two shows(.)

(3) This point cannot be emphasized too much(.)

3 (1) 日が沈むまさにそのとき，その子どもたちはまだ公園で遊んでいた。

(2) 雨期が始まるとすぐに，道路の状態は悪化し始めた。

4 (1) Let's go out tomorrow, unless you're too tired.

(2) Mike seems to know the truth.

(3) She speaks Chinese as well as Japanese.

5 (1) Health professionals increasingly recognize the importance of eight hours' sleep a night(.)

(2) 睡眠は体と脳の両方を修復し，若返らせ，活性化させると主張できる唯一の治療である。

(3) affecting

6 (1) したがって，頭のよい人は頭を働かせるのにとにかく苦労し始める

(2) eight hours (3) 夜の長い睡眠と午後の短めの昼寝 (4) if only

解説

2 (1)「～連続で」は～ straight。 (2)「最大で *A* まで」は to a maximum of *A*。「～することが許されている」は be allowed to *do*。 (3)「～してもしきれない」は cannot be (*done*) too ～。

3 (1) even as ～は「まさに～するときに」。

(2) go downhill は「(どんどん)悪化する」。

4 (1) if ～ not「～しない場合は」を unless「～の場合を除き」で書きかえる。unless に否定の意味が含まれるので，続く文は肯定文に変わる。

(2) <it seems that S+V> を <S seem to *do*> で書きかえる。

(3) not only *A* but *B*「*A* だけでなく *B* も」を *B* as well as *A* で書きかえる。*A* と *B* の順序が逆になることに注意。

5 (1)「ますます」は increasingly で，動詞 recognize の前に置く。「*A* の重要性」は the importance of *A*。 (2) claim to *do* は「～すると主張する」。 (3) 分詞構文になると考え，現在分詞にする。

6 (1) thus は「したがって」。have a hard time *do*ing は「～するのに苦労する」。

(2) 前方照応の this。ここでは睡眠時間を表す eight hours を指している。

(3) 下線部の直後の「:(コロン)」の後ろが下線部の具体的な内容である。

(4)「たとえ～だけでも」は if only ～。

Lesson 4 定期テスト予想問題 解答 pp.58~59

1 (1) tends to (2) When it comes to (3) In short (4) adapt to

2 (1) He argued that frequent meetings could decrease productivity(.)
(2) He made no effort to study for the test(, so it's no surprise he failed.)
(3) She learned how to play the guitar with the help of her teacher(.)
(4) They express concern that pollution is harming some animals(.)

3 (1) lead (2) in which

4 (1) 暑くなればなるほど，ますますアイスクリームが売れる。
(2) その火事は素早く広がり，すぐに制御できなくなった。

5 (1) an external hard drive for our memories
(2) Some worry that this is having a bad effect on society
(3) スパローは，その動向は私たちの学習への取り組み方を個々の事実や暗記に焦点を当てたものから，インターネットで通常は手に入らない，より概念的な思考に重点を置いたものに変化させるだろうと示唆する。

6 (1) インターネットが私たちの集中力を阻害するということを示している実験的証拠は1つもないと2人のアメリカ人心理学者が2010年に書いた。
(2) involving (3) did
(4) it is helping us to use our minds for more important things

解説

2 (1)「～と主張する」は <argue＋that 節>。 (2)「～する努力を一切しない」は make no effort to *do*。 (3)「*A* の助けを借りて」は with the help of *A*。 (4)「～という懸念」は <concern＋that 節>。

3 (1) cause「～の原因となる」→ lead to *A*「*A*(という結果)につながる」。
(2) 関係副詞 where → <前置詞＋関係代名詞>。live in ～なので in which。

4 (1) <the＋比較級 , the＋比較級> は「～すればするほど，ますます…」。
(2) out of control は「制御できない」。

5 (1) this role は「この役割」という意味。直前の文の内容を受けている。
(2)「～する人もいる」は some を主語にして表せる。「*A* に悪影響を及ぼす」は have a bad effect on *A*。 (3) approach to *A* は「*A* への取り組み方」，change ～ from *A* to *B* は「～を *A* から *B* に変化させる」と訳す。

6 (1) 文の主語は two American psychologists，動詞は wrote で，倒置の語順になっている。wrote「～と書いた」の目的語が文頭にきている。experimental evidence は「実験的証拠」，interfere with *A* は「*A* を阻害する」と訳す。 (2) 現在分詞にして直前の a 2008 study を修飾させる。 (3) 既出の動詞の代わりに用いられる do。exercised (the brain) の代わりと考え，同じ過去形にする。 (4)「*A* が～する助けになる」は help *A* to *do*。

Lesson 5 定期テスト予想問題 解答 pp.72~73

1 (1) in terms (2) in touch (3) It, not until

2 (1) The writer found her voice and expressed her emotions (more freely.)

(2) I liked the painting with the woman holding a flag(.)

(3) The heavy rain made it difficult to see the road(.)

(4) I asked him the reason why he didn't come to school (yesterday.)

3 (1) これらの種の大多数がオーストラリアに限定されている。

(2) そのクラスの生徒の半数未満が，その意見に賛成した。

4 (1) She is said to be the best golfer ever.

(2) Looking for my book, I happened to find the note.

5 (1) デジタル領域でのコミュニケーションは，ユニコードコンソーシアムと呼ばれる協会によって管理されているのだが，それはオンラインコミュニケーションの「最高裁判所」とみなされている。

(2) b (3) It is they who decide what emoji can be used(.)

6 (1) closely related to

(2) 世界中のあらゆる種類の運動にはそれら自身の旗があるので，多くの旗を持った団体が存在する[旗を持った団体がたくさんある]。

(3) (世界の大部分に対して)とても攻撃的な集団

解説

2 (1)「自分の表現方法を見つける」は find *one*'s voice。

(2)「～を持っている女性」は the woman holding ～で表す。

(3)「～することを C(の状態)にする」は <make it＋C＋to 不定詞> で表す。

(4)「～する理由」は the reason why ～で表す。

3 (1) majority は「大多数」，be restricted to *A* は「*A* に限定されている」。

(2) less than half of *A* は「*A* の半分未満」。

4 (1) <it is said＋that 節> → be said to *do*「～すると言われている」。

(2) 前半の I was looking for my book の主語と be 動詞を省略し，後半の happened to find the note に主語 I を加えて主節にする。

5 (1) a society called ～は「～と呼ばれる協会」という意味になる。which は非限定用法の関係代名詞で「～なのだが，それは…」と補足説明的に訳す。

(2) 先行詞を中に含む関係副詞 where を入れ，文の補語になる名詞節を作る。

(3) it is ～ who ... の形の強調構文で「…するのは～である」を表す。

6 (1)「*A* と関係している」は be related to *A*。「密接に」は closely。

(2) all kinds of *A* は「あらゆる種類の *A*」，association は「団体」と訳す。

(3) those groups は「それらの集団」という意味。同文前半の内容をまとめる。

Lesson 6　定期テスト予想問題　解答

pp.92~93

1 (1) taking risks　(2) pair off　(3) participated in　(4) in return
(5) Regardless of

2 (1) He made as much money as he wanted(.)
(2) She spent her holiday reading books(.)
(3) What would you do if you had a million (dollars?)

3 (1) 彼女はいつも好機に目を光らせている。
(2) 私は父の言葉を胸に刻んだ。
(3) 彼は年を取れば取るほど，ますます賢くなった。

4 (1) (This problem is) difficult for students to solve(.)
(2) (I'm going to) make as much effort as possible(.)

5 (1) set up　(2) ② filling　③ filled
(3) その作業は学生たちが行うには簡単[簡単に行えるもの]だった

6 (1) in　(2) at their disposal
(3) これらの学生は，彼らが持っている最も価値のある財産は，5ドルでもなければ2時間でもないと突き止めた。
(4) 彼らの最も貴重な資源は，月曜日の3分間の発表時間であるという見識。
(5) クラスの学生を勧誘すること。

解説

1 (1)「危険を冒す」は take risks。　(2)「ペアを組む」は pair off。　(3)「*A* に参加する」は participate in *A*。　(4)「*A* と引きかえに」は in return for *A*。　(5)「*A* にかかわらず」は regardless of *A*。

2 (1)「(量が)*A* と同じくらいの～」は<as much＋数えられない名詞＋as *A*>。　(2)「～するのに *A*(時間)を費やす」は spend *A doing*。　(3) 仮定法過去<If＋S'＋過去形, S＋would＋動詞の原形>の主節が疑問文になり，if 節が後ろに置かれた形にする。

3 (1) be on the lookout for *A* は「*A* に目を光らせている」。　(2) take *A* to heart は「*A* を胸に刻む」。　(3) <the＋比較級＋S＋V ～, the＋比較級＋S＋V ...>は「～すればするほど，ますます…する」。

4 (1) <難易を表す形容詞＋to *do*>の形に書きかえる。<for＋人>は to 不定詞の意味上の主語。　(2) as ～ as S can を as ～ as possible に書きかえる。

5 (1)「*A* を設ける」は set up *A*。　(2) ② need *do*ing で「～される必要がある」。③ <get＋O＋過去分詞>で「O を～してもらう」。　(3) <難易を表す形容詞＋for＋人＋to *do*>で「(人) が～するには…だ」。

6 (1) bring in *A* で「*A*(金額)を稼ぐ」。　(2)「*A* の自由に使える」は at *A*'s disposal。　(3) neither *A* nor *B* は「*A* でも *B* でもない」。　(4) 文の補語の that 節が their insight の内容。　(5) a company に続く関係代名詞節をよく読む。

Lesson 7 定期テスト予想問題 解答 pp.106~107

1 (1) that (2) which (3) What

2 (1) In response (2) For now (3) bring up (4) in the first place

3 (1) Let's take a close look at the latest report(.)
(2) We can look back in time and learn from the past(.)
(3) When did dogs branch off from wolves(?)
(4) I want to compare this phone with the one you have(.)

4 (1) よりよい解決策を見つけるには，あなたは一歩先へ進む必要がある。
(2) この映画はいくぶん面白かったが，全体の話はあまりよくなかった。

5 (1) その研究者たちの最初の一歩は，この多様性を２つの測定値によって確かめることだった。
(2) an egg (3) ellipticity，asymmetry
(4) An egg that is asymmetrical and elliptical is like a teardrop(.)

6 (1) carrying (2) 生物学，コンピューターサイエンス，物理学，数学
(3) Stoddard relies on this interdisciplinary team for the breadth of the study
(4) 私たちは「どのように」と「なぜ」という疑問の両方を問うことができた。

解説

1 (1) the day を先行詞とした関係副詞は when か that なので，that を選ぶ。
(2) 前半の文が先行詞と考え，非限定用法の関係代名詞 which を選ぶ。
(3) 関係代名詞の What を選び，文の主語になる名詞節をつくる。

3 (1)「*A* を詳しく調べる」は take a close look at *A*。
(2)「時間をさかのぼって振り返る」は look back in time。
(3)「*A* から分化する」は branch off from *A*。
(4)「*A* を *B* と比較する」は compare *A* with *B*。

4 (1) go one step further は「一歩先へ進む」。
(2) somewhat は「いくぶん」，overall は「全体の」。

5 (1) to identify ... は to 不定詞の名詞的用法で，文の補語。measurement は「測定値」。 (2) it は同文内の an egg を指す。 (3) these measurements「これらの測定値」は直前の２文で説明されている２つの測定値のこと。
(4) 主語になる「～な卵」は an egg を先行詞として，関係代名詞 that でそれを修飾する節をつくって表す。「*A* に似ている」は be like *A*。

6 (1) 現在分詞にして The team を修飾すると文意が通る。 (2) 直後の「―(ダッシュ)」に挟まれた部分が具体例。 (3)「*B* に関して *A* に頼る」は rely on *A* for *B*,「学際的な」は interdisciplinary。 (4) be able to *do* は「～できる」，both *A* and *B* は「*A* と *B* の両方」。

Lesson 8 定期テスト予想問題 解答 pp.124~125

1 (1) lead, way (2) over time (3) at, expense

2 (1) while practicing (2) enabled, to

3 (1) They are trying to change their company itself(.)
(2) These broken chairs are going to waste(.)
(3) The coach placed pressure on the players to give their best performance(.)
(4) It is anticipated that the concert tickets will sell out(quickly.)

4 (1) 定期的な運動はあなたが病気になるのを防ぐことができる。
(2) 人々はこれまで以上に健康を重要視している。
(3) 優れたコミュニケーションは強固な関係を築くのに重要な役割を果たす。

5 (1) 私たちの惑星上で食品と農業より大きな産業はない，70億人もの顧客がいるのだから。
(2) the World Bank estimates that food and agriculture comprise about 10% of the global GDP
(3) 2018 (4) 9.7

6 (1) 近年，農業技術すなわちアグテックの革新者たちは，世界の食糧供給を強化するために，科学技術の力を使うためのわくわくするような新しい方法を生み出してきた。
(2) enabling
(3) 温室効果ガスを減らし，水の使用を減らし，森林伐採を減らすこと。

解説

2 (1) 分詞構文に書きかえる。空所の数から，接続詞の while は残す。
(2) make it possible for *A* to *do* → enable *A* to *do* と書きかえる。

3 (1)「～そのものを」は再帰代名詞の itself を目的語の後ろに置いて表す。
(2)「廃棄になる」は go to waste。
(3)「～するよう *A* に圧力をかける」は place pressure on *A* to *do*。
(4)「～と予測されている」は <it is anticipated＋that 節>。

5 (1) industry は「産業」，agriculture は「農業」，with は「～があるのだから」と訳せる。 (2)「～と試算している」は <estimate＋that 節>，「～を占める」は comprise。 (3) 下線部の比較対象は直前の文の 2018。 (4) 下線部は同文内の 9.7% と≪同格≫の関係。

6 (1) innovator は「革新者」，food supply は「食糧供給」と訳せる。
(2) 現在分詞形にして分詞構文をつくる。
(3) 下線部と直後の of 以降が≪同格≫の関係。greenhouse gases は「温室効果ガス」，deforestation は「森林伐採」と訳せる。

Lesson 9 定期テスト予想問題 解答 pp.138~139

1 (1) make it　(2) if [when] necessary　(3) by profession　(4) By, time

2 (1) where　(2) that　(3) whose

3 (1) My grandparents went off to Hakone(.)
(2) (His pictures) are far better than those of mine(.)
(3) She helped those who were in trouble(.)

4 (1) 次に私たちがパーティーをするときは，私はあなたに知らせるつもりだ。
(2) 私たちの友人のジョンに乾杯しましょう。
(3) そのチームが決勝に勝つ可能性が高い。

5 (1) in, expectation
(2) people
(3) 鉱山での4年間が私の(両)手にしたことを見てくれ
(4) ましてや，ペンや絵筆で絵の繊細な線を描くことなんてできない

6 (1) 手のひらを合わせ細い指が上向きに伸ばされた状態で
(2) アルバートが犠牲にしてきたすべてに対して彼への敬意を表すため。
(3) They called it *Praying Hands.*

解説

1 (1)「成功する」は make it。　(2)「必要であれば」は if [when] necessary。　(3)「*A* をなりわいとして」は *A* by profession。　(4)「SがVするころまでには」は <by the time S+V>。

2 (1) 先行詞 the restaurant が≪場所≫を表し，関係詞が節中で副詞の働きをするので，関係副詞 where を使う。　(2) 関係詞が節中で wrote の目的語の働きをするので，目的格の関係代名詞 that を使う。　(3) 関係詞が節中で所有格の働きをするので，所有格の関係代名詞 whose を使う。

3 (1)「*A* に出かける」は go off to *A*。　(2)「…よりはるかに～」は <far+比較級+than ...> で表す。　(3)「～する人々」は those who ～で表す。

4 (1) <the next time (that) S+V> は「次にSがVするとき」。
(2) make a toast to *A* は「*A* に乾杯をする」。
(3) <the odds are great that S+V> は「SがVする可能性が高い」。

5 (1)「期待を持って」は in expectation。　(2) those は「人々」という意味。
(3) what は先行詞を含む関係代名詞で，「～すること」という意味の節を導く。
(4) much less は「ましてや～ない」。

6 (1) with *A B* は「*A* が *B* の状態で」という意味を表す。ここでは *B* に副詞(together)と過去分詞句(stretched upward)がきている。　(2) 1文目をよく読む。　(3)「世界の人々はアルブレヒトの線画を何と呼びましたか」という質問。2文目をよく読む。

Lesson 10 定期テスト予想問題 解答 pp.158~159

1 (1) at, times (2) act on (3) blurted out (4) winked at

2 (1) (I wonder) how much that camera is(.)
(2) (I don't know) if [whether] Kate can speak Japanese(.)

3 (1) She tore off a piece of paper from inside the notebook(.)
(2) Before I knew it, the theater was (full.)
(3) Let's head to the beach to enjoy the sunny weather(.)

4 (1) 彼女は私を横目でちらりと見た。 (2) 祖父はせき払いをした。
(3) スタジアム[競技場]は人でいっぱいだった。
(4) 彼はクッキーを瓶から1つずつ取った。

5 (1) every time I had to correct him for misbehaving
(2) 私は最初，それをどう受け取ればよいのかわからなかった
(3) 許可なく話すことは受け入れられないこと。
(4) He said it many times a day.

6 (1) d (2) I sensed that the students were growing frustrated with themselves
(3) 手に負えなくなる前に，私はこの気難しさを止めなければならなかった
(4) それぞれのクラスメートについて言える最もすばらしいこと。

解説

2 (1) 間接疑問を wonder の目的語にする。<疑問詞＋S＋V> の語順。
(2) if [whether] 節を know の目的語にする。<if [whether] S＋V> の語順。

3 (1)「*A* を引きちぎる」は tear off *A*。*A* が代名詞の場合は tear *A* off の語順。
(2)「*A* の知らない間に」は before *A* knows it。
(3)「*A* へ向かう」は head to *A*。

4 (1) give *A* a sideways glance は「*A* を横目でちらりと見る」。 (2) clear *one*'s throat は「せき払いをする」。 (3) be packed with *A* は「*A* でいっぱいである」。 (4) one by one は「1つずつ」。

5 (1)「SがVするたびに」は <every time S＋V>。「*B* のことで *A* を正す」は correct *A* for *B*。 (2) what to *do* は「何を～すべきか」。make *A* of *B* は「*B* を *A* と思う」。 (3) 2文目をよく読む。 (4) 4文目の it がこのマークのせりふを指すので，many times a day という頻度だったとわかる。

6 (1) <feel＋形容詞> は「～の感じがする」。ここではクラスの雰囲気が悪くなっている場面なので，didn't feel right は「正常ではない感じがした」という意味になる。 (2)「～になる」は grow。「*A* に不満を抱いて」は frustrated with *A*。 (3) get out of hand は「手に負えなくなる」。 (4) この it は同文内の the nicest thing ... classmates を受けた代名詞。

Pleasure Reading 1　定期テスト予想問題　解答

p.181

1 (1) アヒル池の中にサン・フェアリー・アンと名付けられた1体の人形があった。
(2) used to be
(3) ㋑
(4) c

2 (1) 1939年に第2次世界大戦が起こる直前に
(2) under, care
(3) Mrs. Vining had no intentions of making any child happy

解説

1 (1) In the duckpond は「アヒル池の中に」という意味の副詞句。その後ろは倒置が起きて <V+S> の形になっている。named は「～と名付けられた」という意味で前の a doll を修飾している。
(2) 「かつて *A* だった」は used to be *A*。
(3) her は女性を表す名詞を指すが，主語の she では文意が通らない。㋑の(女の子の名前が付けられた)the doll を指すと考えると文意が通る。
(4) in *A*'s turn で「*A* の番になって」という意味になる。

2 (1) just before は「～直前に」，broke out は break out「起こる」の過去形。
(2) 「*A* の世話になることになる」は come under the care of *A*。
(3) 「～しようという気がない」は have no intention of *do*ing。「*A* を幸せにする」は make *A* happy。

Pleasure Reading 2　定期テスト予想問題　解答

p.195

1 (1) Another natural force must be at work (here.)
(2) went to, lengths
(3) それは望遠鏡または彼女たちのデータ分析装置の問題によって引き起こされたミスではなかった
(4) nearby stars

2 (1) ① to　② at　③ in　④ of
(2) 科学技術によって通常発せられる種類の電波
(3) Andrew Siemion is.

解説

1 (1)「自然の力」は natural force,「働いている」は be at work。
(2)「～するのに苦労も惜しまない」は go to great lengths to *do*。
(3) caused 以下が a mistake を修飾していて,「～引き起こされたミス」と訳せる。analyzer は「分析装置」という意味。
(4) 同文内の前方にある nearby stars を受け, their light curves「それら(＝近くの恒星)の光度曲線」の意味になると考えると文意が通る。

2 (1) ① get access to *A* で「*A* を利用する」, ② point *A* at *B* で「*A* を *B* に向ける」, ③④ in search of *A* で「*A* を探して」という意味なる。
(2) 下線部は直前の文の the kinds of radio waves usually emitted by technology を受けた代名詞。usually emitted 以下が「～通常発せられる」という意味で前の名詞句を修飾している。
(3) 質問は「カリフォルニア大学バークレー校の地球外知的生命体探査研究センターの所長はだれですか」という意味。1 文目の Andrew Siemion と the director of the Search for Extraterrestrial Intelligence Research Center at the University of California, Berkeley は«同格»の関係。よって, Andrew Siemion の名前を答える。

Pleasure Reading 3 定期テスト予想問題 解答 p.215

1 (1) know how to tell one another of the whereabouts of food
(2) すべての類人猿やサルの種族を含む多くの動物も人間が(そう)するように声の合図を使う。
(3) 鳴る電話，閉まるドア，鳴るベルの音をまねするだけでなく
(4) Whatever advantage，over

2 (1) 最も一般的な答えは私たちの言語は驚くほどに柔軟であるということだ。
(2) We can connect a limited number of sounds and signs
(3) 私たちはそれによって，取り巻く世界についての驚くほど大量の情報を理解し，蓄積し，そして伝達することができる。

解説

1 (1) 「ありか」は whereabouts,「*A* に *B* のことを伝える」は tell *A* of *B*,「お互い」は one another,「～する方法」は how to *do*。
(2) including は「～を含む」, vocal signs は「声の合図」と訳せる。like は接続詞で「～ように」という意味。
(3) as well as *do*ing は「～するだけでなく」という意味。copying は copy「～をまねする」の現在分詞。
(4) 「～が何であったとしても」は whatever,「*A* に勝る点」は an advantage over *A*。

2 (1) that 節が文の補語。<S+is+that 節> は「S は～ということだ」と訳せる。flexible は「柔軟な」という意味。
(2) 「*A* と *B* を結びつける」は connect *A* and *B*。
(3) thereby は「それによって」, take in *A* は「*A* を理解する」, store は「～を蓄積する」。